전락
자백
轉落自白

전락
자백
轉落自白

사람은 왜 짓지도 않은 죄를 자백하는가

우치다 히로후미內田博文 · 야히로 미쓰히데八尋光秀 · 가모시다 유미鴨志田祐美 엮음

김인회 · 서주연 옮김

뿌리와
이파리

머리말

사람은 자신이 저지르지도 않은 범죄를 인정해버릴 수 있습니다. 마치 정말로 한 것처럼. 법정에 가서도 여전히 짓지도 않은 범죄를 계속 인정하는 사람도 있습니다. 재판에서 유죄를 선고받고 감옥에 갇힙니다. 당신은 '그런 일은 있을 리가 없다'고 생각하십니까? 그런 일이 발생하기 전에 과연 그런 일이 어떻게 일어나는지를 알아두시기 바라는 마음에서 이 책을 엮었습니다.

이 책은 다섯 장으로 나뉘어 있습니다.

제1장은 '내'가 주인공입니다. '내'가 한 짓이 아닌데도 잘못되어 체포당합니다. 취조과정에서 몇 번이나 '내'가 한 게 아니라고 사실대로 말해도 믿어주지 않습니다. 하지도 않았는데 '나'는 '거짓자백'을 해버립니다. 심리학에서는 이런 '거짓말'을 '슬픈 거짓말'이라고 합니다. '나'는 저지르지도 않은 범죄로 재판에 회부되고, 5년 6월의 징역에 처해집니다.

제2장은 실제로 있었던 네 사건을 다룹니다. 아시카가足利 사건, 도야마히미富山氷見 사건, 우쓰노미야宇都宮 사건, 우와지마宇和島 사건입니다. 이 네 사건을 심리학적 관점에서 분석합니다.

죄를 짓지도 않았는데 의심을 받아 체포된 사람들입니다. 하지도 않은 일을 '나'처럼 자백했습니다. 경찰관도 검찰관도 재판관도 변호인도, 실제로는 하지도 않은 일의 '거짓자백'을 '진짜 자백'이라고 믿었습니다. 그러나 엉뚱한 곳에서 무고함이 밝혀졌습니다.

어느 것도 오래된 사건이 아닙니다. 최근에 일어난 억울한 사건, 원죄冤罪입니다. 사람이 어떻게 해서 저지르지도 않은 범죄를 자백해버리는 걸까요?

이 네 사건을 짚어보며 '거짓자백'으로 전락해가는 사람의 마음을 심리학적으로 해명합니다.

제3장은 네 사건을 심리학적 분석에 이어 형사법학의 관점에서 더 검토합니다. 심리학과 형사법학의 공동작업입니다. 나아가 형사법의 이념과 형사재판실무 사이에 있는 간격을 보여줍니다.

형사재판에서는 왜 '거짓자백'을 가지고 사람을 처벌하는 걸까요? 왜 '거짓자백'을 배제하지 못하는 걸까요? 왜 '거짓자백'을 간과하지 못하는 걸까요?

일본 원죄의 역사와 원인을 이 네 사건을 소재로 해설합니다.

제4장에서 '당신'은 재판원이 됩니다. 재판원으로서 알아두어야 할 것에 관해 언급합니다.

원죄 사건 넷의 분석을 포함해서 여기까지 다 읽은 당신은 형사재판실무의 문제점을 이미 이해하고 있을 것입니다. 여기에 더해 재판원인 '당신'에게는 무엇을 기대하고 있는지, 그 기대에 부응하기 위해서는 어떤 마음가짐을 가져야 하는지를 살펴봅니다. 현재의 재판원 제도가 안고 있는 문제점도 검토하고자 합니다.

제5장은 이 책을 되돌아보면서 형사재판실무의 구조적 오류와 그 원인을 지적합니다. 나아가 이제부터 형사재판실무가 어떻게 발전해가야 할지, 어떻게 하면 원죄를 줄일 수 있을지에 관해 우리의 의견을 제시합니다.

사형사건에조차 원죄는 있습니다. 현행 헌법이 시행된 뒤로 피고인이 사형을 선고받고 나서 무죄가 된 사건은 네 건입니다. 멘다免田 사건, 사이타가와財田川 사건, 시마다島田 사건, 마쓰야마松山 사건입니다. 이 네 사건으로 사형판결마저도 잘못 내리고 만다는 점이 명백해졌습니다. 원죄를 뒤집어썼다는 사실이 밝혀지는 데에는 아주 드물게밖에 나오지 않는 새로운 증거가, 그리고 그 억울함을 풀기 위한 때로는 몇십 년이나 걸리는 설원雪冤 활동이 필요합니다. 그러므로 원죄는 명백하게 원죄임이 밝혀진 수의 몇십 배나 있을 것입니다.

이 책은 '진술증거 평가의 심리학적 방법에 관한 연구회'의 연구 성과입니다. 2008년 9월부터 3년에 걸쳐 했던 연구의 내용을 읽기 쉽게 정리한 것으로, 연구보고서 본문은 '설원 프로젝트'의 홈페이지에 올려두었습니다. 모두 두껍고 묵직한 보고서이지만, 전문가에 국한되지 않고 많은 분들이 널리 읽어주시면 좋겠습니다.

우리는 이 연구와 이 책을 통해 형사재판 제도의 개선책이나 원죄 피해의 회복 지원책 등을 여러분과 함께 생각해보고 싶습니다.

2012년 6월

엮은이

차례

제1장

어떤 이야기
-고독 속의 '전락'자백

자신이 저지르지도 않은 범죄를 자백하는 일이 정말로 있을까요? 수사관도 검찰관도 재판관도 변호인도 그것을 알아차리지 못하고, 재판에서도 확인할 수 없는 경우가 말입니다.

1990년대부터 미국에서 진행되고 있는 이노센스 프로젝트Innocence Project. 유죄를 선고받은 사건에 관하여 DNA에 의한 재감정을 실시하고 그 진위를 검증하고 있습니다. 2012년 5월까지 무려 290명의 유죄 확정자가 진범이 아니었다고 합니다. 이 재판들은 불확실한 과학적 증거나 잘못된 목격자 증언과 함께 '거짓자백'이 결정적인 증거가 되었습니다.

이러한 재판의 잘못은 미국에 그치지 않습니다. 전 세계의 수많은 나라에서, 그리고 일본에서 지금도 일어나고 있습니다.

이 프로젝트는 두 가지 사실을 알려주고 있습니다. 첫째는, 사람은 사형될지 모른다고 두려워하면서도 자신이 저지르지 않은 죄를 인정하기도 한다는 것입니다. 둘째는, 재판에서 그것을 발견하지 못하고 사형을 선고해버리기도 한다는 것입니다.

사람은 왜 짓지도 않은 죄를 인정해버리는 걸까요? 재판에서는 왜 거짓자백을 발견하지 못하고 잘못된 판결을 내리는 걸까요? 모두 그렇게 될 수밖에 없는 사정이나 이유가 있을 것입니다.

이 장에서는 그 이유의 배경이나 성립과정을 이야기로 전하겠습니다(덧붙여 이 이야기의 사건은 현재라면 재판원재판이 됩니다).

그럼, 허구의 세계로 안내하겠습니다.

유죄판결

"이제부터 판결을 선고하겠습니다."

재판장은 정중한 어조로 나에게 정면으로 일어서라고 지시했다.

"주문: 피고인을 징역 5년 6월에 처한다. 미결 구금일수 중 20일을 그 형에 산입한다. 소송비용은…."

나는 변호사 쪽을 힐끗 바라보았다. 변호사는 아래를 내려다보면서 고개를 가로젓고 있었다. 내게 눈을 맞추려 하지 않았다. 내게 가혹한 내용이라는 걸 알아차릴 수 있었다. 재판장의 말이 아직도 이어지고 있다. 하지만 뭐라고 말하는 건지 귀에 잘 들어오지 않는다. 어쨌든 나는 유죄로 형무소에 끌려가게 될 것이다. 혼잣말처럼 '거짓말이겠지'라는 말이 떠올랐다.

나는 아무 짓도 하지 않았다. 어떤 범죄가 벌어지고 무슨 일이 일어난 걸까? 진실은 아무도 모른다. 재판관은 언제나 나를 바라보고 있었다. 어쩌면 내가 한 짓이 아니라는 걸 알아채줄지도 모른다. 틀림없이 알아채줄 거라고 믿었다. 그 재판장이 지금 아래를 내려다보면서 내 유죄판결문을 읽고 있다. 모든 것이 아주 하찮게 보였다.

사건의 발생

5월 28일 오후 11시 45분경, A양은 여자 친구들과의 모임이 있어 늦게 귀가하게 되었다. 역 앞에서 택시를 잡아타고 아파트가 보이는 모퉁이에서 내렸다. A양은 지은 지 30년이 넘은 7층 건물의 임대아파트에 홀로 살고 있다. 몇 미터 걸어서 현관 앞까지 왔을 때 엘리베이터 부근에서 어떤 남자가 다가왔다. 남자는 A양을 끌어안고 질질 끌어다가 엘리베이터 옆의 어두운 곳에 억지로 밀어넣었다. 왼손에 칼 같은 것을 쥐고 있는 것처럼 보였다. 몸싸움을 벌이던 중에 블라우스 단추가 하나 뜯기고, 남자가 몸을 여기저기 만졌다. 무서워서 아무것도 할 수가 없었다. 시간이 얼마나 지났는지 모르지만, 온몸에 힘을 주면서 겨우 목소리를 냈다. 필사적으로 도와달라고 소리쳤다. 남자는 핸드백을 쥐고 밖으로 뛰쳐나갔다. 그때서야 겨우 큰 소리를 낼 수 있었다.

나의 알리바이

잔업을 끝낸 나는 캔커피를 마시고 있었다. 오후 8시가 지나자 배가 고팠고 머리가 멍했다. 담배를 한 대 피우고 커피를 마셨다. 그때 상사가 불렀다. 언제나 잔소리다. 말끝을 확실히 해라. 상대의 눈을 똑바로 봐라. 몸을 흔들지 마라. 자세를 바르게 해라. 접객업도 아닌데 그런 게 무슨 상관이냐고, 마음속으로 되쏘아주곤 했다. 그런데 오늘밤은 술을 마시러 가자고 했다. 상사는 기분이 좋았다. 공장 근처의 선술집으로 데려가더니, 오늘밤은 자기가 낸다고 했다. 언제나처럼 설교조였지만, 이제부터는 나를 조금은 신뢰하고 기대도 한단다. 너는 하면 된다. 머리도 결코 나쁘지 않다. 성격도 솔직하다. 나는 너를 높이 평가한다.

가게를 나와 잘 마셨다고 인사를 하고 상사와 헤어졌다. 내 아파트는 공장에서 강가로 난 길을 2킬로미터쯤 거슬러 올라가는 곳에 있다. 보통 때보다 천천히 걸어서 술기운을 깨야지 생각했다. 강의 수면을 건너오는 바람이 상쾌했다. 오후까지 내렸던 비 냄새가 느껴졌다.

약간 흐린 날씨 탓에 달은 보이지 않았다. 휴대전화를 꺼내서 친구에게 전화를 걸었다. 자동응답기에 '난 잘 지내고 있어'라는 메시지를 남겼다. 휴대전화 화면이 5월 28일 오후 11시 39분을 표시했다. 기분이 약간 나아졌다. 아파트 근처 편의점에서 스포츠음료를 사서 방에 돌아왔다.

단서와 초동수사―모자와 신발

현장을 보존하고 경찰서로 돌아와 피해자와 신고자의 진술을 들었다.

신고자는 택시 기사였다. 피해자를 현장인 아파트의 골목으로 들어가는 모퉁이에 내려주었다. 장부에 기록하고 회사에 연락했다. 회사의 지시를 받고 대기장소로 출발하려고 할 때였다. 여성의 비명이 들리고, 골목에서 남자가 뛰쳐나왔다. 순간적으로 차 밖으로 나가 남자를 뒤쫓았다. 100미터 정도 뒤를 쫓았다. 남자는 쥐고 있던 핸드백을 내던지고 그대로 공원을 가로질러 뛰어갔다. 핸드백이 왼쪽 어깨를 스쳐 뒤쪽에 떨어졌다. 핸드백과 흩어진 내용물을 모아서 비명이 들렸던 현장으로 되돌아갔다. 엘리베이터 홀 구석에 여성이 웅크리고 있었다. 핸드백을 곁에 두고 차의 무선으로 경찰에 신고했다.

45세 남성, 영업경력 8년의 택시 기사는 그렇게 말했다.

피해자는 A양. 파견사원으로서 콜센터에 근무하는 스물한 살의 몸집이 작은 여성이다. 현장에서는 넋이 나가 있었다. 일단 방으로 돌아가 진정시키면서 신체의 타박상이나 찰과상, 옷의 파손부위 등의 사진을 찍고 옷을 갈아입게 했다. 현장에서 지시와 설명을 한 뒤에 경찰서로 향했다. 경찰서에서 한 사정청취에서는 안정된 모습이었다. 남자는 모르는 사람이고, 모자를 쓰고 있었다. 신장은 165~170센티미터쯤의 보통 체격. 나이는 20대 중반에서 30대 중반 정도, 복장은 기억나지 않는다. 그 밖의 특징은 생각나지 않는다. 짚이는 것도 없다고 말했다.

범인의 체격과 모자의 모양을 신고자에게도 확인했다. 신고자인 택시 기사가 가리키는 현장 근처의 공원에서 발자국을 여러 개 확인했다. 범인 것이라고 생각되는 발자국이었다. 그 발자국에는 신발 바닥의 물결무늬가 뚜렷하게 새겨져 있었다.

신고와 동시에 긴급배치를 했지만 용의자로 보이는 수상한 사람은 찾지 못했다.

경범죄법 위반의 전력

나는 몹시 유쾌하지 않은 경험을 한 적이 있다. 이 마을에 와서 아직 익숙해지기 전의 일이었다. 번화가에 있는 고서점에서 책읽기에 몰두했던 일요일 밤 9시경, 역에서 내려 아파트까지 1킬로미터 정도 걷고 있었다. 정신을 차리고 보니, 앞에 가는 젊은 여성의 20미터쯤 뒤까지 가까이 붙어 있었다. 다른 사람은 보이지 않았다. 그 여성은 뒤쪽의 나를 신경 쓰면서 걷는 것 같았다. 나는 걸음을 늦추고 거리를 두려고 했다. 그녀도 마찬가지로 걸음을 늦추었다. 그래서 뭔가 미묘한 느낌이 들었다. 나는 가능한 한 아무 일도 없는 듯이 자연스럽게 걸으려고 애를 썼다. 내가 뒤를 밟는다고 생각하는 것은 의외였고, 그녀가 점점 더 긴장하는 것처럼 느껴지기도 했기 때문이다. 그렇지만 정반대로 20미터보다 더 가깝게 걷게 되고 말았다. 어쩔 수 없이 나는 빠른 걸음으로 앞지르려고 했다. 그러자 그녀도 빠른 걸음이 되었다. 나는 이 기회에 추월해버리려고 달렸다. 그녀는 당황해서 달려나가다 넘어져 힐이 벗겨졌다. 도와주려고 다가갔는데, 그녀는 비명을 지르며 맨발로 달아났다. 나는 힐을 주워 뒤따랐다. 가로등이 켜진 근처의 집에 그녀는 도움을 요청했다. 큰 소란이 일자 순찰차까지 몰아닥쳤다. 나는 사정청취를 받았다. 그녀는 계속 울었고, 나는 두 번 다시 같은 짓은 하지 않겠다는 사죄문을 써야만 했다. '불안 또는 곤혹을 느끼게 하는 방법으로 타인을 따라다닌 자'로서 경범죄법 위반의 전력이 생겨버렸다. 2년쯤 전 일이었다. 그때 이후로 나는 역에서 귀가하는 길을 다른 길로 바꾸었다.

임의동행

보존된 발자국의 물결무늬로 스니커즈라는 품명이 특정되었다. 그 사이즈도 단편적인 모양 몇 개를 맞추어 파악했다. 엘리베이터 앞에 설치된 비디오에는 챙모자를 깊게 눌러쓴 남자의 모습이 찍혀 있었다. 옆에 붙은 로고에서 그 모자의 메이커를 찾아냈다. 현장과 핸드백에서 피해자 이외의 지문을 채취했다.

　사건이 일어난 지 1주일이 지나 전력前歷 정보가 나타났다.

같은 마을의 강 건너편에서 2년 전 4월에 일어난 경범죄법 위반 사건이었다. 밤길에서 젊은 여성을 노리고 뒤쫓은 남자가 있었다. 마침 근처를 지나던 순찰차가 여성과 이웃사람들이 비명을 지르고 소란스러운 것을 보고 그 남자를 붙잡았다. 그때까지는 전과전력이 없었고, 소지품을 검사했지만 수상한 물건은 아무것도 나오지 않았다. 경찰서까지 연행해서 사정을 청취했다. 현장은 조금 멀리 돌아가기는 했지만 남자가 말하는 대로 귀갓길일 수도 있었다. 여성을 뒤쫓아간 것을 비롯해 범행의 의도를 부인했지만, 여성에게 불안하고 곤혹스럽게 한 것은 틀림없다고 인정했다. 사죄하게 하고 석방했다. 키 168센티미터의 보통 체격, 32세 독신으로 혼자 사는 공장 노동자. 지금도 같은 아파트에 살고 있다. 본건 범행 현장에서 직선으로 대략 800미터, 경로상으로는 다리를 건너 돌아가면 1.8킬로미터의 거리이다.

경찰은 피해자와 신고자에게 얼굴을 보여줄 필요가 있다고 판단했다. 탐문을 통해 이 전력자는 5월 28일에는 심야에 늦게 귀가했다는 사실, 때때로 챙모자를 쓰고 외출했다는 사실 등을 확인했다. 다음날 아침 일찍 임의동행하기로 했다.

불안

멀리서 누군가가 부르고 있는 것 같았다. 방의 초인종이 계속 울리고 있었다. 밖은 아직 조금 어두웠다. 시계 대신에 휴대전화를 보자 6시 전이었다. 1시간은 더 자고 싶었다. 어쩔 수 없이 문을 열자 눈빛이 날카로운 남자 세 명이 들어왔다. 형사라고 신분을 댔다. 여쭤보고 싶은 것이 있으니 경찰서까지 와달라고 했다. 다른 경찰관 세 명이 계단 아래에서 기다리고 있었다. 아파트 앞의 주차장에 순찰차가 1대 세워져 있었다. 침착하자고 생각했다. 무엇인가 잘못 알고 있을 거라고도 생각했다. 어쨌든 이웃사람들 모르게 경찰관도 순찰차도 이곳에서 떠나기를 바랐다.

나는 순찰차가 아닌 차에 태워졌다. 경찰관 한 사람이 옆에 올라탔다. 내

얼굴을 힐끗 보더니 앞자리에 앉은 형사에게 틀림없다고 대답했다. 회사에 늦을지도 모르겠다. 오늘 공장에 나갈 수 있을까. 상사에게 어떻게 해명하면 좋을까. 그런 생각이 머릿속에 맴돌기 시작했다.

경찰서 취조실에서 조사를 받았다. 다른 현縣의 농촌에서 태어나 자랐다는 사실, 아버지가 42세, 어머니가 36세에 내가 태어났다는 사실, 열두 살 위의 누나가 하나 있는데 이웃마을에서 남편과 아이 둘, 4인 가족으로 산다는 사실, 시골에서는 일이 없었는데 2년 전 누나에 의지해서 이 마을로 이사를 와서 일을 얻었다는 사실. 이런 것을 내가 말하기도 하고, 확인받기도 했다. 그때 5월 28일 오후 11시가 지날 즈음 무엇을 하고 있었냐는 질문을 받았다. 나는 아무것도 하지 않았다면 8시경에는 집에 돌아왔을 것이고, 그 후 아파트에 있었을 것이라고 대답했다.

2, 3시간 지나서 취조실이 술렁거렸다. 취조하는 형사가 낮은 목소리로 대화하거나 교대하거나 했다. 나는 회사 일이 신경 쓰였다. 지금이라면 아직 늦지 않았으니 일하러 가게 해달라고 부탁했다. 잠시 기다리라고 말한 채로 형사가 자리를 떴다. 옆쪽에서 메모를 하고 있던 경찰관에게 내가 공장에 나갈 수 있을지 어떨지 물어보았다. 그는 자신은 형사가 아니라 모르지만 아마 무리일 것 같다고 말했다.

엘리베이터 앞의 비디오와 취조실의 남자

같은 날 아침 경찰은 신고자와 피해자 A양을 불러냈다. 형사는 우선 두 사람에게 각각 범행현장의 엘리베이터 앞에서 촬영된 비디오를 보여주었다. 비디오의 남자가 그날 밤의 범인과 닮았는지 어떤지 확인시켰다. 두 사람 모두 범인과 같은 사람이라고 말했다. 그 뒤에 다시 각각 취조실을 보여주었다. 거기에는 침착하지 않은, 고개를 약간 숙인 남자가 취조를 받고 있었다. 형사에게 질문을 받을 때마다 시선을 피하거나, 자세를 바꾸거나, 손가락을 깨물거나,

머리를 감싸쥐거나 하고 있다. 아까 본 비디오에 찍힌 남자와 꽤 닮은 체격이었다. 남자는 갑자기 긴장한 표정으로 무언가를 말하고 다시 고개를 숙였다.

A양은 조금 전 봤던 엘리베이터 앞 비디오의 남자와 닮았다고 생각했다. 형사가 그때의 남자와 비교해서 어떠냐고 물어 잘 모르겠지만 닮았다고 대답했다. 기사도 닮았다고 말했지만, 어떠냐고 물어 역시 범인과 닮았다고 대답했다. 형사가 마지막으로 틀림없냐고 물었고, A양은 틀림없다고 대답했다.

신고자인 택시 기사도 취조실의 남자가 범인과 닮았다고 말했다.

임의에서 강제로

나는 몹시 오랫동안 방치되어 있었다.

경찰은 범행 당일 밤은 자택에서 자고 있었다는 용의자의 부인조서, 피해자 및 신고자의 '범인과 닮았다'라고 일치하는 목격진술조서, 비디오와 함께 비디오의 남자와 용의자의 신장 및 체형이 유사하다고 하는 감식에 의한 화상해석 결과, 용의자의 전력조서 등을 빠짐없이 갖추었다. 수사본부의 결제를 거쳐 법원에 체포영장을 청구했다. 오전 11시 50분의 일이다. 오후 4시 45분이 되어 법원은 체포영장을 발부했다.

저녁때가 되어 형사가 돌아왔다. 나는 조금 화가 나서 얼른 돌아가게 해달라고 말했다. 형사는 뭘 그렇게 안달을 내냐고 대꾸했다. 회사에 아무 연락도 없이 쉬게 되어버리지 않았냐고, 나는 거의 울 것 같은 얼굴로 말했다. 정말로 녹초가 되어 있었고 절대로 이 이상 여기에 있을 수 없다고 생각했다. 모든 것이 혼란스러워 뭐가 어떻게 된 건지 도무지 알 수 없었다.

형사는 침착한 목소리로 나를 타이르듯이 말했다. 회사에는 이미 연락했고 경찰이 방문을 했다. 당신의 방도 지금 수색하고 있는 참이다. 아까 영장이 발부되었는데 당신을 체포하기 위한 영장이다. 진정하고 잘 생각해서 정직하게 말해주기 바란다.

체포—신체검사와 유치장의 밤

손에 서류를 들고 제복을 입은 남자가 취조실에 들어왔다. 계급이 꽤 높은 경찰관 같았다. 손에 들린 서면에 눈길을 두고 낭독하듯이 빠르게 말했다.

"당신에게 체포영장을 제시합니다. 이제부터 피의사실에 관해서 물을 것이나, 당신은 대답해도 좋고 아무것도 대답하지 않아도 좋습니다. 변호인을 선임할 수 있고……피의자는……년 5월 28일……오후 11시……분경……아파트 1층 엘리베이터……피해자……전치 2주간의 가료를 요하는 상해를 입었다……"

머릿속이 불협화음으로 가득 차 우두커니 흘려듣고 말했다.
"지금 읽은 사실이 틀림없습니까? 어떻습니까?"
나는 아무것도 대답할 수 없었다. 이게 어떻게 된 일일까? 내가 지금 어떤 상황에 처해 있는 거지? 무슨 말을 하는 걸까? 뭐라고 대답을 해야 할까? 거기에 집중할 수가 없었다.
그는 나를 지긋이 응시하다 시계를 보고 "어쩔 수 없지. 잘 생각해보고 나중에 솔직히 대답하겠다, 그런 정도로 해둡시다"라고 말하며 서류에 무엇인가를 기입하고, 내게 서명하게 한 후 취조실을 나갔다.
형사는 내게 수갑을 채우고 포승을 했다. 나는 취조실에서 끌려나와 어두운 통로를 지나 계단을 몇 층인가 내려갔다. 다시 밝은 통로가 나왔고, 철창이 쳐진 방에 들어갔다. 나는 옷이 벗겨져 알몸이 되어 신체를 샅샅이 검사당했다. 그 안에 한층 더 견고한 듯한 철문이 열렸다. 나는 콘크리트와 철창으로 둘러싸인 어두운 방에 넣어졌고, 밖에서 자물쇠를 걸어 잠갔다. 그곳은 감방이었다. 지금까지 맡아본 적 없는 냄새가 콧속으로 밀려들었다. 나는 내 전부를 빼앗긴 것 같은 느낌이 들었다. 지금까지의 생활에서 경험한 적 없는 완전히 섬뜩한 장소에 가둬진 것이다. 밤이 되었지만 습기를 머금은 묵직한 더위는 가라앉지 않았다. 순찰하는 경찰관의 발소리 외에는 아무것도 들리지 않는다. 기진맥진하며 들어왔지만, 불안과 공포로 잠들지 못했다.

수색—부자연스러운 지문과 발자국

경찰은 피의자의 자택과 일하고 있는 공장의 수색을 끝냈다. 자택에서는 챙모자를 압수했다. 그러나 거기에 있던 스포츠신발의 밑바닥은 범행현장의 물결무늬와는 맞지 않았다. 밑바닥이 물결무늬인 스니커즈는 공장의 사물함에도 없었다. 비디오에 녹화된 챙모자와 품명은 같았지만, 색깔이 같은 것으로 볼 수 없었다. 이 챙모자는 4월 1일에 방송 관련 회사가 나눠준 서비스 제품이었다. 새 프로그램의 선전으로 역 앞에서 나눠준 것이었다고 한다.

피의자의 지문을 채취해서 현장이나 핸드백에서 나온 지문과 대조했다. 그러나 피의자의 지문과 일치하는 것은 없었다. 한 젊은 형사가 피의자의 지문이 현장에서 나오지 않은 것을 문제 삼았다. "그 녀석… 진범일까요?"라고 의문을 드러냈다. 엘리베이터 옆에 설치된 비디오에 녹화된 범인은 장갑을 끼지 않았다. 맨손으로 지문을 남겼다고 생각되는 부분에 손이 닿는 모습이 촬영되기도 했다. 콘크리트 벽, 엘리베이터 홀의 유리창, 현관문에도 손이 닿았다. 이 같은 장소에서 범인의 지문이 채취되어야 마땅한데, 모순이 드러났다.

베테랑 형사가 말했다. "자주 있어, 그런 일은. 억지가 아니야."

피의자가 신고 있던 신발과 자택에서 압수한 스포츠신발에는, 현장에서 채취한 신발바닥의 물결무늬와 일치하는 신발이 없었다. 이에 관해서도 "어딘가에서 섞였거나 버려졌거나, 둘 중에 하나다"라고 말하며 피의자 추궁을 우선시했다.

수사본부는 피의자가 범행을 저지른 날의 행적과 함께 스니커즈의 탐색을 계속해가기로 했다.

체포 후의 취조— 당황, 망연자실

아침부터 취조실에 끌려갔다. "왜 체포되었는지 알고 있지?"라고 갑자기 얻어맞는 것처럼 질문 받았다. 내가 침묵하자 "자신이 한 일도 모르는 거야"라며 힐난했다. 찌는 듯한 더위와 습기가 방에 가득 찼다. "증거가 있으니까 체포당한 것 정도는 알겠지", 그렇게 말해도 나는 모른다. 회사 일이 신경 쓰였다. 빨리 돌아가고 싶다. 몸은 굳고 삐걱거리는 것 같았다. 생각은 정리되지 않았고, 거대한 불안으로 신경만이 헐떡였다. 심장소리가 크게 울려퍼지고, 손이 땀으로 젖더니 불현듯 전신이 땀으로 가득 찼다. 머리가 멍해지고 조금 한기가 든다고 생각하자, 머릿속이 새하얗게 되었다.

나는 쓰러졌다. 의식을 잃은 지 얼마나 지났을까. 책상 위에 내 수첩이며 지갑의 내용물이 펼쳐져 있었다. 전부 다 내게 소중한 것들이었다. 어느덧 해가 기울어 비스듬히 들이비쳤다.

"다행히 피해자의 상처는 크지 않다. 피해품도 돌아갔다. 초범이고 큰 죄도 아니다. 얼른 죄를 인정하고 배상해", 그런 말이 들리고 있었다.

사진이 한 장 보였다. "확실한 증거가 있다. 언제까지 모른다고 때우면 안 된다. 정직하게 인정하고, 얼른 사죄하는 게 어떤가. 부끄럽지도 않은가"라고 큰 소리가 나왔다.

사진에는 평온하게 미소를 머금은 부모님의 상냥한 눈빛이 있었다.

의문에서 확신으로— 공백의 2시간

용의자의 범행시각의 행적은 거의 확정되었다. 그날 용의자는 오후 8시까지

잔업을 했다. 그 뒤에 상사의 권유로 선술집에 술을 마시러 갔다. 헤어진 것이 오후 10시가 지난 즈음. 귀가는 아파트의 이웃주민이 밤 12시경이라고 말했다. 피의자에게는 범행시간을 포함한 전후 2시간의 알리바이가 없다. 공백의 2시간이다.

자택에서 압수한 예금통장에는 몇몇 대출금에 대한 자동이체가 있어 생활이 넉넉하지 않았음이 엿보였다. 자택에 있던 컴퓨터의 분석도 진행되었다. 성인사이트에서 강간물을 본 사실을 파악해서 그 내용을 증거로 했다.

그 뒤에 피의자를 추궁했다.

피의자는 전력부터 다투기 시작했다. 전력이 되는 경범죄법 위반에 대해서 자신은 단지 귀갓길을 걷고 있었을 뿐이며 상대 여성의 착각이라고 주장했다. 그러나 당신은 그때 스스로 반성문을 쓰지 않았습니까. 그렇게 추궁하자 울면서 인정했다. 범행 당일 밤은 상사와 술을 마시러 갔던 것을 생각해낸 것 같았다. 그러나 피의자는 그대로 귀가했고 아무것도 하지 않았다며 본건을 계속 부인했다.

상사와 헤어진 10시가 지나서부터 귀가한 12시경까지 공백의 2시간을 추궁했다. 피의자는 그날 밤 확실히 상사와 술을 마셨지만 11시가 지날 무렵 헤어졌다. 그 뒤 강가의 길을 따라 어디에도 들르지 않고 걸어서 귀가했다. 범행현장은 모르고, 간 적도 없다. 도중에 친구에게 전화를 했으나 연결되지 않았고, 아파트 앞의 편의점에서 스포츠음료를 사서 방에 돌아갔다고 한다.

취조―전락자백으로

나는 이미 기진맥진해져 생각이 정리되지 않았다. 2년 전의 경범죄법 위반이 들춰졌다. 그것은 상대 여성의 착오였다고 몇 번이나 말해도 들어주지 않았다. 분해서 눈물이 나왔다. 게다가 방의 컴퓨터도 들여다보고 있었다. 항상 성적 욕구를 어떻게 처리하고 있는 거야, 너는 징그러운 녀석이라고 업신여겼다. 상사는 10시경에는 헤어졌다고 말하는데, 상사를 거짓말쟁이로 만드는 것이냐는 말까지 했다. 누나에게 와달라고 할까, 시골에서 부모님을 부를까, 으름장을 놓았다. 증거는 갖추어졌고 너 이외에는 범인이 없다. 그렇게 되풀이되었다. 나는 아무것도 모르고 아무것도 하지 않았다고 몇 번이나 말했지만, 형사는 경멸하고 때때로 냉소를 지으며 네가 했다고 말했다.

나는 인정해버리면 여기에서 나갈 수 있지 않을까 하고 생각하기 시작했다. 나는 하지 않기 때문에 이런 취급을 받을 이유가 없는 것이다. 거짓말은 나쁘지만, 일단 거짓말로 인정하고 나중에 깨끗하게 하지 않았다고 말하자. 그렇게 하면 알아주고 용서해주겠지. 어쨌든 지금은 너무 피곤해서 뭐가 뭔지 생각이 정리되지 않는다. 어쨌든 이제 더 이상 이런 취급을 받는 것은 질색이다. 숨쉬기가 곤란해지고 심장은 계속 두근거린다. 입은 마르고 신열이 나는 것 같다. 온몸이 어쨌든 불쾌함으로 가득 찼다.

어이, 이봐. 너 같은 인간은 말이야. 이런 너를 보면 네 누나도, 부모님도 울고 말 거야. 어이, 너. 정직하게 굴어. 큰 죄도 아니야. 얼른 인정하고 배상하는 것이 정직한 인간이라면 할 일이지.

나는 "죄송합니다, 틀림없습니다"라고 겨우 목소리를 쥐어짰다. 그러자마자 눈물이 흘러나왔고, 몸이 덜덜 떨려 멈출 수 없게 되었다.

구류청구 구류질문

검사실에 수습생이 들어왔다. "변록(辯錄: 피의자 변명을 들어 기록하는 것-옮긴이)의 입회는 처음이지요. 함께 입회해주세요." 검찰관은 상냥하게 웃으며 말했다. 피의자가 포승줄에 묶이고 수갑을 찬 채 연행되어 들어왔다. 수갑과 포승을 풀고 탁자 앞에 앉혔다. 검찰관은 묵비권과 변호인선임권을 알리고 피의사실에 관해 물었다. "이 피의사실이 틀림없습니까?" 피의자는 "저는 아무것도 모르고, 하지 않았습니다"라고 대답했다. 검찰관은 조금 의외인 듯한 얼굴로 "경찰에서는 인정하지 않았습니까?"라고 물었다. 피의자는 대답하지 않았다. "뭐, 좋습니다. 그러면 '모르고, 하지 않았다'라고 말한 것으로 기록하겠습니다." 피의자는 경찰관에게 끌려나갔다. 검찰관은 수습생에게 이렇게 말했다. "자주 있는 일이에요. 일단 인정해도 다시 부인하는 것 말입니다. 우선 구류청구를 합시다"라며 침착한 표정으로 웃어보였다.

구류질문실에 재판관이 앉아 있었다. 민사 담당의 한창 젊은 재판관이 변론기일에 틈틈이 구류질문을 행한다. 이날 몇 명의 구류질문을 끝낸 상태였다. 지금까지는 모든 피의자가 죄를 인정했다. 재판관은 기록을 보고, 다음은 부인인가 하고 투덜거렸다. 피의자가 끌려 들어왔다. 재판관은 피의자를 확인하고, 묵비권이 있으며 담당변호인의 면회를 요구하거나 가족에게 연락할 수 있다고 설명하고, 피의사실에 관해 물었다. 피의자는 궁지에 몰린 모습으로 "아무것도 모릅니다, 하지 않았습니다. 몇 번이나 그렇게 말해도 인정해주지 않습니다. 아무것도 하지 않았는데, 왜 저를 체포한 겁니까? 왜 집에 돌아가지 못하는 겁니까? 저를 집에 돌려보내주십시오"라고 말했다. 재판관은 "증거가 일단 갖추어져 있지만, 하지 않았으면 하지 않았다고 주장하면 됩니다. 저도 한 번 더 증거를 잘 살펴보고, 이대로 당신의 신병을 구속할 것인지, 즉 구류 여부를 결정할 것입니다"라고 차분하게 대답했다.

구류결정과 당번변호사의 접견
재판관은 내게 10일간의 구류를 명령했다.

검찰관은 조금 엄한 것 같았지만, 재판관은 다정해보이는 사람이었다. 경찰과는 달랐기 때문에 분명 알아줄지도 모른다고 생각했다. 그러나 재판관은 증거가 있다고 했다. 무슨 증거가 있는 것일까. 그럴 리가 없다. 전혀 모르는 데다 간 적조차 없는 곳이다. 어디에서 어떻게 잘못되었을까. 나는 도무지 믿을 수가 없다.

당번변호사가 왔다. 나는 뭐가 어떻게 된 건지 모르겠다고 말했다. "하지 않았다는 거네요"라고 변호사가 말했다. 시계를 보면서 "그렇다면 변호인선 임서를 쓰시고, 압수품 목록과 함께 보내주십시오. 구류장 등본을 떼서 좀 검토해봅시다. 취조에서는 우선 아무 말도 하지 마십시오. 누나분께 연락을 취하지요. 또 면회 오겠습니다", 그렇게 말하며 면회실에서 나갔다.

유치장 감방으로 돌아와서 조금 진정되었다. 여전히 싫은 냄새가 났지만, 상사와 헤어진 후의 일에 관해 생각할 수 있었다. 그날 밤 나는 강가의 길을 걷는 동안에 약간 기분이 좋아져서 친구에게 전화를 걸었다. 연결되지는 않았지만, 자동응답기에 짧은 메시지를 남겼다. 아파트 앞에서 음료수도 샀다. 그 시간을 알게 되면 내가 범인이 아닌 것도 알게 되지 않을까하고 생각했다. 변호사에 조사해달라고 요청할 생각을 하자 기분이 조금 나아졌다.

변호사의 면회―알리바이

취조는 겉돌기만 할 뿐 진전 없이 반복되었다. 했다, 안 했다는 말을 주고받았다. "그렇다면 왜, 이전에는 사죄하고 인정한 것인가. 너는 거짓말쟁이다. 거짓말쟁이의 말은 믿을 수 없다. 솔직해져라", 그런 식으로 호되게 꾸짖음을 당했다.

변호사의 면회가 있었다. 변호사는 "피해자와 기사의 목격증언이 있는 것 같습니다. 현장에는 비디오도 있고, 경찰은 거기에 녹화된 범인과 당신이 닮았다고 보는 것 같습니다. 그 범인이 챙모자를 쓰고 있었고 현장에 발자국이 남아 있었습니다. 그리고 당신의 모자와 신발이 압수당했습니다. 어떻습니까, 그날 밤 일이 뭐든 생각나지 않습니까?" 하는 식으로 말을 걸어왔다.

"저는 하지도 않았고, 거기에도 간 적이 없는데 그 발자국이 제 것일 리가 없습니다. 그날 밤 일이라면 저는 상사와 헤어져서 친구에게 전화를 걸었습니다, 그 뒤에 편의점에서 물건을 샀습니다. 그 시간을 알게 되면 제가 하지도 않았고 거기에 가지 않았다는 사실을 밝힐 수 있다고 생각합니다"라고 변호사에게 전하자 내게도 조금 자신이 생겼다.

변호사는 상사와 헤어지고 친구에게 전화를 하고 편의점에서 쇼핑을 한 각각의 시각을 조사해보겠다고 말했다.

면회를 끝내고 변호사가 돌아갈 즈음에 한 말이 나를 무겁게 짓눌렀다.

"경찰이 누나를 조사한 뒤에 부모님도 불러낼 예정입니다."

구류연장

잠들지 못하는 밤이 계속됐다. 낮에는 깨어 있는지 잠들어 있는지 모르겠다. 머리가 멍해지고 몸에서 열이 나며 심장이 두근거리고 숨쉬기도 점점 힘들어졌다. 귀에서 울리는 소리도 들려오고 나쁜 냄새가 온몸에 스며들었다. 긴장이 계속되어 근육이 떨리며 마디마디가 아팠다. 찌는 듯한 더위는 여전했다. 그런 중에 나에 대한 취조는 계속됐다.

"누나의 메시지다. 당신이 진실을 솔직하게 말하기를 바란다고. 누나가 울었어."

"그러니까, 친구에게 전화한 시간과 편의점에서 쇼핑한 시간을 조사해주세요. 그렇게 하면 제가 관계없다는 것을 알 수 있다니까요."

"그렇게 말하라고 변호사에게 들은 거야? 네가 한 건 확실해. 피해자뿐만이 아니야. 너를 현장에서 본 사람이 또 있어."

"저는 언제가 되면 나갈 수 있는 겁니까?"

"구류연장이다. 네가 인정하지 않으면 여기에서 나갈 수 없어. 인정하면 보석도 되고 집행유예도 생각될 수 있을 텐데. 어때, 이제 적당히 솔직해지지 않겠나?"

그런 대화로 나는 끝내 무너져버렸다.

누나는 내가 했다고 생각하고 있을까, 그럴 리가 없다. 질색하고 있을지도 모른다. 아버지나 어머니는 어떨까. 상사는, 공장의 모두는 어떨까.

"너는 거짓말쟁이야. 누구도 네 말 따위 믿지 않아."

어차피 모두 나를 믿어주기가 쉽지는 않을 것이다. 내가 했다고 단정하고 있을지도 모른다. 여지없이 그런 의심이 떠올랐다.

세 번째 접견─합의 권고

변호사에게 입을 열자마자 물었다. 그날 밤의 일을. 친구의 휴대전화에 메시지를 남기고, 편의점에서 쇼핑을 했던 그 시간에 관해서. 변호사는 "당신의 친구에게 문의했더니 이미 휴대전화에 기록이 남아 있지 않고, 편의점은 1주일마다 계산원을 비추는 비디오를 지워서 모른다고 합니다"라고 면목 없다는 듯이 말했다.

슬퍼졌다. "언제나 되어야 여기를 나갈 수 있을까요?" 변호사에게 소리쳐봐야, 울고불고 매달려봐야 어찌할 도리가 없다는 건 알고 있었지만, 무심결에 눈물이 나와서 목소리를 높이고 말았다.

아크릴판 맞은편에서 변호사가 미안해하는 듯한 얼굴로 말했다. "지금 상태로는 나갈 수 없을 겁니다. 기소되어 기소 후 구류에 이르렀습니다. 요즘 재판에서는 부인하는 동안에는 보석도 잘 인정되지 않습니다." 그러고는 죄를 인정한 경우에 피해자와 합의라도 한다면 불기소될 수도 있고 집행유예도 나올 수 있을 거라고 덧붙였다.

전락자백─체포에서 14일째

체포된 지 2주가 지났다. 잠들지 못하는 날이 계속됐다. 한밤중에 감방 구석에서 중얼중얼 혼잣말을 했다. 간수의 주의가 번번이 내게 되돌아왔다. 내가 자신이 아닌 것 같은, 내 몸이 어디에 있는지 알 수 없는 느낌이 들었다. 그렇게 나는 '거짓자백'으로 굴러떨어졌다.

내가 하지 않은 일인데도, 간 적도 없는데도, 지금까지 받은 취조를 통해 대충 짐작이 갔다. 어디에서, 어떤 식으로 그 일이 벌어졌는지. 범인과 피해자는 어떤 모습에 어떤 복장을 하고 있었는지. 그 아파트는 오래된 건물이고, 현관과 엘리베이터 홀의 위치는 어떻게 되어 있다는 것까지. 모를 때는 말없이 고개를 숙이고 있으면, 형사가 힌트를 주거나 가르쳐주었다. 그럭저럭 누더기나 다름없는 자백진술이 완성되었다.

나는 울면서 죄송하다고 고개를 숙였고, 서명하고, 손도장을 찍었다.

형사는 개운한 얼굴로 "지금부터 얼마든지 바로잡을 수 있다. 피해자에게 사죄하고, 변호사에게 합의해달라고 해. 누이나 부모님에게 이제 더 이상 폐를 끼치면 안 돼", 그렇게 내 곁에서 친절하게 걱정해주었다.

나는 다시 울었으며 면목이 없다고 몇 번이나 머리를 조아렸다.

현장확인(범행재현수사)── 신발과 핸드백

젊은 형사는 진절머리가 났다.

피의자는 공장을 나와서 현장까지 안내하지 못했다. 그날 밤 걸었을 코스를 차로 이동해가면서 행적을 확인하려는 것뿐이었다. 그 코스는 밤이었다 해도 말하기 어려운 정도는 아니다. 그런데 그 코스가 왼쪽, 오른쪽인지도 모르는 것 같았다. 잊어버릴 정도로 오래된 일도 아니다. 어쩔 수 없이 현장인 아파트가 보이는 모퉁이까지 데리고 갔다. 현장에서도 어디에서 어떤 식으로 피해자를 끌고 가서 범행을 저지르게 되었는지, 자신이 말하려고 하지 않았다. 피의자는 처음부터 끝까지 뭔가를 감추는 것 같다고 생각되었다.

현장확인 다음날, 범행 당시 신고 있던 운동화를 버렸다고 하는 장소로 안내하도록 했다. 그때도 피의자의 설명은 내용이 없었다. 버렸다고 하는 공장 뒤편의 공터에는, 버려진 신발이 없었다. 거기는 펜스로 둘러싸여 잡초가 무성한 공터였다. 범행 다음날 아침 울타리에 다가가서 안쪽으로 던졌다고 한다. 개가 물고 간 경우라고는 생각되지 않았는데, 풀을 베어도 발견되지 않았다.

피의자는 정말로 반성하고 있는 것일까? 죄를 면하고 싶다고 지금도 계속 생각하고 있는 것은 아닐까? 의심이 더해졌다. 범인이 진실을 남김없이 솔직하게 말하고, 진심으로 반성하며 피해자에게 보상해주었으면 한다. 그러나 이 피의자는 그렇지 않다. 스스로 말하지 않고 이쪽이 말하는 것을 따라할 뿐이다. 눈물을 흘리면서 사죄하고 있지만, 마음속으로는 아무것도 반성하고 있지 않은 것일까, 그렇게 생각했다.

선배 형사에게 그 이야기를 했다. "녀석은 공판에서 부인할지도 몰라요. 지금부터라도 신경 씁시다. 방청을 빠뜨리지 말고요", 선배도 같은 의구심을 가지고 있다고 대답했다.

범행확인과 합의절차

변호사가 교체되었다. 내가 범행을 인정했다고 하자, 정말로 그랬냐고 물었다. 나는 실제로는 하지 않았지만 여기에서 나가고 싶기 때문에 그랬다고 말했다. 당신이 실제로는 하지 않았다면 피해자에게 사죄하거나 합의하자고 할 수 없다고 말하며 변호를 끝냈다.

새로운 변호사가 면회를 왔다. 이 변호사에게는 사실은 하지 않았다는 것을 굳이 말하지 않았다. 여기에서 하루라도 빨리 나가고 싶으니까 합의를 해달라고 했다. 새로운 변호사는 합의시켜 주었다. 그러나 피해자는 죄를 용서하고 관대한 처분을 구하는 서면에는 사인을 해주지 않았다고 한다. 이 서면을 받으면 불기소가 되고, 받지 못하더라도 합의서가 있으면 집행유예가 된다는 것이 변호사의 판단이었다. 이후로도 피해자와 접촉해서 이 서면에 사인을 해달라고 하겠다고 말했다.

합의금 70만 엔은 누나가 내주었다.

기소―피해자 마음의 상처와 가해자에 대한 증오

"이 사건, 자네는 어떻게 생각하나?"

검찰관이 수습생에게 물었다.

"전과도 없고 합의도 됐네요. 실제 피해도 다행히 적으니까, 불기소도 가능하다고 생각합니다. 그렇지만…."

"그래, 그… 그렇지만… 문제야. 자네는 피의자가 반성하고 있다는 생각이 드나? 그의 취조를 자네가 담당했는데."

"저는 솔직히 말해 반성하고 있는 것처럼은 생각되지 않습니다. 의문점을 들이대도 아무것도 스스로 대답하려고 하지 않고 시종일관 눈을 맞추지 않았습니다. 고개를 숙이고 눈물을 흘리며 사죄를 반복했지만, 어쩐지 다른 사람들 같은, 즉 진지한 태도는 아니라고 느꼈습니다."

"나도 같은 걸 느꼈다. 그의 반성은 표면적이었다. 자네가 그것을 알아채다니 기쁘군. 그러니 피해자의 심정은 어떻겠나, 피해자의 취조도 담당했나?"

"피해자는 지금도 그날 밤의 일이 불현듯 떠올라 무서운 마음에 온몸이 떨린다고 말했습니다. 핸드백은 돌아왔고 몸의 상처는 치유됐지만 마음의 상처는 깊다고 생각했습니다."

"나도 동감이네. 그럼… 결론은 어떻게 되나?"

"역시… 기소…입니다."

검찰관은 수습생의 결론을 만족한 듯 받아들였다.

어머니, 누나 면회

기소되고 접견금지가 풀렸다. 기소되기까지 변호사 이외의 사람과의 면회는 금지였다. 증거인멸의 우려가 있다는 것 같았다. 이제까지 누나가 사식을 넣어주었다. 그 외의 교류는 전혀 할 수 없었다. 나는 스스로 친구에게 휴대전화의 기록과 메시지에 대한 기억을 묻고, 상사에게 그날 밤 헤어졌던 시간을 확실히 하고 싶었다. 무엇보다 편의점에 가서 그날 밤 내가 몇 시 몇 분 몇 초에 음료수를 구입했는지 캐묻고 싶었다. 첫 번째 변호사가 일단 해주기는 했지만, 나 자신은 아무것도 할 수 없었고, 누나에게 부탁할 수도 없었다. 무엇보다 누나에게 나는 하지 않았다는 말을 전할 수 없었다.

접견금지가 풀리고 누나와 어머니가 면회를 왔다. 누나뿐이라면 만나고 싶지 않았다. 만나는 것을 생각만 해도 몸이 갈기갈기 찢어지는 것처럼 고통스러웠다. 그러나 시골에서 어머니가 일부러 와주셨다고 했다. 어머니의 기분을 생각하면 면회를 거절할 수가 없었다.

면회시간은 단 10분이었지만, 그 시간이 길게 느껴졌다. 나는 아크릴판 너머로 어머니와 누나의 손을 지그시 바라보았다. 다소곳이 모은 손과 손에 눈물이 계속 흘렀다. 나는 차마 고개를 들지 못하고 숙인 채 울 뿐이었다. 아무말도 나오지 않았다. 흐느끼는 듯한 오열이 세 사람의 입가에서 크게 작게 흘러나왔다.

공판―망설임

재판은 1회로 끝났다. 방청석에는 취조했던 형사들과 아버지와 어머니, 누나가 앉아 있었다. 나는 새삼스럽게 사실은 하지 않았다고는 말하지 않았다. 죄상을 인정하고 검찰 측의 증거 모두에 동의했다.

정상증인으로서 누나가 법정에 섰다. 나는 계속 고개를 숙이고 눈물을 참고 있었다. 누나는 눈물 섞인 목소리로 대답하고 있었다. 내가 진실한 성격인 점, 이번에 말도 안 되는 짓을 저질렀지만 앞으로는 확실히 지켜보겠다는 점, 피해자에 사죄하고 합의가 성립했다는 점 등을 변호사의 유도에 따라 더듬더듬 말하고 있었다. 검찰은 이번 사건이 왜 일어났는지 생각해보았는지, 그 원인에 관해서 누나에게 물었다. 누나는 어째서 이런 사건이 일어났는지 모르고, 아직까지도 내가 했다는 것이 믿어지지 않는다고 울면서 말했다.

"그렇다면 그가 다시 죄를 저지를 것을 막을 수 없는 것은 아닙니까", 그렇게 묻고 검찰은 질문을 끝냈다.

피고인에 대한 질문이 있었다. 변호사는 내게 전력이 없는 점, 성실하게 일하고 있었던 점, 동기를 자신도 잘 설명할 수 없을 정도로 우발적으로 사건이 발생했다는 점, 계획적이지 않고 실제 피해도 적다는 점. 합의가 성립했고, 진지하게 반성하고 있고, 다시는 죄를 저지르지 않겠다고 맹세하고 있다는 점. 그런 부분을 솜씨 좋게 정리해서 물었다.

검찰관은 집요하게 사건을 파헤쳐가며 물었다. 나는 아무것도 모르지만, 경찰 취조에서 만들었던 자백진술을 그대로 이야기했다. 그런데도 납득하지 않고 특히 배경이나 계획성에 관해서 자세히 듣고자 했다. 나는 몇 번인가 "하지 않았기 때문에 모릅니다"라는 말을 꺼낼 뻔했다. 뒤에 앉아 있는 취조 형사로부터 "모르는 것은 모른다고 말해도 좋다"고 들었기 때문에 후반 대부분의 질문에 "모릅니다"라고 대답했다. 때때로 검찰관은 언성을 높이며 "자신이 했던 일인데 어떻게 모를 수가 있습니까? 정말로 당신은 반성하고 있는 것입니까? 왜 이런 일을 했는지 모르는 것이라면 당신은 이후에도 같은 일을 반복하게 되지 않겠습니까?"라는 식으로 다그쳐왔다. 나는 몇 번이나 마음속으로 "그러니까 하지 않았다고, 나는" 하고 외쳤다.

재판장은 2주일 후에 판결을 선고하겠다고 말했고 법대 뒤쪽의 문 저편으로 모습을 감추었다.

합의―집행유예는 상당하지 않다
"합의合議합시다. 수습생도 함께 하지요"라고 재판장이 말했다. 재판관실 옆에 작은 방이 있다. 거기에 재판관 세 명과 수습생 두 명이 들어왔다. 엄격한 합의에 수습생이 입회하는 경우는 없다. 재판관의 합의는 최고 수준의 비밀이 요구된다. 수습생이 입회할 수 있는 합의는 합의할 것까지도 없이 결론이 정해져 있는 안건이다. "유죄인지 어떤지에 관해서 우선 합의합시다. 어떻습니까. 수습생부터 의견을 말씀해보시지요.""피고인의 자백이 있고, 목격증언이 있으므로, 유죄라고 생각합니다"라고 한 수습생이 대답했다. "다른 의견이 있으신 분은 말씀해주십시오. 지난 번 남을 대신하는 사건이 있었습니다. 그 외에 진범이 나타난 사건도 있었습니다만. 어떻습니까", "두 사람의 목격증언으로 범행이 확인되었습니다. 문제 없다고 생각합니다"라고 좌배석 재판관이 대답했다. "그러면 유죄로 하시겠습니까. 그렇다면 형의 집행유예는 어떻습니까. 또 수습생의 의견을 들어볼까요"라고 재판장이 물었다. "저는 집행유예로 괜찮다고 생각합니다. 전과도 없고, 합의도 성립했고, 다행히 실제 피해도 적습니다. 진실해보였고, 이제까지 성실히 일해온 것 같았고, 부모도 방청석에 와 있었습니다. 누이도 확실히 하고 있습니다"라고 다른 수습생이 말했다. "다른 의견이 있는 분, 의견을 말씀해주십시오"라고 재판장이 말하자 우배석이 의견을 말했다. 합의는 이 우배석의 의견으로 곧바로 정리됐다.

판결 선고

"…피고인은 이 법정에서 범행을 대체로 인정하며 반성의 태도를 일단 보이고 있기는 하나, 본건 범행이 계획적임에도 불구하고 그것을 상세히 진술함에는 이르지 않으며 본건을 때때로 부인하는 듯한 태도를 보이고 있어 그 반성이 진지하여 재범의 우려가 전혀 없다고 생각하기에는 주저하지 않을 수 없는바, 피고인을 실형에 처하고…"

내 귀에 조금씩 재판장의 말이 들어왔다.

문득 편의점 영수증이 아파트의 방에 아직 있을 거라는 생각이 떠올랐다.

풀죽은 모습으로 방청석에 앉아 있는 부모님과 누이를 보고, 나는 항소하겠다고 중얼거렸다.

이야기의 전개

사건발생

- 실황조사
- 목격자정보
- 피의자 색출
- 피의자의
  임의동행
- 범인식별
  ⋮

체 포

- 증거물의
  수색 · 압수
- 피의자의
  구류 · 취조
- 피의자 · 관계자
  사정청취
- 진술조서 작성
- 현장확인
  (범행재현수사)
  ⋮

기 소

재 판

판 결

● **5월 28일**
- · 피의자 A양이 노상에서 누군가에게 습격당함.
- · X는 상사와 술을 마신 후 심야에 귀가.

- · 경찰이 X의 전력을 알아내어 수사선상에 X가 떠오름.

● **6월 8일**
- · 경찰은 임의동행으로 X를 취조함.
- · 경찰은 목격자인 택시 기사와 피해자에게도 사정청취
- · 목격자, 피해자 모두 현장의 방범 비디오에 녹화된 남성이 X와 닮았다고 증언.
- · 경찰, X를 체포.
- · X는 유치장에서 하룻밤을 지냄.
- · 경찰은 X에 대한 본격적인 취조를 개시.
- · 경찰이 X의 자택 컴퓨터에서 성인사이트 이력을 발견.
- · 경찰은 X에게 범행의 자백을 강하게 다그침.
- · X 전락자백.

● **6월 10일~27일**
- · X 유치장에 구류됨.
- · X의 변호인이 선임됨 변호인 이외의 자와는 면회를 금지당함.
- · X는 자백과 부인을 반복함.
- · 경찰은 X의 취조를 계속하여 진술조서를 작성해감.
- · 변호인이 교체됨.
- · X는 교체된 변호사로부터 범행을 인정하지 않으면 피해자와 합의할 수
  없다고 듣고 다시 범행을 인정함.
- · 피해자와 합의 성립.

● **6월 28일**
- · 검찰관, X가 진범이라는 확증을 얻어 X를 기소함.
- · 가까스로 가족과의 면회가 이루어졌으나, X는 아무 말도 하지 못함.

● **8월 3일**
- · X 법정에서도 범행을 인정함.
- · X의 누나, 눈물을 흘리면서 X의 감독을 서약함.

● **8월 17일**
- · X에게 유죄판결을 내림.

형사사건 절차의 흐름

● **임의동행 · 임의취조**

● **체포**

24시간 이내

· 피의자의 변명을 들어야 함.
· 경찰서 내의 유치장에 유치됨.
· 기소될 때까지 대용감옥에서 취조를 받음.

● **검찰관 송치**

48시간 이내

· 피의자는 검찰청으로 연행됨.
· 검찰관은 피의자의 변명을 들어야 함.

● **구류청구 · 결정**

10일 이내

· 피의자에게 도망의 우려나 증거인멸의 우려가 있는 때에는 재판관의
  결정으로 피의자의 신병을 구속(구류)할 수 있음. 이때 아울러 변호인 이외의
  자와의 면회를 금지하는 결정(접견금지)이 이루어질 수도 있음.
· 구류할지 말지는 피의자를 재판소에 연행하여 피의자의 해명을 재판관이
  직접 듣고(구류질문) 결정함.
· 구류결정 후에는 피의자는 계속 유치장에 갇혀 본격적인 취조를 받음.

● **구류연장청구 · 결정**

10일 이내

· 법률상 어쩔 수 없는 사정이 있는 때에만 재구류가 인정됨.

● **기소**

· 피의자는 기소 후에는 피고인이라고 불림.
· 기소 후에도 구류가 계속되는 경우가 많으나, 보석이 인정되는경우도 있음.

● **공판**

· 공판기일이 몇 회 열리는지는 사건에 따라 다름.

● **판결**

· 판결은 '선고'(직접 피고인에게 고함)라는 방법으로 이루어짐.
· 피고인은 판결 선고의 다음날부터 14일 이내에 항소할 수 있음.

이 책을 읽는 데에 필요한 용어 해설집

이 용어 해설집은 이 책에 나오는 단어 중에서 일반인에게 친숙하지 않은 것이거나, 반드시 정확한 의미로 이해되어야 하는 것을 모은 것입니다. 읽다가 '이 단어의 의미는 뭐지?' 하는 생각이 들 때 이 페이지에 돌아와주십시오. 취향에 따라 책갈피를 끼우거나, 포스트잇을 붙이거나, 접어두어도 좋습니다.

1. 수사 장면에서 듣는 단어

■ 임의동행

피의자(범죄를 저질렀다고 의심받고 있는 자)를 체포하지 않고, 그 동의를 얻어 경찰서 등으로 데리고 가서 취조를 행하는 것. 법률상 "강제가 아니므로 언제든지 돌아갈 수 있다"고 되어 있지만, 실제로는….

> 김인회의 한국 이야기 1
>
> 한국에도 임의동행이 있습니다. 일본과 같이 범죄를 저질렀다고 의심받고 있는 자를 체포하지 않고 동의를 얻어 경찰서 등으로 데리고 가는 것입니다. 그런데 보통 사람은 동의를 거부하기 힘듭니다. 불이익이 있을 수 있기 때문입니다. 개인이 압도적인 힘을 가진 국가공권력에 대항하여 거부의 의사를 밝히기는 생각보다 훨씬 어렵습니다. 이렇기 때문에 한국의 대법원은 임의동행을 기본적으로 시민의 순수한 동의가 없는 이상 불법이라고 밝히고 있습니다.
>
> 한국의 대법원은 "수사관이 수사과정에서 당사자의 동의를 받는 형식으로 피의자를 수사관서 등에 동행하는 것은, 상대방의 신체의 자유가 현실적으로 제한되어 실질적으로 체포와 유사한 상태에 놓이게 됨에도, 영장에 의하지 아니하고 그 밖에 강제성을 띤 동행을 억제할 방법도 없어서 제도적으로는 물론 현실적으로도

임의성이 보장되지 않을 뿐만 아니라, 아직 정식의 체포·구속단계 이전이라는 이유로 상대방에게 헌법 및 형사소송법이 체포·구속된 피의자에게 부여하는 각종의 권리보장 장치가 제공되지 않는 등 형사소송법의 원리에 반하는 결과를 초래할 가능성이 크므로" 원칙적으로 금지되어야 하는 수사방법이라는 인식을 가지고 있습니다. 그 이유를 다시 설명하면 영장주의 원칙에 위배되고, 임의성 혹은 자발성이 담보되지 않으며, 헌법상의 권리 역시 보장되지 않는다는 것입니다.

이 결과 한국의 대법원은 "수사관이 동행에 앞서 피의자에게 동행을 거부할 수 있음을 알려주었거나 동행한 피의자가 언제든지 자유로이 동행과정에서 이탈 또는 동행장소로부터 퇴거할 수 있었음이 인정되는 등 오로지 피의자의 자발적인 의사에 의하여 수사관서 등에의 동행이 이루어졌음이 객관적인 사정에 의하여 명백하게 입증된 경우"에 한정하여 합법성이 인정된다고 하고 있습니다(대법원 2006.7.6. 선고 2005도6810 판결). 따라서 만일 여러분이 임의동행을 요구받게 된다면 이러한 요건을 확인할 필요가 있습니다.

■ 범인식별절차(멘와리 · 멘토시)

피해자나 목격자에게 나란히 서 있는 사람들, 혹은 얼굴사진들 중에서 범인을 고르게 하는 것을 '멘와리面割り'라고 합니다. 또한 피해자나 목격자에게 다른 방에 있는 피의자를 유리창 너머로 보여서 범인인지 확인하는 것을 '멘토시面通し'라고 합니다.

■ 체포, 수색 · 압수와 영장

경찰관이나 검찰관(양쪽을 합쳐서 '수사기관'이라고 부릅니다)이라고 하더라도 무리하게 피의자의 자유를 빼앗거나, 멋대로 그 집에 들어가서 증거를 찾거나 할 수는 없습니다. 그러나 '영장'이 있으면 피의자를 그 승낙 없이 구속(체포)하거나, 주거에 들어가서 증거가 될 만한 것을 찾고(수색), 가져가는 것(압류, 압수)이 가능합니다. 이 영장은 수사기관이 적정한 수사를 하고 있는지를 재판관이 확인한 뒤에 발부하는 것입니다. 그러나 현실에서는 수사기관이 영장을 청구하면 재판관이 이를 각하하는 경우는 거의 없는 실정입니다.

한국에도 구속과 압수·수색 제도가 있습니다. 한국의 경우에는 구속영장 발부 수는 계속 줄어들고 있고 압수·수색영장 발부 수는 폭발적으로 늘어나고 있습니다. 1998년에 14만 297건이 발부되었던 구속영장은 2013년에는 2만 7,089건으로 줄어들었습니다. 11만 명이 덜 구속된 것입니다. 민주주의와 인권의 발전이라고 할 수 있겠습니다. 특히 김대중, 노무현 대통령 임기 중에 구속자 수가 많이 줄어들었습니다. 그러나 1998년에 1만 5,364건이 발부되었던 압수·수색영장은 2013년에는 16만 6,877건으로 늘어났습니다. 구속영장 발부가 줄어들고 과학수사를 지향하는 측면에서 어느 정도의 증가는 인정할 수 있을 것입니다. 그러나 아무런 제약 없이 너무 많이 늘어난 것은 압수·수색영장이 남발된다는 의심을 낳습니다. 압수·수색영장에 대한 심사를 엄격하게 할 필요가 있습니다.

■ 구류

피의자에게 도망의 우려나 증거인멸의 우려가 있는 때에는 재판관의 결정으로 피의자를 구속할 수 있습니다. 이것을 '구류'라고 합니다. 검찰관은 피의자를 체포한 지 48시간 이내에 재판관에게 구류를 청구할지 석방할지를 결정해야만 합니다. 피의자를 구류할 수 있는 기간은 10일간이지만 부득이한 사정이 있는 때는 다시 10일까지 연장할 수 있으며, 실제로 구류연장이 인정되지 않는 사례는 거의 없습니다. 검찰관은 이 최대 20일간의 구류기간 내에 피의자를 기소할지 여부를 결정해야만 하기 때문에 수사기관은 이 20일간 수사를 마치려고 하며 특히 피의자로부터 자백을 끌어내는 데에 전력을 다하게 됩니다.

한국의 체포기간과 구속기간은 다른 나라와 차이가 있습니다. 수사기관에서 체포기간은 2일, 48시간입니다. 체포영장에 의한 체포이든 현행범 체포, 긴급체포이든 모두 48시간 이내에 석방하든지 아니면 구속영장을 청구해야 합니다. 특색이 있는 것은 한국의 구속기간입니다. 한국은 구속영장을 발부받으면 경찰에서 구속할 수 있는 기간을 10일 허용합니다. 검찰의 구속기간 역시 10일입니다. 그런데 검찰은 이를 10일간 연장할 수 있습니다. 최장 30일입니다. 일본보다 훨씬 장기간 사람을 구속하여 수사를 할 수 있도록 되어 있습니다. 경찰에서 10일간 구속할 수 있다는 것은 매우 이례적입니다. 경찰이 직접 사람을 잡아 가두는 것은 매우 위험하기 때문에 세계적으로 거의 허용되지 않는데 한국은 이를 인정하고 있습니다. 일제시대의 잔재입니다. 참고로 국가보안법 사건에서는 기본적인 구속기간에 더하여 경찰이 10일, 검사가 10일 구속기간을 연장할 수 있습니다. 최장 50일입니다. 다른 사건에 비하여 차별하는 평등원칙 위반이고, 사상범에 대한 가혹한 처벌입니다. 국가보안법이 폐지 혹은 대폭 개정되어야 하는 이유 중의 하나입니다.

한편, 경찰과 검찰의 구속기간은 공소의 제기로 끝나게 됩니다. 공판이 청구되면 그때부터는 법원에서 구속을 관리하게 되는데, 이때에도 기간의 제한이 있습니다. 즉, 1심 재판은 6개월, 2심과 3심은 원칙적으로 4개월이되 예외적으로 6개월까지 인정하고 있습니다.

■ 접견과 접견금지

체포·구류된 피의자에게 가족이나 변호인 등 외부 사람이 면회하는 것을 '접견'이라고 합니다. 외부로부터 차단된 유치장에 갇힌 피의자에게 접견은 외부와 연결될 수 있는 유일한 기회입니다. 특히 피의자가 변호인과 접견하는 것은 형사절차상 가장 중요한 기본적 권리이며 수사기관이 이를 금지할 수 없습니다(일시, 장소 등을 어느 정도 제한하는 것은 인정됩니다). 한편 피의자에게 도망이나 증거인멸의 우려가 있는 경우 재판관은 피의자와 변호인 이외의 사람과의 접견이나 서류의 교류(편지 포함)를 금지할 수 있습니다.

김인회의 한국 이야기 4
피의자가 변호인과 접견하고 변호인의 도움을 받을 수 있는 권리는 한국에서도 헌법이 보장하고 있는 권리입니다. 그런데 일본과는 달리 한국에서는 일시, 장소 등을 제한할 수 있는 법률이 없습니다. 그래서 한국의 변호인 접견권은 수사기관이 일방적인 처분으로 제한할 수 없습니다. 일본의 변호사들이 한국의 시스템 중 부러워하는 것 가운데 하나입니다. 그러나 그렇다고 하여 피의자가 항상 변호인과 접견할 수 있는 것은 아닙니다. 시간과 장소의 제약이 있기 때문입니다. 한국의 헌법재판소와 대법원은 변호인의 접견권이 헌법상의 권리라는 점을 인정하면서도 신체구속 제도의 본래의 목적을 침해하지 아니하는 범위 내에서 행사되어야 한다고 밝히고 있습니다. 또한 구치소 등의 근무시간 동안에만 접견이 가능하다고 하고 있습니다. 하지만 이러한 입장은 지나치게 국가 중심의 입장입니다. 신체구속에 따른 인권 침해를 방지하고 위법, 부당한 수사를 예방하는 데에 접견권의 본래 취지가 있으므로 신체구속 중이라면 변호인접견권은 제한 없이 보장되어야 합니다. 구치소 등의 근무시간 내에 접견을 하지 못하는 경우를 막기 위하여 야간이나 공휴일에도 접견할 수 있는 시스템을 마련해야 합니다. 변호 준비는 밤이나 공휴일을 가리지 않기 때문입니다.

■ **당번변호사(피의자국선변호인)**

일본국헌법은 신체의 자유를 구속당한 자 모두에게 변호인을 선임할 수 있는 권리를 보장하고 있습니다(제34조). 그러나 돈이 없는 사람에게 국가의 비용으로 변호인을 붙이는 '국선변호 제도'는 오랫동안 기소된 후의 피고인(후기 참조)에게만 인정되어왔습니다. 이 때문에 각지의 변호사회가 비용을 부담하고 구류된 피의자가 희망하면 1회만 무료로 변호사를 파견하여 조언이나 도움을 주는 '당번변호사'라는 제도를 만들어 대응하고 있었습니다. 2004년 드디어 일정한 사건에 피의자 단계부터 국선변호인을 붙이는 피의자국선변호인 제도가 시작되었습니다. 나아가 2009년에는 피의자국선변호인을 붙이는 대상 사건이 대폭 확대되어 절도나 상해의 혐의로 구류된 피의자도 국선변호인을 선임할 수 있게 되었습니다.

김인회의 한국 이야기 5

원래 국선변호인 제도는 법원에서 운용하는 것입니다. 따라서 기소된 이후에만 법원이 변호인을 붙일 수 있습니다. 그런데 재판에만 변호인이 필요한 것은 아닙니다. 특히 수사과정의 위법함과 부당함을 감시하고 피의자를 돕기 위해서는 수사과정에 변호인이 필요합니다. 이런 이유로 최근 수사과정에도 변호인이 참여하는 경우가 늘어나고 있습니다. 한국도 수사과정에서 국선변호인을 선임하도록 하고 있습니다. 구속영장이 청구된 경우가 그렇습니다. 구속영장이 청구될 정도로 중대한 사건이라면 피의자가 자신을 충분히 방어할 수 있게 해야 하기 때문입니다.

그러나 이것만으로는 아직 부족합니다. 구속영장이 청구될 정도의 중대한 사건에 한정되지 않고 피의자가 필요하다고 하면 수사과정에서 언제든지 변호인의 도움을 받을 수 있는 제도가 필요합니다. 한국에서는 이를 형사공공변호인 제도라고 하여 대통령후보의 공약으로까지 제안된 바 있습니다. 국선변호인 제도가 공판절차에 한정되지 않고 수사과정까지 확대되는 것은 변호인의 조력을 받을 권리라는 측면에서 본다면 당연한 추세입니다.

한편 한국의 국선변호인 선정 건수는 1997년 3만 4,585건에서 1998년 5만 1,080건, 2009년 10만 1,559건으로 10만 명을 넘어섰습니다. 역시 김대중, 노무현 대통령 임기에 많이 늘어났습니다. 2013년에는 11만 1,373건입니다. 이 통계는 현행 제도로는 국선변호의 증가가 한계에 봉착했다는 것을 보여줍니다. 수사과정까지 국선변호를 확대하는 제도개혁이 필요한 시점입니다.

■ 진술조서(원면조서, 검면조서, 공판조서)

피의자나 피해자, 목격자 등이 말한 내용을 기록하는 서면을 '진술조서'라고 합니다. 이때 경찰관(정확히는 '사법경찰원')이 취조한 상대방이 말한 내용을 기록한 것을 '원면員面조서', 검찰관이 취조해서 그 상대방이 말한 내용을 기록한 것을 '검면檢面조서', 재판할 때에 법정에서 말한 내용을 기록한 것을 '공판조서'라고 부릅니다. 진술조서는 어떤 사람이 말한 내용을 다른 사람이 청취해서 적은 것이기 때문에 그 내용에 잘못 듣거나, 기억이 틀리거나, 잘못 쓴 것이 포함될 우려가 있습니다. 그래서 법은 잘못이 섞일 위험이 있는 진술조서는 원칙적으로 증거로 할 수 없다고 정하고 있습니다(이를 '전문傳聞법칙'이라고 합니다). 그러나 전문법칙에는 예외가 많아서 '사실상 죽은 법'처럼 되어버렸습니다. 제3장(248쪽)을 읽어주십시오.

■ 실황조사 · 검증 · 범행재현수사

장소(범행현장 등)나 물건(유류품 등)의 존재, 상태, 위치관계 등을 실제로 확인하는 것은, 일반적으로는 '현장검증'이라고 불리고 있지만 법률·용어로는 그 '현장검증' 중에서 입회자의 승낙을 받고 이루어지는 것을 실황조사, 승낙의 유무와 관계없이 강제적으로 이루어지는 것을 '검증'이라고 합니다(검증에는 영장이 필요합니다).

수사기관(대부분 경찰관)이 피의자를 동행시켜 범행현장에 가기까지의 행적이나 도망경로 등을 재현하는 수사를 특히 '범행재현수사'라고 부르지만, 이것도 실황조사의 하나입니다.

실황조사나 검증의 결과는 '실황조사조서', '검증조서'라고 하는 서면에 정리되어 거기에는 많은 수의 사진이나 현장도면 등이 첨부되는데 그때 피의자가 말한 내용이나 가리킨 물건 등(현장지시설명)도 기록됩니다.

이 현장지시설명도 진술조서와 마찬가지로 '다른 사람이 청취해서 적은 것'이기 때문에 전문법칙이 문제가 되는 것에 주의할 필요가 있습니다.

2. 기소부터 판결까지 듣는 단어

■ 피의자에서 피고인으로

피의자는 기소되면 법률상 '피고인'으로 부르는 이름이 바뀝니다. 방송에서는 피의자를 '용의자'라고, 피고인에 관해서는 '피고'라고 부르는 방식을 쓰고 있습니다.

■ 보석

재판소가 일정액의 보석금을 받는 것을 조건으로 구류되어 있는 피고인의 석방을 인정하는 제도를 '보석'이라고 합니다. 보석은 기소된 후의 피고인에 게만 인정됩니다. 피고인이나 변호인으로부터 보석청구가 있으면 재판소는 보석을 허가하지 않으면 안 되는 것이 법원칙이나, 기소된 죄가 상당히 중죄 이거나 피고인에게 증거인멸의 우려가 있다고 판단되거나 하면 재판소는 보석을 허가하지 않을 수 있습니다. 범행을 부인하고 있는 피고인에게는 좀처럼 보석이 인정되지 않는 실정입니다. 또한 보석금 액수는 사건의 내용에 따라 다르지만 절도 등에도 150만 엔 정도나 그 이상의 보석금이 요구되는 경우가 많습니다. 부자인지 아닌지로 보석의 가부에 차이가 나버리는 '격차(차별)'도 문제가 되고 있습니다.

■ 공판

기소된 피고인의 유무죄를 판단하기 위해서 법정에서 하는 형사재판절차를 '공판'이라고 합니다. 형사재판이 행해지는 법정을 '공판정', 법정에서 심리가 행해지는 일시나 기회를 '공판기일'이라고 부르기도 합니다.

■ 재판체와 재판원재판

재판을 행하는 주체를 '재판체裁判體'라고 합니다. 형사재판에는 형의 경중이나 사건의 복잡함에 따라 재판관 1인으로 심리·판결을 하는 경우(단독사건)와 복수의 재판관이 합의에 의해 함께 심리·판결하는 경우(합의사건)가 있습니다. 일반적인 합의사건에서는 재판관 3인이 일체가 되어 하나의 판결을 내며 이 3인을 한데 모아 '재판체'라고 부르게 됩니다.

그렇다면 재판원재판의 '재판체'는 어떨까요? 재판원 제도에서는 직업재판관 3인, 시민재판원 6인, 합계 9인이 재판체를 구성합니다.

재판체라는 단어를 들을 때는 혼자 앉아 있는 재판관을 떠올리지 말고,

법정 높은 곳에 나란히 앉아 있는 사람들 전부를 떠올려주십시오.

※ 최고재판소의 합의체는 15인(대법정), 또는 5인(소법정)입니다.

■ 공소사실/죄명·벌조(적용법조)

검찰관은 피의자를 기소할 때에 재판소에 기소장을 제출합니다. 기소장에는 ① 피고인의 성명 등 피고인을 특정하는 사항, ② 공소사실, ③ 죄명 및 벌조(적용법조)가 기재됩니다. 이중에서 '공소사실'이란 검찰관이 '피고인은 이러한 범죄행위를 하였다'라고 주장하는 범죄사실입니다. '죄명 및 벌조'는 그 공소사실이 어떤 죄에 해당하며, 어떤 법률의 어떤 조문에 따라 처벌될지를 가리키는 것입니다.

공소사실, 죄명 및 벌조는 제1회 공판기일에 검찰관에 의해서 낭독됩니다. 재판관은 낭독된 내용에 관해 그대로인지 다른지를 피고인에게 묻습니다. 이것을 '죄상인부罪狀認否'라고 합니다. 죄상인부가 끝나면 드디어 증거조사 절차가 시작됩니다.

■ 모두진술

증거조사절차의 맨처음에 검찰관은 앞으로의 재판에서 증거에 근거해서 증명하고자 하는 사실을 밝힙니다. 공소사실을 구체적으로 설명하고, 그 전후의 상황이나 형의 경중을 판단하기 위한 사정 등을 진술합니다. 이를 '모두진술冒頭陳述'이라고 합니다. 검찰관의 모두진술 뒤에 변호인이 모두진술을 하는 경우도 있습니다.

■ 증거청구와 증거의견

모두진술이 끝나면 검찰관은 유죄를 입증하기 위한 증거조사를 청구합니다. 재판소는 증거를 채용 여부를 판단하기 전에 피고인(실제로는 변호인)의 의견을 들어야만 합니다. 이때 변호인은 '동의', '부동의', '적의처리適宜處理'

('어느 쪽이든 좋다' 정도의 의미입니다) 등과 의견을 진술합니다.

증거가 피고인 이외인 사람의 진술조서에 있는 경우 '동의'에는 단순히 청구된 증거를 재판소에 제출하는 것을 승낙한 것 이상의 의미가 있습니다. 이 진술조서들은 앞에서 언급한 전문법칙에 따라 원칙적으로 증거로 삼을 수 없습니다. 그러나 변호인이 동의하면 전문법칙의 예외로서 증거로 하는 것이 인정됩니다. 여기에 사용되는 '동의'는 원래 증거로 할 수 없는 증거에 증거로서의 자격을 부여하는 중요한 의미를 가지는 것입니다.

검찰 측의 증거조사가 끝나면 이번에는 변호인 측이 증거청구를 합니다. 이때는 검찰관이 증거의견을 진술하게 됩니다.

■ **논고 · 구형**

증거조사절차가 끝나면 마지막에 검찰관이 피고인에게 성립하는 범죄에 관해 어떤 처벌을 해야 할지 의견을 진술합니다. 이를 '논고'라고 합니다. 논고의 최후에 검찰관은 피고인에게 부과해야 할 형량에 관해서도 의견을 진술합니다. 이는 '구형'이라고 불립니다.

■ **변론**

검찰관의 논고 후에 이번에는 변호인이 피고인에게 어떤 범죄가 성립하는지 하지 않는지, 유죄를 인정하는 경우에는 어떤 형을 부과해야 하는지에 관해 의견을 진술합니다. 이를 변론이라고 합니다.

변호인이 피고인의 무죄를 주장하는 경우에는 검찰관이 유죄를 입증하지 못한 점에 관해 검찰관 주장의 모순을 지적하거나, 증거에 증명력이 없다는 점, 진술조서의 내용을 믿을 수 없다는 점 등을 지적합니다.

한편 유죄를 인정하는 경우에는 변호인은 피고인이 반성이나 사죄를 하고 있다는 점, 피해가 변상된 점, 감독할 친족이나 고용주가 있다는 점 등을 강조하여 형의 집행유예(당장 형무소에 들어가지 않고 사회 안에서 생활하는 모습을 지켜보는 것) 등 관대한 형을 구합니다.

■ 사실인정과 양형

형사재판에서는 ① 유죄인지 무죄인지(피고인이 저지른 행위에 어떤 범죄가 성립하는지, 하지 않는지), ② 유죄의 경우에 피고인에게 과하는 형벌(형의 경중은 법률에서 상한과 하한이 정해져 있으므로, 그 폭 내에서 사건에 대해 어떤 형을 선택할지)에 관해 판단합니다.

①을 '사실인정', ②를 '양형量刑'이라고 합니다. 미국의 배심제에서는 사실인정에 관해서는 시민인 배심원이 판단하고, 양형은 전문가인 직업재판관이 판단합니다. 일본의 재판원 제도에서는 시민재판원과 직업재판관이 사실인정에 관해서도 양형에 관해서도 함께 판단합니다.

■ 정상

형의 경중을 검토할 때에 고려되는 사정을 '정상情狀'이라고 합니다. 범행이 계획적인지 우발적인지, 행위의 형태와 모양이 잔인·집요한지, 피해금액이 다액인지 소액인지, 저질러진 범행에 관한 사정 외에 피고인에게 반성·사죄의 뜻이 있는지, 피해변상이 되었는지, 피해자가 피고인을 용서하고 있는지(이를 '유서宥恕: 너그럽게 용서함'라고 하며 법정에서는 자주 들리는 단어입니다), 아니면 엄격한 처벌을 원하고 있는지, 친족이나 고용주 등 피고인을 감독할 입장의 사람이 있는지와 같은 사정도 정상으로 고려되어 양형에 영향을 미치고 있습니다.

3. 판결과 그 후

■ 항소 · 상고

지방재판소나 간이재판소에서 선고된 판결(이를 제1심 판결이라고 합니다)에 불복하는 경우에 피고인, 검찰관은 고등법원에 제1심 판결의 취소·변경을 구해 항소할 수 있습니다. 고등법원의 판결에 불복하는 경우는 나아가 최고재판소에 상고할 수 있습니다. 항소는 ① 절차에 법령 위반이 있거나, ② 재판소가 판단한 사실에 오류가 있거나, ③ 법령의 해석에 오류가 있거나, ④ 양형이 부당한 경우 등의 이유로 하는 것이 인정되지만, 상고는 고등법원의 판결에 헌법 위반 또는 판례 위반이 있는 경우에 한하여 할 수 있습니다.

항소도, 상고도 제1심 판결의 타당성을 사후적으로 판단하는 절차이며, 원칙적으로 제1심에서 제출하지 않았던 증거나 증인을 추가할 수 없습니다. 하지만 실제로는 항소심의 증거조사는 많이 행해지고 있습니다.

항소나 상고를 인정하여 원래의 판결을 취소하거나 변경하는 것을 '파기'라고 합니다. '파기'에는 항소나 상고를 심리했던 재판소가 스스로 판단하는 경우(파기자판)와 원래의 법원에 심리를 다시 하도록 명하는 경우(파기환송)가 있습니다.

덧붙여 제1심이 재판원재판이었던 사건에 관해서도 항소·상고에 관해서는 일반적인 사건과 마찬가지로 직업재판관만이 제1심 판결의 타당성을 판단하게 됩니다.

■ 재심

유죄판결에 관해서 항소, 상고를 하지 않았던 경우는 물론, 항소, 상고가 인정되지 않았던(기각된) 경우 판결은 '확정'되고 불복이 있어도 이를 다툴 수 없게 됩니다. 그러나 유죄판결에 사실인정의 오류가 있는데 이를 방치하는 것은 정의에 반합니다. 그래서 일정한 이유가 있는 경우에 유죄의 판결을 받은 자를 구제하기 위해서 재판을 다시 하는 것을 인정하는 제도, 그것이 '재심'입니다.

재심은 재판을 다시 한다(재심개시)는 결정을 구하는 '재심청구'와 재심개시가 결정된 사건에 관해서 재판을 다시 하는 '재심공판'의 두 절차로 되어 있습니다. 제2장 이하에서 언급하는 네 개의 사건 중에 아시카가 사건과 도야마히미 사건은, 둘 다 재심청구에 의해 재심개시가 결정되고 그 후의 재심공판에서 무죄가 확정된 사건입니다. 그 과정에 관해서는 제2장 이하를 읽어주십시오.

4. 기타

■ 사법수습생

사법시험에 합격한 자가 곧바로 재판관, 검찰관, 변호사 업무를 할 수는 없습니다. 사법연수소의 연수생으로서 1년간의 연수를 마치고, 졸업시험('2회시험')에 합격해야 비로소 실무에 종사할 수 있게 됩니다. 이 연수생을 '사법수습생'이라고 합니다.

사법수습생은 우선 전국의 연수지로 떠나 각지의 재판소, 검찰청, 변호사 사무소에 '견습'으로 배치되어 법정을 방청하거나, 취조나 법률상담에 입회하거나, 서면 작성을 돕거나 합니다. 그 후 사이타마埼玉 현 와코和光 시에 있는 사법연수소에서 강의를 들으며 2회시험을 대비합니다.

장래에 다른 직종을 희망하는 자도 기본적으로 같은 연수를 받기 때문에 예를 들어 변호사가 될 사람에게 수습생 시절은 재판관실이나 검찰관실에 자유롭게 출입할 수 있는 귀중한(?) 기회가 됩니다.

김인회의 한국이야기 6

한국은 일본과 달리 로스쿨 제도, 즉 법학전문대학원 제도를 도입하면서 사법연수원 제도를 폐지했습니다. 우선 현실적으로 1년에 2,000명 이상을 한 곳에 모아 교육하는 것이 불가능합니다. 그리고 미래에 필요한 법조인은 다양한 경력을 가진 전문가적 법조인인데, 사법연수원에서는 획일적인 교육을 할 가능성이 매우 높습니다. 또한 판사, 검사, 변호사 교육을 한 곳에서 실시하니 교육의 목적도 불분명합니다. 법조일원화로 10년 이상의 경력 변호사를 판사로 선발하는 체제가 마련된 지금, 사법연수원을 두어 판사를 양성할 필요는 없습니다. 사법연수원이라는 같은 학교를 나온 판사, 검사, 변호사들이 동료의식으로 서로를 견제하지 않고 서로의 권한 남용을 묵인해온 것도 사법연수원을 폐지한 원인 중의 하나입니다.

제2장

네 원죄 사건의 심리학적 분석과 검증

1. 들어가며

(1) 네 원죄 사건 – '거짓자백'과 '완전무죄'

2010년 3월 26일 우쓰노미야宇都宮 지방재판소. 재판장은 한 남성에게 "진실한 목소리에 충분히 귀를 기울이지 못하여 17년 반의 오랜 세월에 걸쳐 자유를 박탈하게 되었습니다. 진심으로 미안하게 생각합니다"라고 사죄했습니다. 이것은 아시카가足利 사건이라고 불리는 실제 재판의 한 장면입니다.

　이 장에서 다루는 아시카가 사건을 비롯하여 도야마히미 사건, 우쓰노미야 사건, 우와지마 사건, 이 네 사건에는 공통점이 있습니다. 그 공통점이란 첫째로 네 사건이 전부 피의자가 무죄임에도 불구하고 "제가 했습니다"라고 '거짓자백'을 한 것이고, 둘째로 그 후 무죄임이 증명된 사건이라는 것입니다.

　아시카가 사건은 DNA 재감정으로, 그리고 도야마히미 사건, 우쓰노미야 사건, 우와지마 사건은 나중에 진범이 체포되어 모두 무죄인 것이 밝혀지게 되었습니다. 많은 사람들은 무고한 사람이라면 하지도 않은 사건의 죄를 인정하는 자백을 할 리가 없고, 더구나 무고한 사람이 재판에서 유죄가 되는 경우는 도저히 있을 수 없다고 생각할 것입니다. 그러나 이 장에서 다루게 되는 네 사건은 전부 어느 날 갑자기 체포당해 피의자가 된 사람이 취조과정에서도 재판과정에서도, 무죄임에도 불구하고 '거짓자백'을 한 사건입니다.

　이 장에서는 아시카가 사건, 도야마히미 사건, 우쓰노미야 사건, 우와지마 사건 등 네 개의 원죄 사건을 통해 어떤 경우에 사람이 '거짓자백'으로 전락해버리는지, 그 동기에는 어떤 것이 있는지, 거기에 어떤 힘이 작용하는지, 이러한 점에 관해 심리학적인 관점에서 분석한 것을 소개합니다.

　※ 이 장에서 소개하는 심리학적인 진술 분석은, '설원 프로젝트'에 실려 있는 오판연구 보고서를 요약한 것입니다.

(2) 심리학적 방법에 의한 '진술 분석'

현대의 재판에서는 법의학 감정, DNA 감정, 필적 감정이라는 다양한 과학적인 감정이 행해집니다. 재판에 있어서 전문가에 의한 이러한 과학적인 감정의 하나로 심리학자가 행하는 진술 분석도 포함됩니다. 일본에서도 이제까지 많은 원죄 사건에서 심리학에 의해서 피의자의 진술조서에 대한 진술 분석을 해왔습니다. 진술 분석이란 경찰이나 검찰의 취조내용과 재판의 진술조서를 심리학적인 방법으로 분석하고, 그 진술의 신용성, 즉 그 진술이 사건에 관해서 진실을 말하고 있는지 어떤지를 평가하는 것입니다. 진술 분석의 예로서 하마다 스미오浜田寿美男 교수[1]가 가부토야마甲山 사건, 사야마狹山 사건, 노다野田 사건, 후쿠오카福岡 사건에 대해, 또한 오하시 야스시大橋靖史 교수[2] 등이 가부토야마 사건이나 후쿠이福井 여중생 살인 사건, 그리고 이 장의 첫머리에서 다룬 아시카가 사건에 대해 심리학적인 진술 분석을 했습니다.

(3) 일본의 독자적인 '진술 분석'

이러한 조서를 중심으로 한 진술 분석은, 실은 세계적으로 일본 외에는 그다지 이루어지고 있지 않습니다. 왜 일본의 재판에서는 진술 분석이라는 심리학적인 감정이 이루어지는 걸까요? 그것은 일본의 재판이 조서에 의거한 재

'설원雪冤 프로젝트'

이 책에서 다루는 네 원죄 사건에서는 짓지도 않은 죄를 인정하는 '거짓자백'으로 내몰린 네 사람 모두가 무고함이 밝혀졌습니다. 그러나 무죄판결이 나왔으니 '해 피엔딩'이라며 끝내버려도 괜찮을까요? 아시카가 사건에서 S씨에게 무죄판결이 선고된 것은 체포된 지 20년이나 지난 후였습니다.

갑자기 죄도 없는 일반 시민의 평온한 인생을 빼앗는 원죄. 그 피해는 심각합니다. 교육받고, 취업하고, 연애하고, 가정을 꾸리고, 가족을 소중히 할 모든 기회도, 명예도 신용도 재산도 건강도 삶의 목표도, 그리고 꿈도 미래도 송두리째 짓밟혀 버립니다. 심지어 그것은 '법과 정의'의 이름 아래 강요된, 불합리하기 이를 데 없는 '인생 피해'입니다.

'설원 프로젝트'는 무죄판결이 나온 것에 만족하지 않고 원죄 피해의 근절과 피해 회복을 목표로 하고 있습니다. 원죄를 야기하는 원인을 분석하는 연구를 하고, 원죄 피해의 회복과 지원을 지향하는 여러 분야의 사람들에 대한 정보의 발신과 네트워크 작업의 거점으로 설립했습니다. 우리 '진술증거 평가의 심리학적 방법에 관한 연구회'의 구성원도 '설원 프로젝트'의 설립과 운영에 관여하고 있습니다.

독자 여러분도 부디 '설원 프로젝트' 사이트를 방문해주십시오.

http://www.setuen-project.com/indx.php

판이기 때문입니다. 최근 일본에서도 취조장면을 녹음 또는 영상녹화하는 가시화可視化에 대한 논의가 이루어지고 있습니다. 그러나 현장에서는 취조할 때에 취조장면이 처음부터 끝까지 녹화되거나 녹음되는 경우는 거의 없습니다. 그렇다면 일본에서는 어떤 취조기록을 바탕으로 재판을 하는 걸까요? 그것은 조서라고 불리는 문자에 의한 기록입니다. 경찰의 취조, 검찰의 취조, 그리고 재판의 공판에서는 피의자가 그 진술을 했다고 해서 조서라는 문서가 작성됩니다. 이 조서를 바탕으로 재판이 이루어집니다.

현대에는 영연방 국가들이나 미국의 많은 주가 대표적이지만, 아시아도 한국, 홍콩, 타이완 등에서 취조장면을 녹화나 녹음하려고 하는 개혁이 추진되고 있습니다. 그렇지만 일본에서는 여전히 취조장면의 전면적인 가시화는 실현되지 않고 있습니다. 취조장면의 녹화 영상이 남아 있으면 피의자가 정말로 그 진술을 했는지, 혹은 어떤 질문에 대해, 어떤 상황에서, 어떤 말투로 그 진술을 했는지를, 영상을 봄으로써 한 번 더 확인할 수 있습니다. 그렇지만 일본의 재판에서는 이러한 영상기록에서 피의자·피고인의 진술을 확인할 수 없습니다. 문자에 의해서 증언을 조서로 작성하고, 그 조서에 피의자 자신이 서명 날인함으로써 확실히 본인이 진술한 기록이라고 되는 것입니다.

(4) '독백체' 조서

또한 일본의 조서는 독백체라고 불리는 특수한 문체로 쓰이고 있습니다. '독백체'란 '혼잣말'이라는 것으로, 피의자가 마치 '혼잣말'을 하는 듯한 문체라는 것입니다. 아래의 문장을 봅시다.

오늘은 3월 14일의 일에 관해서 말씀드리겠습니다. 제가 커피숍에 도착한 것은 3월 14일 14시가 지날 무렵이었습니다. 제가 커피숍에 갔던 것은 전날인 3월 13일 밤 22시경, 식사할 때에 커피숍의 주인에게 심한 말을 해버렸기 때문에 그 건에 관해서 사죄해야 한다는 생각이 있었기 때문입니다.

이 문장을 읽고 여러분은 어떤 인상을 받으셨습니까? 이 문장에는 취조장면의 기록으로는 분명히 부자연스러운 점이 있습니다. 그것은 '취조관의 질문이 없다'는 점입니다. 일본의 조서는 많은 경우 이처럼 피의자가 마치 혼자 말을 이어나가고 있는 것처럼, 독백체라고 불리는 문체로 문장이 작성됩니다. 물론 취조장면에서는 피의자가 혼자 몇 시간이나 말을 이어갈 리가 없습니다. 취조장면은 취조관과 피의자에 의한 커뮤니케이션이라는 상호작용의 장場입니다. 그러나 조서에서 그러한 취조관과 피의자의 커뮤니케이션이 그대로 기록되는 경우는 거의 없습니다. 즉 재판에서 이용되는 기록이란, 취조장면의 충실한 기록이 아니라 취조관에 의해서 독백체라는 형식으로 편집된 것입니다.

김인회의 한국이야기 7

한국에서는 모든 조서를 문답식으로 작성합니다. 경찰 단계이든, 검찰 단계이든 같습니다. 이러한 체제는 역사적으로는 뒤에서 보는 바와 같이 판사가 하던 수사를 경찰과 검찰이라는 수사기관이 담당하면서 이루어졌습니다. 하지만 수사기관이 작성한 서류이므로 증거로 곧바로 쓸 수는 없습니다. 여러 가지 제한이 있습니다. 특히 경찰단계의 피의자신문조서는 피고인이 된 피의자가 내용을 부인하면 증거로 사용할 수 없습니다. 자신이 말한 대로 조서가 작성되어 있다고 하더라도 그 내용이 '사실이 아니다'(내용 부인)라고만 말하면 특별히 입증할 필요도 없이 증거로 사용할 수 없습니다.

이렇게 조서를 문답식으로 작성하게 되면 장점과 단점이 있습니다. 장점은 수사과정이 잘 나타난다는 것입니다. 수사과정을 잘 보여줄 수 있으므로 여러 가지 규정을 통하여 수사과정을 통제할 수 있습니다. 예를 들면 진술거부권과 변호인의 조력을 받을 권리를 고지하도록 하고 이에 대한 답변을 적도록 하는 방법이 있습니다. 수사를 언제부터 시작하여 언제 마쳤는지도 적도록 할 수도 있습니다. 이러한 방법을 통하여 수사과정을 통제할 수 있는 것이지요. 하지만 원래 조서는 수사기관의 수사결과 혹은 수사기관의 심증을 정리한 것이므로 이러한 장점은 부차적인 것입니다. 어디까지나 피고인에게 불리한 증거자료입니다. 또한 수사과정을 정리한다고는 하지만 영상녹화보다는 못한 한계가 있습니다. 이 장점을 과대평가해서는 안 됩니다.단점으로는 수사과정이 잘 나타나므로 증거로 곧 사용하자는 주장이 높아지는 것입니다. 수사과정을 통제하면 할수록 증거로 사용할 가능성이 높아집니다. 그리고 조서를 증거로 사용하면 수사기관의 수사결과와 심증이 잘 드러나고 피고인의 진술을 확인할 수 있는 편리함이 있습니다. 하지만 수사과정에서 작성된 서류를 곧바로 증거로 사용하는 것은 전문법칙과 직접심리주의에 비추어 허용될 수 없습니다. 재판은 수사과정에서 작성된 서류를 심사하는 절차가 아니기 때문입니다. 재판은 판단자인 판사나 배심원 앞에서 검사와 피고인이 서로 대등하고 평등하게 다투는 과정에서 실체적 진실을 밝히는 것입니다. 피고인이 수사기관에서 한 말이 아니라 피고인이 직접 재판정에서 하는 말로 재판을 하는 것이 원칙입니다. 이것이 바로 공판중심주의, 직접심리주의입니다.

(5) 자, 심리학에 의한 진술 분석으로

이러한 독백체의 조서는 전적으로 엉터리이며 분석해도 아무 의미가 없는 걸까요? 심리학자들은 그렇게 생각하지 않습니다. 왜냐하면 그러한 조서에는 다양한 형태로 취조관과 피의자의 커뮤니케이션의 흔적이 남아 있기 때문입니다. 심리학자들은 이러한 흔적을 진술 분석이라는 과학적인 분석으로 이끌어냅니다. 바로 실제 사건을 살펴봅시다.

2. 네 원죄 사건의 심리학에 의한 진술 분석

Ⅰ. 아시카가 사건
—DNA 재감정 이전에 '자백'의 거짓을 발견한 심리학

＊ 아시카가 사건이란

도치기栃木 현 아시카가 시의 하천부지에서 당시 4세 여자아이의 사체가 발견
되었습니다. 여자아이는 그 전날 근처 파친코 가게 주차장에서 놀고 있던 모
습이 목격된 것을 마지막으로 행방불명되었습니다. 1990년 5월경이었습니다.
당시 도치기 현과 군마群馬 현 경계 부근에서 연속 여아유괴 사건이 발생했
고, 전부 미해결 상태였습니다.

─ 수사·재판의 경과부터 유죄판결 확정까지

사건 발생 직후 도치기 현 경찰은 사체 발견 현장 근처에서 정액이 묻은 여자
아이의 반소매속옷을 발견했습니다. 수사선상에 당시 유치원버스 기사를 하
고 있던 S씨가 올랐습니다. 연속 여아유괴 사건이 미해결인 채였기 때문에 범
인 체포에 기를 쓰고 있던 경찰은 S씨를 계속 감시했습니다. 다음해가 되어
경찰은 쓰레기집적소에 나온 쓰레기 속에서 S씨의 체액이 묻은 티슈를 입수
했습니다. 경찰은 이것을 과학경찰연구소에 보내 DNA 감정을 의뢰했고 여자
아이의 반소매속옷에 묻어 있던 정액의 DNA형과 같은 형이라는 감정결과를
얻었습니다.

경찰은 이 감정결과를 기초로 S씨에게 임의출두를 요구했습니다. S씨는 당
초 범행을 부인했으나 그날 중에 자백하여 다음날 체포되었습니다. 체포 후에
도 경찰, 검찰에 의한 S씨에 대한 추궁은 계속되어 S씨는 연속 유아유괴 사
건으로 여겨진 다른 2건에 관해서도 자백했습니다. S씨는 음란목적유괴, 살

인, 사체유기의 죄로 기소되었습니다(다른 2건에 대해서는 불기소).

재판이 시작되고 제1회 공판에서 S씨는 기소사실을 인정했으나, 제6회 공판기일이 되어 범행을 부인했습니다. 연이은 제7회 공판기일에서 부인을 취소하고, 제9회 공판기일에서 재차 부인으로 바꾸는 경과를 거쳤습니다. 실은 수사단계에서도 S씨의 진술은 자백→부인→다시 자백…으로 끊임없이 변하고 있었습니다.

이같이 자백, 부인으로 끊임없이 변했던 S씨에 대해 우쓰노미야 지방재판소는 무기징역의 판결을 선고했습니다. DNA 감정은 과학적 증거로서 높은 가치가 있다는 판단과 함께 S씨의 자백도 믿을 수 있다고 한 것이었습니다.

S씨는 그 후에는 일관되게 자신의 무죄를 주장하며 항소, 상고했으나 전부 기각되어 유죄판결이 확정되었습니다.

– 올바른 DNA 감정에 의해서 밝혀진 원죄

판결 확정 후 지바千葉 형무소에 수감된 S씨는 자신의 모발과 범인의 정액에 대한 DNA 감정의 결과가 다르다며 재심청구를 했습니다. 그러나 재심청구를 받은 우쓰노미야 지방재판소는 S씨가 요구한 DNA의 재감정을 실시하지 않고 재심청구를 기각했습니다.

S씨는 바로 도쿄 고등재판소에 즉시 항고했습니다. 도쿄 고등재판소에서는 DNA의 재감정이 인정되었습니다. 그 재감정에서는 여자아이의 반소매속옷에 묻어 있던 정액의 DNA형과 S씨의 DNA형은 일치하지 않는다는 결과가 나왔습니다. 2009년 6월 23일 재심개시가 결정되었고, 이에 앞서 석방된 S씨는 17년 반 만에 자유의 몸이 되었습니다.

사건으로부터 거의 20년 후 우쓰노미야 지방재판소는 사건 당시의 DNA 감정은 증거로서의 가치가 없고, S씨의 자백은 허위인 것이 명백하다고 하여 무죄판결을 선고했습니다. 검찰은 항소하지 않았고 S씨의 무죄가 확정되었습니다.

최근 S씨에게는 법규정에 근거하여 형사보상이 인정되었습니다. 그러나 아무리 많은 보상을 받더라도, 국가에 의해 빼앗긴 20년의 세월을 되돌릴 수는 없을 것입니다.

◇ 아시카가 사건의 개요 ◇

사건의 발생	1990년 5월 12일	아시카가 시 파친코 가게의 주차장에서 4세 소녀가 행방불명됨.
	1990년 5월 13일	소녀의 사체가 근처의 하천부지에서 발견됨.
경찰의 수사	1990년 11월 이후	경찰은 유치원버스 기사였던 S씨에게 의심을 가지고 감시를 계속함.
		S씨의 DNA와 소녀의 옷에 묻어 있던 정액의 DNA가 일치한다는 감정결과가 나옴.
임의출두 ~체포	1990년 12월 1일	경찰이 S씨를 임의출두시켜 취조함. S씨는 범행을 부인.
	1990년 12월 2일	경찰의 추궁에 S씨는 자백하고, 체포되어 그 후 기소됨.
재판의 경과	1992년 2월 3일	제1회 공판. S씨는 기소사실을 일단은 인정함.
	↓	S씨는 그 후 제6회 공판기일 전에 범행을 부인.
		그러나 S씨는 제7회 공판에서 범행의 부인을 취소함.
		그리고 제9회 공판에서 재차 범행을 부인.
제1심 판결	1993년 7월 11일	S씨의 자백도 DNA 감정도 믿을 수 있다고 하여 무기징역의 판결이 선고됨.
항소 · 상고	↓	S씨는 1심판결 후 일관되게 범행을 부인하고 항소, 상고했으나 전부 기각됨.
유죄확정	2000년 7월 17일	1심의 유죄판결이 그대로 확정됨.

재심청구	2002년 12월 25일	S씨는 자신의 모발과 범인의 체액의 DNA 감정 결과가 다르다는 이유로 재심을 청구함.
	2008년 2월 13일	우쓰노미야 지방재판소는 DNA 재감정을 실시하지 않고 재심청구를 기각. S씨는 도쿄 고등재판소에 즉시항고.
	2008년 12월 24일	도쿄 고등재판소가 DNA의 재감정을 결정.
	↓	재감정의 결과 범인의 DNA와 S씨의 DNA는 일치하지 않는 것이 판명.
	2009년 6월 4일	지바 형무소에 복역 중이던 S씨가 17년 반 만에 석방됨.
	2009년 6월 23일	재심개시 결정.
무죄판결	2010년 3월 26일	다시 열린 재판에서 사건 당시의 DNA 감정에는 증거능력이 없고, S씨의 자백도 허위였다고 하여 무죄판결이 선고됨.
		검찰은 항소하지 않고 S씨의 무죄가 확정.

(1) '거짓자백'이 이루어진 과정

① DNA 감정에 농락당한 사건

1990년 도치기 현 아시카가 시에서 발생한 안타까운 여아유괴 살인사건의 용의자로 S씨가 체포된 것은 사건 발생으로부터 1년 반이 지났을 무렵이었습니다. 당시 막 경찰수사에 도입된 DNA 감정의 결과 피해아동의 옷에 남아 있던 범인의 것으로 여겨지는 DNA형과 S씨의 DNA형이 일치하는 점을 증거로 경찰은 S씨에게 임의로 사정청취를 했고, 그리고 S씨의 자백을 근거로 체포했습니다.

일본에서 DNA 감정이 범인체포에 채택된 것은 이 아시카가 사건이 처음입니다. 이 DNA 감정이라는 새로운 수사방법은 객관적·과학적인 증거를 제공하는 것이라고 하여 당시의 텔레비전이나 신문 등 미디어는 대대적으로 보도했습니다. 그러나 현대의 DNA 감정은 타인과 일치할 확률이 약 4조 7000억 명 가운데 1명일 정도로 정밀도가 매우 높은 데에 비해 당시의 DNA 감정은 불과 약 1000명에 1.2명일 확률로, 833명에 1명이 해당할 정도로 정밀도가 낮았습니다. 사건 발생 당시(1990년)의 아시카가 시 인구는 16만 8,217명,

DNA 감정의 과거와 현재

아시카가 사건에서 S씨를 '거짓자백'으로 내몰고 유죄의 결정적인 근거가 된 것은, DNA 감정(이를 '구 감정'이라고 합니다)이었습니다. 다시 열린 재판인 재심에서 S씨가 무죄로 된 것도 DNA 감정(이를 '신 감정'이라고 합니다)입니다. 이 신구 두 DNA 감정에는 어떤 차이가 있을까요?

지극히 간단히 말하자면, 이 신구 감정은 기본적으로는 같은 방법에 의한 것입니다. 그러나 구 감정에서 DNA형이 일치할 확률은 당시의 아시카가 시 인구에 적용하면 같은 DNA형의 사람이 남성만으로 약 100명이나 있는 수준이었습니다. 더욱이 감정을 위한 분석이 사람의 시각으로 이루어졌기 때문에 객관성이 부족하다는 점이 지적되고 있었습니다.

아시카가 사건의 수사가 행해지고 있던 당시 과학적 증거로 절대적인 신뢰를 받았던 구 감정의 정확도는 이 정도였습니다.

신 감정은 2003년에 개발된, 나아가 2006년 11월에 개량된 방법에 의한 것입니다. 신 감정이 행해진 당시에는 DNA형이 일치할 확률은 4조 7000만 명에 1명(지구 인구는 약 70억 명으로 추산되고 있으므로, 적어도 지구상에 형이 일치할 타인은 없게 됩니다)일 정도가 되었습니다.

이같이 정밀도가 극히 높다고 여겨지는 새로운 방법에 의한 DNA 감정도, 그 결론을 절대시하는 것은 위험합니다. 그 감정에 사용된 자료가 사건과는 관계없는 곳에서 채취되지 않았는지, 감정의 과정에서 자료의 바꿔치기 등 인위적인 실수는 없었는지, 그 가능성이 제로가 아닌 한 '절대'란 있을 수 없기 때문입니다. 감정 그 자체가 적정하게 이루어지고 있는지에 관해서도 엄격하게 확인할 필요가 있습니다.

남성은 8만 2,839명(아시카가 시 홈페이지)이었습니다. 아시카가 시에서 이에 해당할 남성은 약 100명일 확률입니다. 2009년에 이루어진 S씨에 대한 재감정은 피해아동의 옷에 남아 있던 범인의 것으로 여겨지는 DNA형과 S씨의 DNA형이 다르다는 사실을 증명했습니다.

② '거짓자백'으로 전락하는 심리학적 요인

아시카가 사건에서 S씨는 분명히 스스로 범행을 자백했습니다. 그리고 경찰은 그 자백을 근거로 S씨를 체포했습니다. S씨가 이 하지도 않은 사건에 대한 '거짓자백'을 한 것은 취조가 개시된 지 13시간 후의 일이었다고 합니다. 무고함에도 불구하고 S씨는 왜 '거짓자백'을 해버렸을까요? 누군가 머리카락을 잡아당기거나, 억지로 넘어뜨렸기 때문일까요? 아닙니다. 이제까지 많은 사건에서 인간은 비록 신체적인 위해가 가해진다 해도 그렇게 간단히 자백하지 않는다는 것을 알 수 있습니다. 역사를 뒤돌아보아도 중세의 마녀재판에서 고문이 있었던 때조차 많은 사람들은 자신의 죄를 인정하지 않았습니다.

오히려 현대의 여러 연구는 그러한 고문보다도 훨씬 더 사람들의 자백을 유도해내는 어떤 요인이 있다는 것을 발견했습니다. 그것은 심리적인 요인입니다. S씨가 '거짓자백'으로 전락해버린 것은 신체적인 압력에 더하여 심리적으로 '거짓자백'을 할 수밖에 없는 심경으로까지 내몰렸기 때문입니다. 회견에서 S씨가 말했듯이 "자백해, 얼른 말하고 편해지도록 해" 등의 권유를 포함하여 이러한 심리적인 요인이 신체적인 위해 이상으로 '거짓자백'을 만들어버립니다.

심리학 연구에서는 이제까지 취조라고 하는 상황 아래에서 예상 이상으로 많은 사람들이 '거짓자백'으로 전락해버리는 모습을 명백히 밝혀왔습니다.[3]

S씨 자신이 "지금 생각해보면 스스로도 모르겠지만, 말하지 않으면 취조가 계속 반복되고 더 이상 일이 앞으로 진행되지 않는다. 얼른 끝내게 하고

싶었던 것이라고 생각한다"고 말하듯이, S씨 자신도 어째서 하지도 않은 사건에 관해 자백해버린 것인지 모릅니다. 그러나 실제로는 경찰이나 검사의 취조 중에 여아유괴 살인이라는 엄벌이 예상되는 사건에서조차 S씨는 "미안합니다, 죄송합니다"라고 '거짓자백'을 해버렸던 것입니다.

실제 취조에서 도대체 무슨 일이 일어났던 걸까요. 아시카가 사건에서는 재심개시 후에 그때까지는 그 존재조차 공표되지 않았던, 취조장면의 상황을 녹음한 테이프의 일부가 공개되었습니다. 아래에 제시된 것은 실제로 있었던 한 장면입니다.

S씨의 취조를 살펴봅시다.

③ 취조장면의 녹음테이프

10	**S씨**	그걸로 뭔가, 됐습니까?
11	**검사**	응.
12	**S씨**	감정입니까?
13	**검사**	응.
14	**S씨**	저는 잘 이해가 안 가는데, 무슨 감정이라고 하셨지요?
15	**검사**	DNA 감정.
16	**S씨**	그런 걸 들어본 적은 있습니다만, 저로서는 그게 전혀 기억이 나지 않습니다.
17	**검사**	그렇지만 DNA 감정으로, 당신과, 당신 체액과 일치하는 체액이 있어.
18	**S씨**	그게 전혀, 모르겠습니다. 정말로.
19	**검사**	(침묵·약 5초) 음.
20	**S씨**	절대, 아닙니다.
21	**검사**	아니라고 말하지만 말이야, 당신과 같은 체액을 갖고 있는 사람

이 몇이나 된다고 생각해?

22   **S씨**   (침묵·약 5초)

취조장면의 녹음테이프에서는 취조 중에 S씨가 몇 번이나 자신은 하지 않았다고 소리 높여 주장하는 상황을 들을 수 있습니다. 그러나 그 주장이 취조관에게 받아들여진 경우는 없었습니다. 조금 전 보았던 것처럼 당시의 DNA 감정기술은 아직, 틀림없이 그 사람이 범인이라고 말할 수 있을 정도로 정확한 것은 아니었습니다. 또한 DNA 감정은 현재만큼 뉴스나 신문에서 들을 수 있는 것이 아니었고, S씨 자신도 어떤 것인지 몰랐던 것이었습니다. 즉 S씨는 뭐가 뭔지 모른 채 DNA 감정이라는 당시 최신의 과학적 분석 결과라고 하는 증거에 의해 몇 시간이나 하지도 않은 사건에 관해 계속 질문당하는 상황에 놓였던 것입니다.

129   **검사**   어째서 내 눈을 보고 말하지 않지, 이런 말이야. 아까부터 당신은, 내 눈을 한 번도 보지 않았어.

130   **S씨**   (침묵·약 20초. 약간 흐느끼며 우는 듯한 목소리)

131	**검사**	응.
132	**S씨**	(침묵·약 20초. 그 후, 우는 목소리로) 미안합니다. 죄송합니다.
133	**검사**	거짓말이었지.
134	**S씨**	(침묵·약 5초. 훌쩍이며 우는 듯한 목소리)
135	**검사**	그런 것 같네.
136	**S씨**	(우는 목소리로) 미안합니다. 용서해주십시오. 용서해주십시오.
137	**검사**	됐으니까.
138	**S씨**	(오열 후) 용서해주십시오.
139	**검사**	응.
140	**S씨**	(우는 소리. 그 후 우는 목소리로) 죄송합니다.
141	**검사**	나는, 진실을 듣고 싶다고 몇 번이나 말했잖아.
142	**S씨**	(우는 목소리로) 네.
143	**검사**	모르는 부분도 잔뜩 있으니까.
144	**S씨**	(우는 목소리로) 네, 죄송합니다.
145	**검사**	그건 말했어. 말을 해도, 거짓말을 하라고 하는 게 아니잖아, 나는.
146	**S씨**	네. (코를 훌쩍이는 소리)
147	**검사**	나는, 특별히 거짓말을 했기 때문에 화가 났다거나, 하는 건 아니지만 뭐랄까, 사람을 죽였으면. 진심으로 반성해주면 좋겠다고 생각하기 때문이야.
148	**S씨**	네.
149	**검사**	응. 죽이지 않았다면, 인정할 필요는 없으니까.
150	**S씨**	(침묵·약 3초)
151	**검사**	이런 풀숲에서 죽어간 M양이 가엽다고 생각하는 거지, 나는.
152	**S씨**	저도 그렇게 생각합니다.
153	**검사**	당신이 정말로 아니라면, M양 일은 일어나지 않았을 테고.
154	**S씨**	네.

155	**검사**	그렇다고 해서 정말로 죄를 저질렀는데 죄를 면한다고 하면, 그야말로 가여워서 어쩔 수가 없어. 그러니까 나는 진실을 말해주었으면 하는 거야. 응.
156	**S씨**	(침묵·약 10초)
157	**검사**	그러니까, 말하고 있잖아.
158	**S씨**	(약 15초 침묵 후, 울음 섞인 목소리로) 죄송합니다….
159	**검사**	틀림없는 거지? M양 사건은 틀림없는 거야.
160	**S씨**	네.
161	**검사**	했어?
162	**S씨**	나중 것은 모르겠지만.
163	**검사**	M양 일은 틀림없지?
164	**S씨**	네. 죄송합니다.

④ '미안합니다'는 자백의 증거였던 것일까

몇 번이나 자신은 하지 않았다고 주장한 S씨지만, 피해 아동 이야기를 하거나 죄에 대한 반성의 중요성을 타이르거나 하는 중에 "미안합니다. 죄송합니다"라고 마침내 자신이 사건의 범인임을 인정하고 말았습니다.

검찰관과의 대화에서 보이는 것처럼, 실은 근처에서 일어났던 별개의 여아 유괴 살인사건에 관해서도 S씨가 범인이지 않을까 의심하고 있었습니다. 그러나 다른 사건은 S씨에게 완벽한 알리바이가 있어서 S씨의 범행은 불가능했습니다. 그런데 아시카가 사건에서는 S씨의 알리바이가 증명되지 않았습니다. 그 결과 취조에서 자신은 하지 않았다고 주장했지만, 자신의 무고함을 완전히 증명할 수는 없었던 것입니다.

몇 번이나 자신은 하지 않았다고 주장해도, 그 주장이 취조관에게 받아들여지지 않았습니다. 취조실에서는 아무도 자신을 믿어주는 사람이 없었습니다. 절망적인 고립 속에서 S씨는 점차 무엇인가에 관해 이야기를 하는 것

일본형 취조란

일본의 수사에서 '취조'는 여러 외국의 수사에 비해 뚜렷한 특징이 있다고 합니다. 그것은 취조관이 '전인격을 서로 부딪쳐야만 비로소 피의자가 진실을 모두 털어놓는다'는 신념을 기초로 피의자와 대치하는 것입니다. 아버지가 아들을 향해 '모든 것을 털어놓고 내 품에 뛰어들라'며 양팔을 활짝 벌리는 것에 가까운 감각일까요?

이 취조관과 피의자의 '유사 부자관계'에는 어떻게도 형언하기 어려운 기묘함이 있습니다. 애초에 취조관과 피의자는 생판 남입니다. 생판 남이 아버지의 얼굴을 하다니, 보통 사회에서는 있을 수 없습니다. 그러나 이 '아버지'는 '아들'이 나쁜 짓을 했다고 호되게 꾸짖고 있습니다. '아들'이 아무리 결백을 호소해도 거기에는 일절 귀를 기울이지 않습니다. '잘못을 인정하고 내 품에 뛰어들라'로 일관합니다.

부자관계의 근저에는 애정이 있지만, 밀실에서 아무에게도 도움을 요청할 수 없는 피의자와 그 피의자를 구속하고 있는 취조관 사이에 있는 것은 지배복종관계입니다. 아시카가 사건의 S씨는 그 압력에 견디지 못하고 "미안합니다", "용서해주십시오"라며 눈물을 흘렸습니다. 이것을 취조관은 '아버지의 인정이 통해서 겨우 진실을 말해주었다'고 파악해버렸던 것입니다. 착각도 이만저만이 아니고, 처치도 곤란합니다.

영국(잉글랜드와 웨일스)에서는 모든 취조관에게 피의자의 주장을 정확히 청취하기 위한 과학적인 면접기법을 훈련합니다. 인정의 탈을 쓰고 압도적인 힘에 의한 지배 속에서 '거짓자백'을 끌어내는 '일본형 취조'는, 과학적 견지에서 재검토할 필요가 있습니다.

이 아니라 취조관에게 "용서해주십시오"라고 간청하거나, 울면서 "죄송합니다"라고 사죄하는 것처럼 되어갔습니다. 이런 "용서해주십시오"나 "죄송합니다"라는 발언은 일상적인 대화 속에서는 단순히 사죄로 받아들여집니다. 대화의 마지막 부분에 주목해주십시오. 이 부분에서도 S씨는 "제가 했습니

다"라고는 말하지 않습니다. "M양 일은 틀림없지?"라는 검사의 질문에 "네, 죄송합니다"라고 사죄하고 있습니다. 그런 의미에서 녹음테이프를 주의 깊게 해독하면, S씨는 범행에 관해 자백했다기보다 오히려 취조관에게 사죄를 반복하고 있다는 것을 알 수 있습니다.

그러나 취조라는 특수한 상황 속에서는 "용서해주십시오"나 "죄송합니다"라는 발언은 단순한 사죄가 아니라 죄를 인정하는 거동으로 받아들여집니다. 취조실에서는 "미안합니다. 죄송합니다"라는 사죄의 말이 죄를 인정하는 자백의 증거로 취급됩니다.

(2) 심리학적 방법에 의한 분석

① 아시카가 사건 진술 분석의 특징

심리학은 이러한 아시카가 사건에 어떻게 접근하고 있을까요? 이 사건에 관해서는 지금까지도 다양한 심리학적 분석이 이루어지고 있지만, 여기에서는 하라 사토시原聰 교수나 다카기 고타로高木光太郎 교수 등에 의한 심리학적 분석을 소개하고자 합니다.[4]

하라 교수 등에 의한 분석에는 두 가지 특징이 있습니다.

• 분석대상은 법정의 진술조서

첫 번째 특징은 공판에서 피고인이 한 진술조서를 분석대상으로 하고 있다는 점입니다. 심리학에 의한 진술의 신용성 평가에서는 대부분의 경우 경찰이나 검찰에서 이루어진 취조장면의 진술조서가 이용됩니다. 보통 진술의 신용성 평가는 공판 진행 중인 재판의 증거로서 수사단계에서 작성된 자백조서에 관해서 진술 분석에 의한 신용성 평가 의견이 요구됩니다. 그러나 아시카가 사건에서 하라 교수 등이 한 심리학적 분석은 공판단계가 아닌 재심단계에서의 진술 분석 의뢰였습니다. 또한 S씨는 제5회 공판까지 '거짓자백'

을 유지했다는 사정이 있었습니다. 이러한 점에서 공판에서 실제로 S씨가 '거짓자백'을 말하고 있는 장면을 분석할 수 있었습니다.

• '진술 내용'이 아닌 '진술 특성'에 주목

두 번째 특징은 S씨의 진술 특성에 주목하고 있는 점입니다. 심리학적인 진술의 신용성 평가에서는 대부분의 경우 진술이 이루어진 환경, 즉 취조가 어떻게 '거짓자백'을 만들어내는 상황에 있었는지, 진술에서 이상한 변화가 없었는지를 분석하는 평가방법이 주류였습니다. 다음 절에서 제시되는 도야마히미 사건의 진술 분석이 그 대표적인 것입니다. 그에 비해서 하라 교수 등은 진술 특성이라고 하는 점에 주목해서 진술의 신용성을 평가했습니다.

• '진술 특성'이란

여기에서 말하는 진술 특성이라는 단어를 간단히 설명하겠습니다.

이 세계에는 어떤 사람과 완전히 같은 사람은 없습니다. 사람에게는 저마다 다양한 면에서 고유한 특징이 있습니다. 그 사람의 말투, 대화에서의 응답, 설명 방식에도 특징이 있습니다. 그 사람의 특징은 법정증언의 방식에도 일관되게 나타납니다. 이처럼 그 사람에게 보이는 일관된 진술의 특징을 심리학적으로는 진술 특성이라고 합니다.

• '체험기억'이란

그렇다면 법정의 S씨 증언에는 어떤 특징, 즉 진술 특성이 있는 걸까요. 하라 교수 등은 재판의 여러 증언 가운데에서도, 특히 '체험기억의 진술 특성'에 주목해서 심리학적인 분석을 행하고 있습니다. 법정의 피고인 진술에는 여러 가지 증거에 의해 사실로 증명된 피고인도 체험했던 과거의 일과, 예를 들면 범행장면과 같이 범인만이 체험하고 범인 이외에는 알 리 없는 과거의 일이 있습니다. 이 두 가지 일 중에 전자인 '피고인이 체험한 것을 증거에 의해 증명한 과거의 일'을 하라 교수 등은 '체험기억'이라고 부르고 있습니다. 체험기억에 관한 말투는 많은 경우 체험자 바로 그 사람 고유의 특징이 있습니다. 그러한 체험기억에 관해 S씨가 어떻게 말하고 있는지를 분석하고, S씨의 독자적인 체험기억에서 진술 특성을 추출하는 이유입니다. 그것을 범행행위에 관한 증언과 대비합니다. 하라 교수 등은 이러한 분석에 의해 공판에서의 진술 중에서 S씨가 그 일을 실제로 체험했는지를 평가하고 있습니다.

② 실제 체험을 말할 때의 S씨의 진술 특성
그렇다면 공판에서 S씨가 한 다음 증언을 살펴봅니다.

• S씨의 말투

글쎄요. 그 순사가 "S씨 되십니까"라고 말해서 "네, 그렇습니다"라고 말했습니다. 그랬더니 "안을 좀 보여주지 않으시겠습니까"라고 했습니다. 그래서 집안을, 뭐랄까, 들어가게 했더니 벽장을 "좀 열어주지 않으시겠습니까"라고 했기 때문에 벽장을 열고, 그리고 뭐랄까, 조그만 상자가 있었습니다. 안에. 그 상자를 "좀 보여주지 않으시겠습니까"라고 해서 그 상자를 들어서 보여주었더니 "이건 뭘까"라고 말했습니다. "이것은 성인이 쓰는 것이네요"라고 해서 저는 "남성용품입니다"라고 말했습니다. "그럼, 이건 이제 넣으셔도 좋습니다"라고 했습니다.(항소심 제3회 공판 47쪽)

• 행위의 주체='동작주체'는 누구인가

이 진술은 S씨의 집에 경찰관들이 방문했던 장면에 관한 것입니다. 이 장면은 경찰관도 관여했던 실제로 있었던 일, 즉 체험기억입니다. 이러한 S씨의 증언에 대해 하라 교수 등은 S씨의 체험기억 진술 특성을 밝히기 위해서 진술의 동작주체라는 점에 주목합니다. 동작주체란 그 증언의 행위주체입니다. 예를 들면 '글쎄요. 그 순사가 "S씨 되십니까"라고 말해서'라는 문장에서는, "S씨 되십니까"라고 말한 행위의 주체인 순사를 동작주체라고 합니다.

진술의 동작주체에 주목하면 몇 가지의 특징이 보입니다. 그것은 첫째로 동작주체와 동작주체의 행위 사이의 상호관계입니다. 둘째는 동작주체와 동작주체의 연결방식입니다. 먼저 범행 이외의 체험기억에 관해 S씨가 어떻게 말하고 있는지를 분석한 것이 〈표 1〉과 〈표 2〉입니다.

<h4 style="text-align:center">〈표 1〉 각 동작주체와 행위 종류의 출현 빈도(체험기억 증언)</h4>

동작주체	운동행위	심적 행위	합계
자기	49(43.4%)	10(8.9%)	59(59.2%)
타자	45(39.8%)	0(0.00%)	45(39.8%)
사물	9(8.00%)	0(0.00%)	9(8.00%)
합계	103(91.2%)	10(8.9%)	

〈표 1〉은 동작주체와 동작주체의 행위의 상호관련성을 보기 위한 것입니다. 이는 어떤 동작주체에 관해 어떤 행위를 말하고 있는지를 분석하는 것입니다. 증언의 동작주체는 세 종류로 분류할 수 있습니다. 그것은 자기, 타자, 사물입니다. 자기란 말하고 있는 본인입니다. 타자란 S씨에게 질문하고 있는 순사 등입니다. 그리고 사물이란, 예를 들면 "좌측에서 차가 맹렬한 스피드로 달려왔습니다"라고 말한 경우의 '차'에 해당합니다.

• '운동행위'와 '심리행위'

나아가 행위를 두 종류로 분석합니다. 운동행위와 심적 행위입니다. 운동행위란 "그때 나는 숲 쪽으로 걸어갔습니다"라고 말한 경우의 '걸어갔습니다'라고 하는 부분입니다. 심적 행위란 "그때 나는 무척 공포를 느꼈습니다"라고 말한 경우의 '무척 공포를 느꼈습니다'라고 하는 부분이 이에 해당합니다.

• '연쇄적 접속'과 '연속적 접속'

〈표 2〉는 동작주체의 연결방식을 나타내고 있습니다. 동작주체의 연결방식이란 진술할 때에 문장과 다음 문장을 어떻게 연결하고 있는지에 관한 것입니다. 동작주체의 연결방식을 두 종류로 분류합니다. 연쇄적 접속과 연속적 접속입니다. 연쇄적 접속이란 '자기→타자, 타자→자기'와 같이 문장마다 동작주체가 교대하는 것을 말합니다. 예를 들어 조금 전 S씨의 증언을 봅시다.

〈표 2〉 동작주체의 연결 양식의 출현 빈도 (체험기억 증언)

접속의 종류	빈도(%)
연쇄적 접속	56(61.5%)
연속적 접속	35(38.5%)

글쎄요. 그 순사가 "S씨 되십니까"라고 말해서 "네, 그렇습니다"라고 말했습니다. 그랬더니 "안을 좀 보여주지 않으시겠습니까"라고 했습니다.

이 증언에서 동작주체는 순사(타자)→S씨(자기)→순사(타자)로 동작주체가 교대해갑니다. 이러한 동작주체의 연결방식이 연쇄적 접속입니다. 그에 비해 연속적 접속이란 '자기→자기→자기'처럼 같은 동작주체가 연속하는 연결방식을 말합니다.

• S씨의 체험기억 진술의 특징

이같이 동작주체라는 관점에서 보면 S씨의 체험기억 진술에는 아래의 특성이 보입니다.
  1) 동작주체는 자기와 타자가 거의 같은 빈도로 출현하고 있었다.
  2) 단위의 대부분이 운동행위에 관한 이야기였다.
  3) 단위 사이의 접속은 연쇄적인 경우가 많았다.

즉 S씨는 실제로 체험한 과거의 일에 관해 말하는 경우 자기→타자→자기로 동작주체를 번갈아가면서, 자기와 타자를 같은 비율로 균형이 맞도록 이용하면서, 운동행위를 많이 이야기하는 특징이 있음을 알 수 있었습니다.

③ 범행장면을 말하는 S씨의 진술 특성
그렇다면 다음으로 범행행위에 관련된 기억에 관한 진술을 살펴봅시다.

• S씨의 말투
그리고 주차장 옆에 환전소가 있어서 거기에서 환전을 했고, 그런 다음 돌아올 때입니다, 환전소 근처에 웅크리고 앉아 있었다고 했습니까, 그래서 말을 걸었고.(1심 제5회 공판 106쪽)

그때는 자전거입니까, 자전거에 태워서, 그리고 W입니까, 거기에 갔습니다.(1심 제5회 공판 106쪽)

지나치게 먼 쪽은 생각하고 있지 않았습니다. W가 있었기 때문에, W 쪽에 유원지가 있었기 때문에, 거기에 놀러 가자고 생각해두었습니다.(1심 제5회 공판 108쪽)

마음이 바뀌었다고 할까요, 유원지의 도로까지 갔습니다만, 그리고 하천부지인가요, 거기까지 갔습니다.(1심 제5회 공판 110쪽)

그래서, 역시 자전거를 하천부지입니까, 세워서. 세운 곳에서 아래로 내려갔습니다.(1심 제5회 공판 111쪽)

역시 제가 껴안았다…입니까, 그래서 시끄러워져서, 그래서 순간적으로 손이 목을 향한 것입니다.(제1심 제5회 공판 113쪽)

〈표 3〉, 〈표 4〉는 S씨의 범행행위 진술을 체험기억 진술과 같은 방법으로 동작주체의 관점에서 분류한 것을 보여줍니다.

• S씨의 말투와 데이터 분석

〈표 3〉 각 동작주체와 행위 종류의 출현빈도 (범행행위 증언)

동작주체	운동행위	심적 행위	합계
자기	37(71.2%)	9(17.3%)	46(88.5%)
타자	6(11.5%)	0(0.00%)	6(11.5%)
사물	0(0.00%)	0(0.00%)	0(0.00%)
합계	43(82.7%)	9(17.3%)	

〈표 4〉 동작주체의 연결 양식의 출현빈도 (범행행위 증언)

접속의 종류	빈도(%)
연쇄적 접속	8(29.6%)
연속적 접속	19(70.4%)

• S씨의 '범행행위' 진술의 특성

정리해보면 S씨의 범행행위 진술에는 아래의 특성이 보였습니다.

1) 동작주체의 출현빈도는 자기가 대부분을 차지하고 있었다.

2) 단위의 대부분이 운동행위에 관한 이야기였다.

3) 단위 사이의 접속은 연속적인 경우가 많았다.

즉 S씨는 범행행위 진술에서는 자기→자기→자기로 동작주체를 번갈아 말하지 않고 자기에 관한 이야기가 대부분을 차지하며, 운동행위를 많이 말하는 특징이 있음을 알 수 있었습니다. 이렇게 S씨의 범행행위 진술에는 체험기억 진술과는 다른 특징을 볼 수 있습니다.

• 정리 1: 동작주체가 등장하는 비율

조금 더 알기 쉽게 그림으로 정리해봅시다.

여기에서 S씨는 심적 행위를 거의 말하지 않는 특징이 있기 때문에 운동 행위와 심적 행위의 분류를 제외하고, 체험기억 진술과 범행행위 진술에서 자기, 타자, 사물의 동작주체의 비율에 주목해봅시다.

〈그림 1〉은 S씨의 증언에서 동작주체와 행위의 관련을 체험기억 진술과 범행행위 진술로 비교한 것을 보여줍니다. 이렇게 보면 S씨의 체험기억 진술과 범행행위 진술에는 분명히 다른 특징이 있음을 알 수 있습니다. S씨는 체험기억 진술에서는 동작주체로서 자기와 타자를 약 50%씩 균형 잡힌 증언을 하고 있는 것에 비해서 범행행위 진술에서는 자기에 관한 진술이 전체의 약 80% 이상을 차지하며 타자에 관한 진술이 격감하고 있습니다.

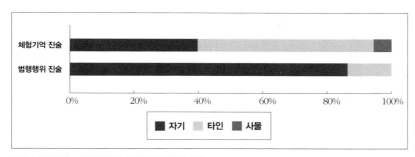

그림 1 체험기억 · 범행행위 진술별 동작주체의 비율

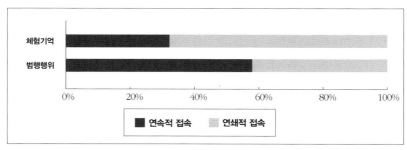

그림 2 체험기억 · 범행행위 진술별 동작주체 연결 비율

다음으로 〈그림 2〉는 동작주체의 연결방식을 체험기억과 범행행위로 비교한 것입니다.

여기에서도 S씨의 체험기억 진술과 범행행위 진술에는 전혀 다른 특징이 있음을 알 수 있습니다. S씨의 진술은 체험기억 진술에서는 약 60%가 연쇄적 접속, 즉 자기와 타자라고 하는 동작주체를 번갈아가면서 말하는 방식이이었던 것에 비해서 범행행위 진술에서는 거꾸로 이번에는 연속적 접속이약 70%를 차지하고, 특히 S씨 자신만이 동작주체로서 말하고 있음을 알 수있습니다.

④ 분석결과에서 알 수 있는 것

이러한 분석결과는 무엇을 알려주고 있는 걸까요?

보통 범행현장에 있던 피해자나 피해품은 범인의 주요한 관심사일 것입니다. 피해자나 피해품에 대한 일종의 완고한 집착이 범행행위의 원동력이 됩니다. 범인은 그 완고한 집착에 지배되어 피해자를 궁지에 몰아 학대하거나혹은 피해품을 요구해서 손에 넣는 것이겠지요. 그러므로 그것들에 관한 기억은 그 밖의 장소에서의 일상적인 체험기억과 비교해서 필연적으로 빈번히이야기할 것으로 추정됩니다.

그럼에도 불구하고 이제까지 살펴본 것처럼 S씨의 범행행위 진술은 오히려 동작주체로서의 타자는 감소하고, 당연히 자주 말해져야 할 피해자가 동작주체로 나오지 않습니다. 만일 범행진술이 실제로 S씨가 체험한 것을 진술하는 것이라면 체험기억 진술과 같은 특징이 보일 것입니다.

하라 교수 등은 이 분석에서 범행진술에 피해자가 존재하지 않는다는 특징을 추출하고, S씨의 자백진술은 체험기억에 관한 진술로 평가하기에는 곤란하다고 결론지었습니다.

이처럼 하라 교수 등에 의해 진술 분석이 이루어진 당시는 DNA 재감정은 이루어지기 전이었습니다. S씨는 여전히 아시카가 사건의 범인이었습니다. 심리학에 의한 이 진술 분석은 S씨가 무고하다는 흔적을 제대로 이끌어냈던 것입니다.

II. 도야마히미 사건

—'증거 없는 확신'에 의한 유죄판결과 복역 후 무죄의 증명

＊ 도야마히미 사건이란

도야마富山 현 히미氷見 시에서 약 2개월 사이에 18세 소녀가 강간당하고 연이어 16세 소녀가 강간당할 뻔했던 연속강간, 강간미수 사건입니다(이하, 이 책에서는 두 사건을 제1사건, 제2사건이라고 부릅니다).

– 수사 · 재판의 경과와 유죄판결, 그리고 복역

경찰은 두 피해소녀의 증언을 근거로 몽타주를 만들어 수사를 시작했습니다. 그러자 히미 시내의 운전대행회사와 택시회사에서 정보가 들어와 J씨가 범인으로 수사선상에 올랐습니다. 피해자인 소녀들이 멘와리·멘토시를 하여 소녀들이 J씨를 범인이라고 증언했습니다. 이 때문에 J씨는 두 사건의 범인으로 체포, 기소되었습니다.

　J씨는 수사 초기단계에서는 범행을 부인했으나 곧 자백하게 되었으며, 2002년 11월 징역 3년의 실형판결이 선고되었습니다. J씨는 항소하지 않았고 유죄판결이 확정되었습니다. J씨는 가석방되기까지 후쿠이福井 형무소에서 복역했습니다.

– 진범의 출현과 무죄판결

그런데 J씨가 복역을 마친 2006년 8월 돗토리 현에서 강제외설죄(일본 형법 제176조: 13세 이상의 남녀에 대하여 폭행 또는 협박으로 외설행위를 한 자는 6월 이상 10년 이하의 징역에 처한다. 13세 미만의 남녀에 대하여 외설행위를 한 자도 같다–옮긴이) 혐의로 체포된 범인의 수법이 도야마 현의 사건과 유사했기 때문에 그 범인에게 여죄를 추궁하자, 도야마 현의 두 사건을 자신이 저질렀다고 인정했습니다.

다음해 1월 도야마 현 경찰은 J씨의 무고함을 발표했습니다. 검찰관이 재심 청구를 하고 다시 열린 재판에서 도야마 지방재판소 다카오카高岡 지부는 J씨에게 무죄판결을 선고했습니다.

– 간과된 수사의 문제점

이 사건에서는 진범과 J씨의 혈액형이나 DNA형이 달랐던 점(수사기관은 J씨의 DNA 감정 자료를 채취했습니다), 두 사건에 모두 남겨진 신발자국의 사이즈가 J씨의 신발 사이즈와 전혀 달랐던 점 등 객관적으로 J씨를 유죄라고 보기에는 매우 의심스러운 점이 있었습니다. 그러나 수사기관은 채취한 J씨의 혈액형이나 DNA 감정결과를 증거로 제출하지 않았습니다. 소녀들이 행한 멘와리·멘토시도 여러 명의 다른 사람 중에서 범인을 선택하게 하는 방법이 아니라, J씨만을 보여주고 '이 사람이 범인인가'를 묻는 불충분한 방법으로 이루어졌습니다. 게다가 이 소녀들은 피해를 당하던 때에 눈이 가려져 있었다고 합니다.

검찰관은 이 의문점들을 추궁하지 않고 자백을 한 J씨를 범인이라고 굳게 믿었으며, 변호인은 친족을 통해서 피해변상을 하는 등 정상참작을 구하는 변호활동을 했습니다.

이와 같은 수사, 변호, 재판의 결과 재판소는 J씨의 자백을 믿을 수 있다고 판단하여 유죄판결을 선고했던 것입니다.

◇ 도야마히미 사건의 개요 ◇

사건의 발생	2002년 1월 14일	도야마 현 히미 시에서 18세의 소녀가 강간당함(제1사건).
	2002년 3월 13일	이어 16세의 소녀가 강간 직전에 놓임(제2사건).
경찰의 수사 임의취조 ~체포	2002년 3월 25일	피해자의 증언에 의한 몽타주에서 히미 시내의 택시 기사 J씨가 수사선상에 오름.
	2002년 4월 1일	경찰이 보여준 J씨의 사진을 본 피해자 소녀들이 J씨가 범인이라고 증언.
	2002년 4월 2일	제1사건과 제2사건 현장의 범인의 발자국(28cm)이 동일하다고 판명(J씨는 24.5cm).
	↓	J씨의 전화기록 명세서 입수(제2사건 시간대에 J씨는 자택의 전화를 사용하고 있었음).
	2002년 4월 6일	경찰이 제2사건의 소녀에게 J씨의 멘토시에 참여시키고, 소녀는 J씨를 범인이라고 증언.
	2002년 4월 8일	J씨를 임의로 취조 개시. J씨는 범행을 부인.
	2002년 4월 14일	멘토시에 참여한 제1사건의 소녀가 J씨를 범인으로 증언.
	2002년 4월 15일	J씨가 제2사건의 범행을 자백. 경찰은 준비하고 있던 체포영장으로 그 자리에서 체포.
	2002년 5월 5일	제2사건에 관한 처분 유보로 석방. J씨가 경찰서 현관을 나오는 순간 제1사건으로 J씨를 재체포.
재판 · 판결	2002년 5월 24일	제1사건 기소.
	2002년 6월 23일	제2사건 기소.
	↓	공판에서 J씨는 혐의를 인정, 한 번도 자백을 철회하지 않음.
	2002년 11월 27일	징역 3년의 실형판결이 선고됨.

복역 · 출소	2005년 1월 13일	J씨는 2년여 복역 후 가석방.
	2005년 7월 19일	형기 종료.
진범의 출현	2006년 8월 1일	돗토리 현에서 같은 수법의 사건이 발생. 범인을 체포.
	2007년 1월 17일	경찰의 여죄 추궁으로 돗토리 현의 범인이 도야마 현의 사건 2건도 자신의 범행이라고 자백.
	2007년 2월 9일	도야마 지방검찰이 J씨의 재심을 도야마 지방재판소에 청구.
재심 ~무죄판결	2007년 8월 22일	재심공판에서 검찰이 J씨의 무죄를 논고.
	2007년 10월 10일	J씨에 대해 재심무죄의 판결이 선고됨.

(1) '거짓자백'이 이루어진 과정

① 들어가며

도야마히미 사건도 앞서 소개한 아시카가 사건처럼 지금은 원죄임이 명확히 드러난 사건 중의 하나입니다. 도야마히미 사건의 피의자가 된 J씨가 완전히 무고하다고 판명된 것은, 나중에 다른 사건에서 체포된 사람이 도야마히미 사건의 범행을 자백했기 때문입니다. 이때는 이미 J씨가 징역을 마치고 출소한 뒤였습니다. 재심에 의해 J씨에게 무죄가 선고된 것은, 사건 발생으로부터 5년이나 지난 2007년입니다. J씨는 어느 날 갑자기 연속 부녀폭행 사건의 범인으로 체포되어 재판에서 유죄판결을 선고받고, 징역이라는 형벌을 받았습니다. 만약 진범이 자백하지 않았다면, J씨는 아직도 도야마히미 사건의 범인으로 여겨졌을 것입니다. 왜 무고한 사람이 어느 날 갑자기 신병이 구속되고, 부녀폭행 사건의 범인이 되어 저지르지도 않은 범죄로 형벌을 받을 수밖에 없게 되었을까요? 도야마히미 사건에서 무고한 J씨가 '거짓자백'을 할 수밖에 없었던 이유는 무엇일까요? 그러한 '거짓자백'을 심리학에서는 어떻게 분석하는지 살펴봅시다.

② '거짓자백'으로 내몰린 경위

J씨가 도야마히미 사건의 범인으로 수사선상에 올랐던 것은, 피해자들의 증언을 근거로 그린 몽타주에 의해서였습니다. 그러나 그 몽타주는 '눈이 크고, 쌍꺼풀', '얼굴은 가늘고 긴' 정도의 특징밖에 없어서 도저히 개인을 특정할 수 없는 것이었습니다. 그럼에도 이 몽타주가 J씨를 닮았다는 풍문에서 피해자들에게 사진으로 멘와리, 멘토시가 진행되었고, 피해자들도 또한 J씨가 범인이라고 증언했습니다.

경찰은 이 증거만으로는 J씨를 체포하지 못하고 임의동행으로 우선 제2사건에 관하여 J씨에 대한 취조를 시작했습니다. 취조는 장시간에 걸쳐 이루어졌습니다. 아침 9시 반부터 밤 11시경까지, 12시간 이상에 이르렀습니다. J씨는 당연히 범행을 부인했고 무고를 주장했습니다. 그러나 몇 번이나 취조가 반복되는 동안에 마침내 하지도 않은 사건에 관해 '거짓자백'을 해버린 것입니다.

아래가 3회째 임의취조 조서에 기재된 J씨의 '거짓자백'입니다.

• 제2사건의 '거짓자백'

저는 올해 2002년 3월 13일 오후에 ○○시 ○○의 민가에 강간할 목적으로 들어갔습니다. 거기에는 여자가 있었고, 뭐라고 했는지 지금은 생각나지 않지만, 말로 협박해서 하반신을 벗게 했습니다. 그러나 저도 침착하지 않았고, 또 여자도 난폭하게 굴어서 결국은 섹스를 하지 않고 도망쳐 돌아왔습니다. 저는 경찰이 올해 4월 8일과 4월 14일에도 와서 사정청취를 했지만, 이제부터 나는 어떻게 되는 걸까, 엄청난 짓을 해버렸다고 생각해서 진실을 말할 수 없었습니다. 그렇지만 최근에 이르러 형사님이 피해자가 어떤 기분일지 생각해보라고 잘 타일러서 진실을 말할 결심이 선 것입니다.

제가 강간하고자 생각해서 타인의 집에 들어갔고, 여성을 협박해서 하반신을 벗게 했던 것은 틀림없습니다. 그렇지만 섹스까지는 하지 않았습니다. 아까 제가 들어갔던 집을 안내했습니다. 그때 문패를 보았는데, B라고 하는 ○○시 ○○의 집이었습니다.

지금 아직 생각이 정리되지 않아 상세한 것에 관해는 잘 생각나지 않지만, 잘 생각해보고 나서 이야기하겠습니다.

• 추궁적 취조와 '거짓자백'

J씨는 이날까지 몇 번이나 취조관에게 '네가 했을 것'이라고 추궁받아도 부인해왔습니다. 이날 아침 8시 반부터 장시간에 걸친 취조가 이루어졌습니다. 머지않아 "머릿속이 뜨겁고, 멍해져서 새하얀 상태가" 되어 취조실 마루에 쓰러졌다고 합니다. 그런데도 취조관의 추궁은 계속되어 "네 누이가 '틀림없으니까 마음대로 대하라'고 말하고 있다"고 말하거나, 이미 돌아가신 어머니의 사진을 들이대거나 했습니다. J씨는 절망적인 심정이 되어 이제 무엇을 말해도 부질없다는 기분으로 '거짓자백'을 해버린 것 같습니다.

• 두 번째 체포와 제1사건의 '거짓자백'

이때 J씨가 '거짓자백'을 한 것은 제2사건이었습니다. 제1사건에 관해는 부인하던 상태였습니다. 제2사건에 관한 '거짓자백'을 한 뒤에 J씨는 일단 석방되었습니다. 짐을 정리해서 경찰서에서 나오려던 그때 J씨는 제1사건에 관해 재차 체포되었습니다. 실은 J씨가 유치장에서 짐을 정리하기 전에 이미 재판소로부터 제1사건에 관한 체포장이 나와 있었습니다. 그럼에도 경찰은 그 시점에서는 J씨를 체포하지 않았습니다. J씨가 자유가 되었다고 생각한 그 순간을 겨누어 체포한 것입니다. 이러한 수법은 다른 사건에서도 발견됩니다. 피의자를 심리적으로 더욱 바싹 추궁해서 자백을 용이하게 얻기 위한 것이라고 생각됩니다. 경찰의 목표대로 J씨는 이 체포 직후 제1사건에 관해도 '거짓 자백'을 해버렸습니다. 그때의 기분을 J씨는 "경찰서에서 채 나오기 전에 취조실로 되돌아오게 되니 이제 지옥에 떨어진 기분이었습니다"라고 말하고 있습니다. 고되고 가혹한 취조로부터 겨우 해방되었다고 생각하게 만든 뒤의 처사입니다. J씨가 얼마나 절망적인 기분이 되었는지 상상할 수 있습니다.

• 객관적 증거를 무시한 수사

경찰은 왜 이렇게 '거짓자백'을 필요로 했던 걸까요? 이 연속부녀폭행사건에는 객관적인 증거가 없었습니다. 그렇기 때문에 경찰은 이 사건의 범인이라는 증거로 J씨의 자백이 어떻게든 필요했던 것입니다. 도야마히미 사건의 수사과정을 상세히 보면, J씨가 범인이 아니라고 볼 수 있는 객관적인 증거가 다수 있었습니다. 예를 들면 제2사건에 관해서는 J씨에게 알리바이가 있었습니다. J씨는 범행시각으로 여겨지는 시간대에 자택에서 2곳에 전화를 걸어 통화하고 있었습니다. 경찰도 취조할 때에 J씨로부터 이 설명을 듣고 J씨의 전화요금명세를 입수했습니다. 이 시점에서 J씨의 무고함은 당연히 증명되었던 것입니다.

또한 제1사건, 제2사건 둘 다 범행현장에는 범인의 것으로 생각되는 28센티미터의 캔버스 스니커즈 바닥의 흔적이 남아 있었습니다. 그러나 J씨의 신발 사이즈는 24.5센티미터였습니다. J씨가 28센티미터의 신발을 구입한 행적이 없고, J씨 주변에서 캔버스 스니커즈는 발견되지 않았습니다. J씨가 일부러 자신의 발에는 전혀 맞지 않는 28센티미터의 캔버스 스니커즈를 신고 범행에 이르렀다는 것이 됩니다. 범행 후의 도주 등을 생각하면 3센티미터 이상이나 사이즈가 다른 신발을 신었다는 것은 지나치게 무리입니다. 이러한 모순점에 근거하여 일반적으로 생각하면, J씨가 이 사건의 범인이라고는 생각되지 않습니다. 그렇지만 경찰은 이러한 객관적인 증거를 무시하고 J씨를 범인이라고 단정지었습니다.

③ '증거 없는 확신'에 의한 추궁과 '거짓자백'으로의 전락

경찰은 왜 J씨가 범인이 틀림없다는 '증거 없는 확신'을 가져버린 걸까요? 인간은 어떤 하나의 관점에 얽매이면 다른 관점에서 사물을 보기가 어렵게 됩니다. 사건에 관한 이야기를 일단 만들어버리면 여러 가지 일이나 증거를 그 이야기에 합치하도록 정리해버립니다. 그 이야기에 맞는 것은 과대평가하고, 그 이야기에 맞지 않는 것은 무시하거나 과소평가하여 고치거나 합니다. 조금 전의 알리바이도, 발자국도, 이러한 심리에 의해서 배제되었습니다.

J씨에게는 취조관밖에 없는 고립무원의 상황에서 자신이 범인이라고 굳게 믿고 있는 '증거 없는 확신'에 빠진 취조관에게 아침 일찍부터 밤늦게까지 장시간에 걸쳐서 '네가 했을 것'이라고 계속 추궁받습니다. 게다가 아무리 반론해도 무고하다는 주장은 결코 받아들여지지 않습니다. 이러한 상황 속에서 끝까지 자신을 지켜내는 것은 쉽지 않습니다. 도야마히미 사건의 J씨는 이제까지 경험한 적 없는 경찰의 취조라는 비일상적인 절망과 고립 속에서 '거짓자백'을 해버린 것이라고 생각합니다.

(2) 심리학적 방법에 의한 분석

① 하마다 스미오 교수의 분석방법

이러한 도야마히미 사건에 대해 심리학은 어떻게 접근하고 있는 걸까요? 여기에서는 '설원 프로젝트'에 실려 있는 하마다 교수에 의한 도야마히미 사건의 「오판 연구 리포트」[5]를 소개합니다. 이 리포트는 120쪽에 걸쳐 전문적인 입장에서 도야마히미 사건의 수사과정과 자백진술에 관해 상세히 분석하고 있습니다. 여기에서는 그 주요한 부분을 소개합니다.

이 분석의 특징은 수많은 진술 분석을 토대로 형성한 지식을 이용하여 '거짓자백'에 공통하는 포인트를 추출하고, 그 포인트를 기초로 도야마히미 사건을 분석하는 것입니다. 하마다 교수는 이제까지 가부토야마 사건, 사야

마 사건, 노다 사건을 비롯하여 수많은 원죄 사건에 관해 심리학적인 관점에서 의견을 정리해왔습니다. 일본에서 진술 분석의 제1인자입니다. 사건은 하나도 같은 것이 없고, 피의자도 모두 다릅니다. 진술 분석을 한 사건은 저마다 다른 배경을 가진 별개의 사건입니다. 그러나 원죄가 된 많은 사건을 분석해가면, 그러한 사건에서 사람이 '거짓자백'에 이르는 경과에는 어떤 공통되는 배경과 과정이 있습니다. 하마다 교수는 이러한 '거짓자백'에 공통되게 보이는 특징을 허위자백의 판단요소로 정리했습니다. 이러한 특징이 도야마 히미 사건에서도 보이는지를 검토하고 있습니다.

• '거짓자백'을 낳은 취조상황

'거짓자백'을 해버리는 취조상황이란 어떤 걸까요? 예를 들면 수업에서 학생들에게 "그렇다면 어떤 경우에 사람은 '거짓자백'을 해버리는 걸까요?"라고 묻는다면, 다수의 학생은 폭력 등의 신체적인 고문이 가해지면 '거짓자백'을 해버리지 않을까라고 대답합니다.

확실히 영화나 드라마 중에는 범인에 대해 고문이라고 생각될 만큼 가혹한 취조를 하고 있는 장면이 많이 보입니다. 사람들은 고문 등이 없는 한 무고한 사람이 '거짓자백'을 할 리가 없으며, 고문당하지 않고 자백했다면 역시 그 사람이 범인일 것이라고 생각해버립니다.

이제까지의 심리학에서 다수의 연구성과는 이러한 인상이 잘못된 고정관념에 의한 것임을 밝혀냈습니다. 앞의 절에서도 언급한 것처럼 인간은 신체적인 위해를 가하는 것보다, 심리적으로 고통스러운 상황에 놓였을 때 더 쉽게 '거짓자백'을 합니다.

• '무죄의 추정'을 무너뜨린 '증거 없는 확신'

심리학 연구에서 얻어진 이 허위자백의 일반이론은 경찰관을 비롯한 수사관계자에게 알려져 있지 않습니다. 조사를 하는 취조관의 입장에서 보면 성실히 자신의 직무인 범인 체포라는 사명을 다하려고 필사적으로 노력할 뿐입니다. 취조하고 있는 피의자가 진범임을 전제로 이러한 추궁은 열의의 표현으로서 권장됩니다.

그러나 취조받고 있는 피의자는 취조 단계에서는 유죄일지 무죄일지 아무도 모릅니다. 바로 그 때문에 피의자에게는 무죄가 추정되어야만 한다는 원칙이 있습니다.

범인을 잡고 싶은 정의감에 가득 찬 취조관의 열의는 무고한 피의자에게 언제나 흉기가 됩니다. 취조관이 눈앞에 있는 피의자가 범인이 틀림없다는 '증거 없는 확신'에 사로잡혀버리면 피의자가 범인이 아닐지도 모른다는 관점에서 증거를 다시 파악할 수가 없습니다. 취조관은 자백을 얻을 때까지 추궁하여 무죄추정이라는 넘어서는 안 될 벽을 무너뜨리고 넘어가버립니다.

하마다 교수는 외부에서는 볼 수 없는 밀실취조에서 얻은 피의자 자백에 관해 자백으로 전락하는 과정, 자백내용의 전개과정, 자백의 유지·철회과정이라는 세 국면으로 나누어 분석하고 있습니다. 여기에서는 자백으로 전락하는 과정을 채택하여 하마다 교수에 의한 도야마히미 사건의 진술 분석을 소개하고자 합니다.

김인회의 한국이야기 8

기소권은 수사권으로부터 독립된 독자적인 권한입니다. 수사를 잘 한다고 하여 기소여부를 제대로 잘 결정할 수 있는 것은 아닙니다. 기소는 법률의 관점에서 사건을 분석하는 것이지만, 수사는 사실관계를 확인하는 현장의 작업입니다. 수사권이 개인의 인생에 큰 영향을 미치듯이 기소권 역시 개인의 인생에 큰 영향을 미칩니다. 기소권을 남용하여 범죄혐의가 없음에도 기소를 하거나 다른 죄목으로 기소를 하게 되면 개인은 파멸에 이를 수 있습니다.

수사권과 기소권은 분리되어야 합니다. 기소 여부를 결정할 때 기소권자는 수사기관의 심증과 증거를 법률의 관점에서 재점검해야 합니다. 공소제기와 공소유지에 부족한 점은 없는지, 위법수사의 여지는 없는지, 위법하게 수집한 증거로 공소를 제기하려고 하는 것은 아닌지 등을 점검해야 합니다. 형사절차는 일정한 목표를 향해서 일방적으로 달려가는 절차가 아니라 매 순간마다 잘못이 없는지를 점검해야 하는 절차입니다. 이를 단계별 적법성 확인 원칙이라고 할 수 있습니다. 기소 여부 결정은 형사절차 적법성 확인에서 가장 중요한 장면입니다.

따라서 경찰은 수사권을, 검사는 기소권을 분리하여 갖는 것이 타당합니다. 한국에서는 검사가 수사권과 수사지휘권, 기소권과 공소유지권을 모두 가지고 있습니다. 세계적으로 유사한 사례가 없는 과도한 권한입니다. 기소권과 수사권을 분리하는 방향의 개혁이 시급합니다.

② 자백으로 전락하는 과정

• 전락에 이르는 8가지 특징

아래에서 제시하는 것은 오판 연구 리포트에서 하마다 교수가 들고 있는, 피의자가 취조과정에서 '거짓자백'으로 전락하는 심적 상황의 8가지 특징입니다.

   a. 일상생활로부터 격리

   b. 타자에 의한 지배와 자기통제감의 상실

   c. 증거 없는 확신에 의한 장기간의 정신적 굴욕

   d. 사건과 관계없는 수사와 인격부정

   e. 전혀 들어주지 않는 변명

   f. 언제까지 계속될지 모르는 미래에 대한 전망 상실

   g. 부인의 불이익을 강조

   h. 취조관과의 '자백적 관계'

• 하마다 교수의 해설

8가지 특징에 관해, 조금 길지만 하마다 교수의 해설을 인용해보겠습니다.

a. 일상생활로부터 격리

체포되어 신병을 구속당하면 일상생활에서 격리된다. 그때까지 자신을 지탱해주고 있던 인간관계의 그물망에서 격리되고, 주위에서 들어오는 모든 정보를 차단당한다. 말하자면 '고립무원'의 상황에 놓인다. 이로 인하여 피의자는 그때까지의 일상에서는 당연했던 심리적인 안정을 잃는다. 게다가 취조관들은 주변사람들이 모두 너를 범인이라고 생각하며, 이제 아무도 믿을 수 없다는 것과 같은 정보를 불어넣는다. 그것을 확인할 수도 없는 피의자는 자신을 지탱할 수단을 잃어버린다. 이것이 허위자백의 가장 근본적인 압력으로 작용하는 것이지만, 경험이 없는 일반인들은 이것을 좀처럼 상상할 수 없다. 더욱이 임의동행 후 취조는 표면적으로는 '임의'로서 그것을 거절할 선택지가 법적으로는 보장되어 있지만, 경찰에게 동행을 요구받으면 실제로 이를 거절하는 것은 매우 곤란하고, 심리적으로는 강제되는 것과 같은 상황이 되는 경우가 많다.

b. 타자에 의한 지배와 자기통제감의 상실

체포되면 모든 생활이 타자의 통제하에 놓인다. 식사, 배설, 수면 등 기본적 생활까지 타자에게 지배되고, 자신이 자유롭게 할 수 있는 범위가 크게 제한된다. 그 결과 자기통제감을 잃는다. 이것도 또한 일반인들이 체험하지 않은 것으로 그 무게를 상상하기가 어렵다. 또한 임의동행 상황이라도 자신의 일상적인 행위를 자신이 결정할 수 없는 상황이 되고, 자신이 취조관의 통제하에 있다는 심리를 면할 수가 없다.

c. 증거 없는 확신에 의한 장기간의 정신적 굴욕

피의자를 범인이라고 확신하고 자백을 다그치는 취조관에 의해서 때때로 극악무도한 인간이라고 비난받고, 매도당하고, 정신적 굴욕을 당한다. 일상생활에서 사람이 그와 같은 체험을 겪는 경우가 거의 없다. 드물게 있다고 해도 그것은 아주 짧은 시간에 불과하다. 그런데 취조에서는 그것이 순간으로 끝나지 않는다. 부인하는 한 언제까지나 끝없이 계속된다. 폭력을 휘두르지 않아도 언어의 힘만으로 사람은 충분히 상처받는다. 이것이 때때로 육체적 폭력 이상의 힘을 발휘한다.

d. 사건과 관계없는 수사와 인격부정

취조받고 있는 사건과 관계없는 사항에 관해 이것저것 조사받고, 추궁받고, 비난받아 죄책감이 심해지는 경우가 있다. 그것은 사건에 관계없는 것이라고 일축하며 자신을 유지하는 것은 쉽지 않다. 예를 들면 결혼적령기를 지나 아직 독신으로 여성과 안정적인 관계를 가진 적이 없다거나, 직업들을 전전하며 충실한 직장생활을 하지 못하고 있는 것과 같은 점이 있으면, 그것을 굳이 끄집어내어 마치 인격적인 문제가 있는 것처럼 말한다. 그 결과 실패자로 낙인찍힌 기분이 되어 저항력을 상실하게 된다.

e. 전혀 들어주지 않는 변명

무고하다면 자신은 하지 않았다고 변명하고 싶은 생각이 계속 들고, 입을 다물 기분은 들지 않는다. 그래서 열심히 변명하지만 변명을 아무리 반복해도 들어주지 않는다. 오히려 반대로 결정적인 증거가 있는 것처럼 말하며 설명을 요구하는 경우도 있다. 무고하다면 유죄의 증거도 있을 리가 없지만 그것을 계속 말해도 도무지 들어주지 않는다. 그렇게 결론나지 않는 논쟁이 몇 시간이나 혹은 며칠이나 끝없이 계속되는 중에 무력감에 짓눌리고, 절망감에 내몰리게 된다. 언뜻 사소한 것처럼 보이지만, 이 무력감·절망감은 체험하지 않고는 알 수 없는 무게가 있다. 실제로 일상적인 현장에서 아무리 말해도 들어주지 않는 상대가 있으면 이쪽이 단념하여 "이제 됐습니다, 당신과는 말하지 않겠습니다"라고 말하며 그곳을 떠날 수가 있다. 그러나 취조의 장에 끌려나온 피의자에게는 그것이 불가능하고 했다, 안 했다는 결론나지 않는 논쟁이 끝없이 계속된다.

이 a~e는 각각 그것만으로도 몹시 가혹한 것이지만, 나아가 이들이 서로 겹쳐서 압박해 오면 그 괴로움은 대부분의 사람들을 견딜 수 없는 지경에 이르게 한다. 게다가 위와 같은 상상을 초월하는 강압적인 상황 외에도 다음의 조건이 더해진다.

f. 언제까지 계속될지 모르는 미래에 대한 전망 상실

아무리 괴로운 것이라도 언제까지 인내하면 그 다음부터 벗어난다고 알고 있으면, 사람은 견딜 수 있다. 그러나 이러한 시간적인 전망이 서지 않으면 견디기 어렵게 된다. 이 조건은 취조가 오랫동안 이루어지는 경우에 들어맞기 때문에 조기에 자백하는 경우에는 들어맞지 않는 것처럼 생각되기 쉽다. 그러나 실제는 그렇지 않다. 예를 들면 아무리 변명해도 취조관이 들어주지 않는 무력감·절망감에 빠지면 그것이 비록 몇 시간이었다고 해도, 실은 그 자백하기 직전까지는 이것이 언제까지 계속될지 보이지 않고, 부인하는 한 영원히 계속될 것처럼 생각되어 전망을 잃어버리는 것이다. 취조 도중에 있는 피의자는 그와 같은 상황에 방치되어 있다.

이들 여러 요인이 복합적으로 작용하면, 무고한 피의자가 받을 압력은 부인을 관철할 인내의 한도를 넘는다. 그것에 더해서 피의자를 자백하는 방향으로 유도하는 다음과 같은 힘도 작용한다.

g. 부인의 불이익을 강조

부인을 계속하고 있으면 가족이나 근무처에까지 수사의 범위가 넓혀질 수밖에 없다거나, 주변사람들에게 매우 큰 폐를 끼치게 된다거나, 혹은 이대로 부인을 계속하면 정상이 나빠지고, 오히려 형이 무거워진다고 타이르며 부인하는 것의 불이익을 강조한다. 그렇게 해서 무고하지만 자백하는 쪽이 좋지 않을까 하고 생각되게 한다.

h. 취조관과의 '자백적 관계'

무고한 사람으로서는 취조관으로부터 유죄를 전제로 추궁받는 것이 전혀 이해할 수 없는 것이지만, 취조 그 자체는 불합리해도 취조관이 악의를 가지고 자신을 함정에 빠뜨리려는 것이 아님은 알고 있다. 오랫동안 함께 있으면 그 인간미를 느끼는 경우가 적지 않다. 그런 중에 취조관에게 끝까지 적대적이기는 어렵다. 자신의 장래 처우가 상대방에 의하여 장악되어 있다고 느껴져 영합하는 기분이 되어, 또한 때때로 보이는 취조관의 온정에 얽매이게 되어 사죄나 감사의 말을 하게 된다.

부인하는 피의자에게 일상에서는 맛볼 수 없는 a~e의 압력이 가해지고, 그것이 언제까지 계속될지 보이지 않는 요인인 f가 더해지며, 동시에 자백으로 유혹하는 g, h의 힘이 계속 작용하는 때에 어딘가에서 자백으로의 선을 넘는 임계점을 맞이하게 된다.

② 도야마히미 사건의 분석 결과

그렇다면 하마다 교수에 의한 이들 8가지의 특징은 도야마히미 사건에는 들어맞는 걸까요? 각각의 특징에 관해 살펴봅시다.

• 8가지 특징과 일치

앞서 보았던 것처럼 J씨는 어느 날 갑자기 자신이 전혀 모르는 사건의 피의자로 취급되어 유치장에 신병이 구속되었습니다. 이는 a. 일상생활로부터 격리에 해당합니다.

자유를 완전히 제한당한 상태에서 취조관으로부터 "가족도 네가 했다고 생각하고 있다"고 들어 이미 자신에게는 도와주는 사람이 없다고 생각해버렸습니다. 이는 b. 타자에 의한 지배와 자기통제감의 상실에 해당합니다.

연일 약 12시간에 걸친 취조 중에 취조관으로부터 "네가 했을 것이다"라고 계속 들으며, 전혀 모르는 사건의 범인으로 계속 취급되었습니다. 이는 c. 증거 없는 확신에 의한 장기간의 정신적 굴욕에 해당합니다.

취조 중에는 결혼적령기 임에도 독신이라든가, 전직을 많이 하는 등 사건과 관련 없는 것을 가지고 죄책감을 환기시켰습니다. 이는 d. 사건과 관계없는 수사와 인격부정에 해당합니다.

아무리 사건 관여를 부정해도 그 부정이야말로 거짓말이라고 단정짓습니다. 이는 e. 전혀 들어주지 않는 변명에 해당합니다.

그러한 상황이 언제까지고 계속됩니다. 이는 f. 언제까지 계속될지 모르는 미래에 대한 전망 상실에 해당합니다.

역으로, 거짓말이지만 자백해버리면 이 상황에서 편해질 수 있다고 타이릅니다. 이는 g. 부인의 불이익 강조에 해당합니다.

그러한 시간이 계속되는 중에 점차 취조관과의 친밀감이 생겨납니다. 이는 h. 취조관과의 '자백적 관계'에 해당합니다.

여기까지 살펴본 것만으로도, 도야마히미 사건에서 J씨에 대한 취조는 확실히 이제까지 원죄라고 의심되는 사건에서 나타나는 허위자백의 일반이론으로 거론되는 특징과 놀라울 정도로 일치합니다. J씨가 '거짓자백'으로 전락한 것은 이러한 여러 가지 심리적 조건 중에서 그를 진범이라고 단정짓는 '증거 없는 확신'을 가진 취조관에 의한 취조라는, 밀실에서의 고립과 절망에 의해서였습니다.

• 법정에서도 유지되었던 '거짓자백'

도야마히미 사건에는 또 하나의 특징이 있었습니다. 그것은 취조에서의 '거짓자백'을 재판에서도 계속 유지한 것입니다. 원죄 사건에서는 재판에 이르러 자백을 철회하는 경우가 있습니다. 그러나 도야마히미 사건에서는 '거짓자백'을 계속 유지했습니다. 그렇다면 도야마히미 사건에서 J씨는 왜 '거짓자백'을 재판에서도 철회하지 않았던 걸까요?

• 취조관과의 '자백적 관계'

하마다 교수의 설명에 의하면, 그 이유의 첫 번째는 취조관과의 '자백적 관계'에 의한 것입니다. '자백적 관계'란 앞서 소개한 허위자백의 일반이론의 h로 제시한 바와 같이 취조과정 중에 생겨나는 취조관과의 독특한 인간관계를 가리킵니다. 일반인들이라면 자신이 원죄로 잡히거나, 그 취조관과 사이에 긴밀한 인간관계가 생겨나는 것 등을 상상할 수 없을지도 모릅니다. 그러나 실제의 취조 중에는 취조관이 피의자에게 자신을 부당하게 취급하는 압도적인 적임과 동시에, 그래도 이야기를 나누는 상대이며 때로는 정이 통하는 일종의 동료이기도 한 것입니다. 놀랍게도 전적으로 원죄임에도 불구하고, 재판에서 취조관에게는 잘 대해주었다며 감사의 말을 한 피의자조차 있습니다. 그러한 독특한 '자백적 관계'라는 인간관계 속에서 새삼스럽게 자백을 철회하는 것은 취조관에 대한 배신이라고 하여 불안을 느끼며, 재판에서도 취조관이 방청석에 와 있는 것은 아닐까 하고 걱정합니다. 그와 같이 보통 일반인들은 상상할 수 없는 심리적 상황이 계속됩니다.

• J씨의 깊은 절망

두 번째는 이미 '거짓자백'을 철회할 기분이 나지 않을 정도로 J씨의 절망이 깊었던 것입니다. 도야마히미 사건에서는 취조에서 자신의 무고함을 가족 모두가 믿지 않는다고 취조관에게 들었거나, 자유가 되었다고 생각하자마자 재체포되는 등 J씨는 몇 번이나 절망을 경험했습니다. 재판이 진행되어 친족이 정상증인으로 법정에 섰던 때에도 그들은 J씨를 유죄라고 인정하고, 피해자에게 사죄하며 J씨의 갱생을 원했습니다. 이러한 상황 속에서 J씨는 이미

'거짓자백'을 철회하고자 하는 생각을 가질 수 없었던 것입니다.

• 피의자의 관점을 잊은 '증거 없는 확신'

이 장에서는 하마다 교수에 의한 진술 분석의 일부를 소개했습니다. 이 진

법정에서의 자백

노골적인 유도나 협박 등이 있다고 상정하기 어려운 공개된 법정에서 피고인이
자진해서 자백을 하면, 그것을 직접 들은 재판관이나 재판원은 '유죄로 결정'이라
고 생각하겠지요. 법정에서의 자백은 수사단계에서의 자백 이상으로 유죄 방향으
로 크게 기우는 증거라는 것이 이제까지의 상식이었습니다.

그러나 명백히 원죄였음이 나중에 증명된 사건에서 법정에서도 '거짓자백'이
행해진 사건은 적지 않습니다. 이 책에서 소개하는 네 건의 사건 가운데 우와지마
사건 이외의 세 사건에서는 법정에서도 '거짓자백'이 있었습니다. 아시카가 사건
과 우쓰노미야 사건에서는 재판 도중에 부인으로 바꾸었지만, 도야마히미 사건에
서는 결국 마지막까지 '거짓자백'이 철회되지 않았습니다.

왜 법정에서도 '실은 하지 않았다'고 말할 수 없었던 걸까요? 도야마히미 사건
의 피고인 J씨는 법정에서 증언대에 선 자신의 형이 피해자에게 변상하며 사죄한
다고 증언하는 것을 보았습니다. 변호사도 J씨에게 사죄와 반성을 요구하는 질문
을 반복했습니다. J씨는 "아무도 내 무고함을 믿어주는 사람이 없다"며 절망했다
고 합니다. 이미 무고함을 주장할 기력도 없게 된 것입니다.

아시카가 사건의 S씨는 "방청석에 형사가 있어서 심장이 두근거렸다"고 말하
고 있습니다. S씨는 자신이 자백하자마자 상냥해졌던 취조형사들이 부인하면 돌
변하여 다시 '가혹하게 취조하는 무서운 사람'으로 돌아가버리는 것을 무엇보다
두려워했습니다.

형사재판에 관여하는 사람은 '법정에서 자백하면 범인'이라는 선입견이 더 이
상 통용되지 않음을 명심해야 할 것입니다.

술 분석은 취조를 받고 있는 피의자의 입장에서 원죄 사건이 어떤 경과를 밟아가는지를 설명했습니다. 그러한 관점에서 보면 '거짓자백'은 너무나 당연하게 생각됩니다.

인간은 하나의 관점을 가지면 다른 관점을 가지기 어렵습니다. 원죄 사건은 취조관, 검찰관, 변호사, 재판관, 그리고 피해자, 목격증인, 재판원이 되는 일반인들이 '증거 없는 확신'이라는 자신의 관점에 사로잡혀 피의자의 관점에 서지 않는 때에 발생하는 것입니다.

III. 우쓰노미야 사건

—지적장애인에게 '하지도 않은 범행'을 말하게 한 재판

***

✳ 우쓰노미야 사건이란

도치기 현 우쓰노미야 시내의 양과자점, 뒤이어 슈퍼마켓에서 각각 여성 점원에게 칼을 들이대고 현금을 빼앗은 강도 사건이 2건 연이어 발생했습니다. 더욱이 그 수개월 후 같은 우쓰노미야 시내에서 여중생 2명의 목을 조른 폭행 사건이 일어났습니다.

– 지적장애에 대한 배려 없이 진행된 수사 · 재판

폭행 사건이 일어난 다음날 우쓰노미야 동부경찰서는 우쓰노미야 시의 남성 K씨를 폭행 사건 용의자로 체포했습니다. 그 후 K씨는 강도 사건 2건과 관련해서도 체포되어 강도짓을 했다고 자백함으로써 사건 전부가 기소되었습니다.

K씨에게는 꽤 심각한 지적장애가 있었습니다. 이 사건 전에 K씨는 여러 번 검거된 적이 있었지만, 수사단계에서 이루어진 간이정신감정에서 중증의 지적장애가 있다는 결과가 나왔기 때문에 불기소되었습니다. 물론 수사기관은 이 불기소의 경위도 알고 있었고, K씨가 장애연금을 받고 있다는 사실도 파악하고 있었습니다.

K씨의 변호인은 첫 번째 면회를 할 때 K씨에게 "했습니까?" 하고 물었습니다. K씨가 "응"이라고 대답했기 때문에 재판에서는 검찰 측이 청구한 K씨의 자백조서 등을 모두 증거로 하는 것을 인정해버렸습니다. 이때 K씨의 자백조서는 범행에 관해 술술 이야기하는 문체로 쓰여 있었습니다.

재판의 첫 번째 공판기일에 K씨는 폭행 사건과 2건의 강도 사건을 전부 자신이 저질렀다고 인정했습니다. 두 번째 공판기일에 검찰 측이 징역 7년을 구형하고 심리는 종결되었습니다.

– 갑작스러운 부인과 우연히 출현한 진범

그런데 판결 선고 법정에 선 K씨는 갑자기 범행을 부인했습니다. 이 때문에 일단 종결되었던 재판이 재개되어 변호인 측의 청구에 따라 K씨의 정신감정이 결정되었습니다. 그러던 차에 강도 사건 2건의 진범이 체포되어 범행을 인정한 것입니다.

이를 받아들여 검찰관은 다시 K씨를 취조하여 완전한 일문일답 형식의 조서 18통을 작성했습니다. 이 조서들은 검찰관의 질문과 K씨의 대답이 전혀 어울리지 않아 의미 있는 이야기는 아무것도 말하지 않고 있습니다. 이로써 K씨가 이전의 조서에 쓰인 것처럼 이야기하듯이 내용을 술술 말하는 것은 도저히 불가능하다는 사실이 분명해졌습니다.

이 지경에 이르러 검찰관은, 징역 7년을 구형한 이전의 논고를 뒤집어 무죄라는 논고를 했습니다. 보통 피고인의 유죄를 전제로 형의 경중에 관한 의견을 말하는 '논고'에서 검찰관이 무죄를 주장한 것입니다.

2005년 3월 10일 우쓰노미야 지방재판소는 K씨에게 강도 사건 2건에 대해 무죄를 선고했습니다(폭행 사건에 관해서는 벌금 20만 엔이 선고되었습니다).

◇ **우쓰노미야 사건의 개요** ◇

사건의 발생	2004년 4월 29일	우쓰노미야 시내의 양과자점에서 남자가 식칼을 들이대며 현금을 빼앗은 강도 사건이 발생(양과자점 사건).
	2004년 5월 6일	우쓰노미야 시내의 슈퍼마켓에서 남자에 의한 같은 수법의 강도 사건이 발생(생협 사건).
	2004년 8월 8일	우쓰노미야 시내의 노상에서 남자가 여중생 2명의 목을 조르는 사건이 발생(폭행 사건).

체포 · 자백조서	2004년 8월 9일	지적장애가 있는 우쓰노미야 시내의 남성 K씨가 폭행 사건 용의자로 체포됨.
	↓	경찰이 K씨에 대해 양과자점 사건, 생협 사건에 관해서도 취조함.
		과거 20회 정도의 검거된 경력(대부분이 절도로, 전부 기소유예)이 있는 K씨는 과거의 사건 수사단계에서 받았던 정신감정에서 중증의 지적장애가 있다는 사실이 밝혀졌고, 수사가관은 이를 숙지하고 있었음.
	2004년 8월 20일	양과자점 사건의 자백조서가 작성됨.
	2004년 9월 9일	생협 사건의 자백조서가 작성됨.
재판의 경과	2004년 10월 22일	제1회 공판. K씨는 기소된 폭행 사건과 양과자점 사건의 기소사실을 인정함.
	2004년 12월 7일	제2회 공판. 추가 기소된 생협 사건에 관해서도 K씨는 기소사실을 인정함. 결심.
	2004년 12월 24일	판결 선고 예정이었으나 K씨가 양과자점 사건과 생협 사건을 부인했기 때문에 변론을 재개.
	2005년 1월 11일	공판에서 변호인이 K씨의 정신감정을 청구하고, 법원이 그것을 받아들임.
진범의 체포	2005년 1월 17일	양과자점 사건, 생협 사건의 진범이 체포되었기 때문에 K씨의 정신감정을 보류함.
진술조서의 재작성	2005년 2월 중순	우쓰노미야 지방검찰이 양과자점 사건과 생협 사건에 관한 K씨의 조서를 일문일답 형식으로 재작성.
판결	2005년 2월 25일	검찰관이 K씨에게 양과자점 사건과 생협 사건은 무죄, 폭행 사건에 관해서는 징역 8개월을 구형.
	2005년 3월 10일	K씨에게 양과자점 사건과 생협 사건은 무죄, 폭행 사건에 관해서는 벌금 20만 엔의 판결을 선고함.

(1) '거짓자백'이 이루어진 과정

① 머리말-지적장애가 있는 사람과 원죄

우쓰노미야 사건은 지적장애가 있는 K씨라는 사람이 잘못 체포·기소되었는데 제1심 도중에 진범이 발견되어 무고하다고 밝혀진 사건입니다. 우쓰노미야 지방재판소에서 열린 재판은 검찰관이 보통은 유죄를 전제로 형의 경중에 관해 의견을 진술하는 '논고'에서 "K씨는 무죄입니다"라고 의견을 진술하는 등 이례적으로 전개되었습니다. 제1심 판결 전에 K씨가 원죄의 위기로부터 벗어날 수 있었던 것은 다행이지만, 이 사건은 지적장애가 있는 피의자에 대한 취조나 거기에서 얻어진 자백의 신용성 평가의 방법에 주목해야 한다는 과제를 던져주었습니다.

② 3건의 사건

이 사건은 2004년에 발생한 강도 사건 2건과 폭행 사건 1건입니다. 최초의 사건은 4월 29일 오후 8시경 우쓰노미야 시내의 양과자점에 식칼을 든 남자가 침입하여 여성 점원 2명을 "죽인다!"라고 위협해서 현금 13만 3000엔을 빼앗은 것입니다. 지금부터는 이 사건을 '양과자점 사건'이라고 합니다. 제2의 사건은 5월 6일 오후 7시 25분경 우쓰노미야 시내의 생협에 남자가 침입하여 여성 점원 2명에게 식칼을 들이대며 "돈을 내놔!"라고 위협해서 현금 6000엔을 빼앗은 것입니다. 이 사건을 '생협 사건'이라고 합니다. 마지막 사건은 8월 8일 우쓰노미야 시내의 노상에서 발생한 폭행 사건으로, 남자가 지나가는 여중생 2명의 목을 조르거나 움켜잡은 사건입니다. 이 사건을 '폭행 사건'이라고 합니다.

　이 사건들이 왜 하나로 묶여 '우쓰노미야 사건'으로 불리게 된 걸까요?

　발단은 폭행 사건의 피의자로 지적장애가 있는 K씨가 사건 다음날 체포된 것입니다. 이 사건에 관해 K씨는 곧 범행을 인정했다고 합니다. 그날 안에, 자전거를 탄 피해자들과 "부딪칠 뻔했기"때문에 "위험해, 이놈들이라고 여자아이에게 화를 내고, 양손으로 여자아이 두 명의 목을 졸랐다"라고 범행의 경과를 설명한 진술조서가 작성되었습니다. K씨는 이 사건에 관해서는 재판에서 범행을 부인하지 않았고, 우쓰노미야 지방재판소에서 2005년 3월 10일 20만 엔의 벌금형을 선고받았습니다.

지적장애란

우리 사회에서는 '지적장애(인)'라는 단어를 자주 들을 수 있습니다. 그러나 그것이 어떤 장애인지 정확히 이해하기란 꽤 어렵습니다.

정신의학의 세계에서는 다음과 같은 기준으로 '지적장애'를 진단하고 있습니다(미국정신의학회의 『정신질환의 진단·통계 매뉴얼 제4판 정신질환의 분석과 진단의 안내 신정판(DSM-Ⅳ-TR Ⅳ)』에 따름).

① 지능검사에서 지능지수가 70 또는 그 이하인 자

② 현재의 적응행동의 결함 또는 불완전이 '의사전달 커뮤니케이션, 자기관리, 가정생활, 사회적/대인적 기능, 지역사회 자원의 이용, 자율성, 발휘되는 학습능력, 직업, 여가, 건강, 안전' 중 두 가지 영역에서 적응행동을 할 수 없거나 불완전할 것

③ 18세 이전에 증상이 나타날 것

일본의 형무소에서 새로운 수형자에 대해 실시한 지능검사의 결과 IQ 69 이하인 자가 차지하는 비율은 측정 불능인 자까지 포함하여 약 28%, 살인사건과 관련해서는 2008년 33%에 달합니다(법무성 교정통계표 2008년). 사회 전체에서 위의 IQ인 자가 차지하는 비율은 통계학적으로 2% 전후입니다. 이렇게 보면, 수형자 중에서 '지적장애(인)'이 차지하는 비율은 놀라운 수준입니다. 이 사람들 대부분은 재판에서 죄를 인정해서 복역하고 있습니다.

이제부터 소개하는 우쓰노미야 사건의 전말을 읽고 난 당신은 이 사람들이 정말로 죄를 저질렀을까 하는 의문이 샘솟지 않을는지요.

③ 별건의 추궁과 '거짓자백'

보통의 경우라면 이것으로 K씨 사건의 처리는 끝납니다. 그러나 그렇게 되지 않았습니다. K씨를 취조했던 경찰관이, K씨의 인상과 양과자점 사건 피해자들의 증언에 근거하여 작성된 몽타주가 닮았다고 생각한 것입니다. 경찰은 이 사건에 관해서도 K씨를 추궁하기 시작했습니다. K씨는 처음에는 범행을 부인한 듯하지만, 나중에는 범행을 인정했다고 되어 있습니다. 8월 20일에 양과자점 사건, 9월 9일에는 생협 사건의 범행을 인정하는 진술조서가 각각 작성되었습니다. 양과자점 사건에서 가게에 침입하고 위협해서 돈을 탈취한 상황에 관한 K씨의 자백은 다음과 같은 것이었습니다.

• K씨의 '거짓자백'

제가 가게에 들어갈 때 사용한 것은 빨간 선글라스, 끝이 뾰족한 식칼, 검은 털실로 짠 눈 부분에 구멍이 뚫린 턱까지 내려오는 모자입니다. 모두 집에서 가지고 갔는데, 어디에 치웠는지는 모르겠지만 지금도 집에 있을 거라고 생각합니다.

제가 돈을 탈취한 때의 상황에 관해 말하겠습니다. 저는 처음에 가게의 모습을 정문 쪽에서 보았습니다. 다음으로 가게 앞에 있는 버스 정류장에 있었습니다. 그리고 가게 뒤편의 좁은 길을 지나 냉장고가 있는 곳으로 갔습니다. 거기에는 젊은 여자아이가 있어서 말을 걸었습니다. 제가 말을 걸며 다가가자 여자가 아주머니라는 것을 알았습니다. 제가 말을 걸자 아주머니는 가게 쪽으로 가자고 했습니다. 저는 식칼을 꺼내들고 아주머니에게 가게로 들어가라고 말하며 가게 안으로 들어갔습니다. 가게 입구는 오른쪽으로 여는 문이었습니다. 가게에 들어가자 젊은 여자가 있었습니다. 가게 안에 들어가서 아주머니에게 식칼을 보여주며 돈을 빌려달라고 말했습니다. 그러자 아주머니는 가지고 있던 가방에서 빨간 주머니를 꺼내서 건네주었습니다. 그리고 아주머니에게 젊은 여자를 노끈인지 뭔지로 손을 모아 묶게 했습니다. 다음으로 제가 아주머니를 노끈인지 뭔지로 금방 손이 빠질 정도의 세기로 묶었습니다. 저는 가게에 들어오기 전부터 도망갈 때에 누군가에게 보인다면 경찰에 신고될 것이라고 생각해서 누군지 모르도록 복면을 써야겠다고 생각하고 있었습니다. 그래서 가게 안에서 묶었던 때에 검은색 털실로 만든 눈 부분에 구멍을 뚫은 턱 정도 길이의 모자를 썼던 것입니다. 그리고 가게 안으로 들어갔던 곳과 같은 곳으로 나왔습니다. 그리고 가게에서 역 방향으로 가는 도중에 검은색 자전거를 세워놓았기 때문에, 그것을 타고 야나기다 다리柳田橋 방향으로 도망갔습니다. 저는 야나기다 다리라면 경찰에 발견되지 않을 것이라고 생각했습니다. 야나기다 다리 아래의 동쪽 둑을 달리고 있을 때에 주머니에서 돈을 꺼냈습니다. 어두웠기 때문에 얼마나 들어 있었는지 모르지만, 10만 엔은 들어 있었을 거라고 생각합니다. 저는 돈을 빼고 곧바로 둑에서 오른손으로 던져서 버렸습니다. (중략) 그 뒤에도 도망치고 있었는데 흰색 헬멧을 쓴 오토바이가 달려와서 경찰 오토바이인가 싶어 놀랐던 것을 기억합니다.

④ 모순 없는 자백과 '위태로운 증거'의 조합

비교적 단순한 표현의 조합이지만 사건의 흐름을 잘 알 수 있는 설명입니다. 피해자 2명의 진술과도 모순이 없습니다. 양과자점 사건의 피해자들은 8월이 되어 20장의 사진 중에서 K씨의 사진을 범인으로 선택했습니다. 한 사람은 "윤곽이나 턱, 입술이 얇은 느낌의 입매, 입과 코의 간격이 좁은 특징은 범인과 같지만, 범인은 그때 안경을 쓰고 있었기 때문에 전체적인 인상이 확실하지 않습니다. 안경을 썼다면 확실하다고 생각하지만, 지금은 닮았다고 밖에 말할 수 없습니다"라고 비교적 강한 확신을 가지고 K씨의 사진을 선택했습니다. 8월 20일 최초의 자백을 기록한 진술조서와 맞추어 양과자점 사건에 관해서는 경찰관에 의한 진술조서가 7통, 검찰관에 의한 진술조서가 2통 작성되었습니다. 생협 사건에 관해서는 경찰관 진술조서가 3통, 검찰 진술조서가 2통 각각 작성되었습니다.

양과자점 사건과 생협 사건에서 자백과 피해자의 목격진술 이외의 증거는 아주 위태로운 것이었습니다. 예를 들면 K씨의 자택에서 '빨간 선글라스'가 압수되었지만, 이것이 범행 시 범인이 착용했던 것과 같은 것인지는 밝혀지지 않은 채였습니다. 나중에야 K씨의 진술은 압수된 선글라스와 범행 시 착용했던 것이 다르다는 내용으로 바뀌었습니다. 현금이 들어 있던 '빨간 주머니'에 관해 K씨는 버렸다고 설명하고 있지만, 어디에서도 발견되지 않았습니다. '검은 털실로 짠 눈 부분에 구멍이 뚫린 턱까지 내려오는 모자'도 발견되지 않았습니다. K씨와 강도 사건 2건의 범행을 연결지은 것은 오로지 K씨 본인의 자백과 피해자들의 목격진술뿐입니다. 많은 원죄 사건에서 발견되는 위험한 증거의 구도인데, K씨도 이 위태로운 증거에 근거하여 기소되게 되었습니다.

⑤ 판결 직전의 '무고의 호소'

재판은 2004년 10월 22일 우쓰노미야 지방재판소에서 개시되었습니다. 이 단계에서 K씨는 폭행 사건과 양과자점 사건에 대해 기소되었지만, 제1회 공판의 죄상 인부에서는 양과자점 사건에 대해서도 자신의 범행이라고 인정했습니다. 그 후 생협 사건에 대해 추가기소가 이루어져서 3건의 사건이 함께 심리되었습니다. K씨는 12월 7일에 열린 제2회 공판에서도 3건 전부 자백했습니다. 그러나 제3회 공판(12월 24일)에서 사태가 급변합니다. K씨가 자백을 철회하고 부인으로 돌아섰던 것입니다. 검찰관의 논고·구형(징역 7년)에 대해 피고인 본인이 의견을 진술하는 최후진술 때였습니다. 그때의 K씨의 말이 기록(공판조서)에 남아 있습니다.

"이거, 한 게 달라요. 도둑질한 건 내가 아니에요. 식칼 들이댄 건 내가 아니에요."

재판의 막바지에서 K씨가 자백을 철회했던 것은 이 재판의 큰 전환점이 되었습니다. K씨의 발언을 받아들여 거의 끝나가던 재판을 계속하게 되었습니다(변론 재개). 제4회 공판에서 K씨는 자신의 무고함을 주장할 기회를 얻었습니다. 이제까지 K씨가 강도 사건 2건의 범인이라고 인정했던 변호인도, 이번에는 K씨의 무고함을 전제로 해서 피고인 질문을 하게 되었습니다. 이 피고인 질문의 대화는 짧았지만 속기록이 남아 있어서 K씨의 실제 발언을 확인할 수 있습니다. 그 일부를 살펴봅시다. 질문하는 사람이 변호인입니다.

• K씨의 무고한 목소리

24 그러면, 최초에 강도짓을 했다고 한 것은 당신이 스스로 말한 거예요, 아니면 경찰 쪽에서 네가 한 게 아니냐고 물은 거예요.

경찰 쪽에서.

25 당신이 말을 꺼낸 게 아닌 거네요.

네.

26 경찰 쪽에서, 너랑 닮았다고 하는 말을 들은 건가요.

네.

27 네가, 강도짓을 한 사람과 닮았다고.

네.

28 당신은 그때 뭐라고 말했나요.

난 안 했어요, 라고 말했어요.

29 하지 않았다고 말했군요.

이와 같이 K씨는 스스로 설명하는 것이 아니라 변호인의 질문에 짧게 답하는 형식으로 자신이 무고하다는 것을 진술하고 있습니다. '네/아니요'의 형식으로 답할 수 있는 질문방식을 닫힌 질문이라고 합니다. 지적장애가 있는 사람이나 아이들에게 이 질문방식을 많이 사용하는 것은 유도하게 되기 쉬워 실은 그다지 적당하지 않다고 여겨지고 있지만,[6] 우선 여기에서는 K씨가 계속되는 질문에 대해 시종일관 부인하는 태도를 유지하고 있다는 것만 확인하고 넘어가겠습니다.

K씨에 의한 자백의 철회는 변론 재개로 연결되어 재판의 흐름을 크게 바꾸었습니다. 다만 이것만으로 K씨에게 무죄판결이 내려질 수 있었을까 생각

해보면, 상당히 어려운 일이었다고 생각합니다. 예를 들면 아시카가 사건의 S 씨는 재판 도중에 자백을 철회했지만 유죄가 선고되었습니다. 이렇게 자백을 철회하는 것을 재판관은, 잘못 체포·기소된 사람이 진실을 주장하는 것이 아니라 진짜 범인이 두려움에 빠져 거짓말을 하고 있는 것으로 받아들여 버리는 경우가 많습니다.

⑥ 진범의 출현

그러나 K씨의 재판에서는 다시 한번 의외의 형식으로 더 큰 전환점이 다가옵니다. K씨가 제3회 공판에서 자백을 철회한 조금 뒤에, 다른 사건으로 체포된 사람이 양과자점 사건의 범행을 자백한 것입니다. 그 자백의 일부를 살펴봅시다.

· 진범의 '진짜 자백'

안으로 들어가자, 안에서는 마침 젊은 여성이 제 쪽으로 오고 있었습니다. 이 젊은 여성은 새까만 상하의를 입고, 뭔가 앞치마 같은 것을 걸쳤던 것 같습니다. 그리고 저를 보았기 때문이라고 생각하지만, 젊은 여성이 꺄악 하고 비명을 지르고 뒤로 돌아 가게 안쪽으로 도망쳤습니다. 그 젊은 여성은 두세 걸음 도망갔습니다. 이때 제가 젊은 여성에게, 아무 것도 하지 않을 테니까, 라고 말하자 여성은 그 자리에 주저앉아버렸습니다. 저는 이때 젊은 여성에게 주저앉지 말라고 말했습니다. 저는 이때 젊은 여성 쪽을 보고 있었지, 제가 처음에 식칼을 들이댔던 중년 여성 쪽을 보고 있지 않았습니다. 그러다가 어느 틈엔가 중년 여성이 저에게 주머니를 내밀었습니다. 그래서 저는 스텐인리스대 위에 식칼을 놓고 그것을 받았습니다. 저는 중년 여성이 내밀었을 때 처음 보았기 때문에 그것이 어디에서 나왔는지는 몰랐습니다. 이 주머니는 붉고 검은 줄무늬 모양으로 지폐가 그대로 접히지 않고 들어갈 크기의 수제풍의 것이었습니다. 또한 이 주머니의 두께는 1센티미터 정도였고, 저는 이 두께 때문에 안에 20만~30만 엔은 들어 있겠다고 생각했습니다. 저는 중년 여성이 주머니만은 돌려주십시오. 사용하는 것이라서, 라고 말했지만 저는 무시하고 아무 대답도 하지 않았습니다. 게다가 그 중년 여성은 "이것만으로 괜찮습니까"라고도 말했던 것 같은 기억이 있는데 이것에는 아무 대답도 하지 않았다고 기억합니다. 저는 중년 여성에게 식칼을 들이댔기 때문에 중년 여성이 자신에게 무엇인가 위해를 가하지 않을까라고 생각해서 주머니를 내밀었다는 것은 알고 있었습니다. 저는 이즈음 모자를 턱까지 내리지 않은 것을 눈치채고 모자를 턱까지 내렸습니다.

• 객관적 증거의 발견

수사를 통해 이 진범과 범행을 이어주는 증거가 차례로 발견되었습니다. 예를 들면 진범은 사진 30장 중에서 피해자 3인의 사진을 선택할 수 있었습니다. 진범 집에서 사건에 사용된 구멍이 두 개 난 털실모자, 식칼, 검은 점퍼, 운동화도 발견되었습니다. 이 운동화의 발자국은 양과자점 사건의 현장에서 채취된 발자국과 일치했습니다. 진범의 처가 분홍색 선글라스도 임의제출했습니다. 진범은 양과자점 사건 다음날 대금업자에게 13만 엔을 갚았습니다. 그는 생협 사건도 자신이 진범이라고 자백했습니다.

진범의 등장으로 K씨의 재판은 간신히 종결을 맞이합니다. 2005년 2월 25일에 열린 제5회 공판에서 검찰은 양과자점 사건과 생협 사건, 2건의 강도 사건에 대해 K씨를 무죄라고 논고했으며, 3월 10일의 제6차 공판에서 이 강도 사건에 대해 무죄판결이 선고되었습니다.

⑦ 만일 진범이 나타나지 않았더라면…

2004년 8월 20일 최초의 자백조서가 작성된 지 약 7개월. 다른 많은 원죄 사건들이 몇 년에서 몇십 년의 세월이 흘러 억울함을 해결할 수 있었다는 사실을 생각하면, 상대적으로 운 좋은 전개였다고도 할 수 있을지 모릅니다. 그러나 몇 개월이라고 하더라도 무고한 죄를 뒤집어쓰고 신병을 구속당한 K씨의 고통은 상상을 초월했을 것입니다. 만약 진범의 자백이 없었다고 생각하면 두려워집니다. 이 사건에서 진범이 밝혀지지 않았더라도 우리는 K씨가 무고하다는 사실을 알아차릴 수 있었을까요? 그것을 위해 진술심리학이 할 수 있는 일이 있었을까요? 다음으로 이 문제에 관해 생각해보고 싶습니다.

(2) 심리학적 방법에 의한 분석

① 심리학이 할 수 있는 일은 무엇인가

우쓰노미야 사건에서 진범이 나타나지 않았다면 진술심리학은 무엇을 할 수 있었을까요? 가능한 대처는 두 가지가 있었다고 생각합니다. 하나는 피해자들이 사진에서 K씨를 범인으로 선택했던 경위의 검토, 다른 하나는 K씨의 자백의 신용성 평가입니다. 차례로 설명해보겠습니다.

② 범인식별진술을 얻은 경위와 그 신용성의 검토

• 범인식별에 잠재한 위험

목격자나 피해자에 의한 잘못된 범인식별이 원죄 발생의 큰 원인이 되는 것은 잘 알려져 있습니다.[7] 일반적으로 피해자는 범인을 가깝게 접한 경우가 많기 때문에 범인을 타인과 착각하는 경우가 적다고 생각되기 쉽습니다. 그러나 실제로는 잘못된 식별을 하는 경우가 많습니다. 원래 인간의 기억은 틀리기 쉽고 바뀌기 쉬운 것입니다. 특히 피해자는 공포나 범인으로부터 도망가고 싶은 기분 때문에 범인을 침착하게 직시하는 경우가 별로 없고, 오히려 도망갈 수 있는 길이나 안전의 확보와 관련된 사물에 주의를 많이 두는 경향이 있습니다. '흉기주목효과'라고 해서 범인이 흉기를 들고 있는 경우 자신에게 위해를 끼칠 가능성이 있는 흉기에 강한 주의가 향하고, 범인의 용모 등에 관한 기억이 불확실하게 되는 것도 잘 알려져 있습니다. 양과자점 사건이나 생협 사건에서도 범인은 식칼을 들고 있었기 때문에 흉기주목효과에 의해 범인의 용모에 관한 피해자들의 기억이 불확실할 가능성이 낮지 않다고 생각됩니다.

• 신중함이 요구되는 범인식별절차

이렇게 피해자나 목격자의 기억이 불확실하게 될 가능성이 있는 경우 사진을 선택하게 하는 등의 범인식별의 절차는 신중하게 행할 필요가 있습니다. 식별의 절차 자체가 오류를 유도하는 효과를 가져 실제로 목격했던 것과는 다른 인물을 범인으로 식별해버리는 경우가 있기 때문입니다. 특히 사진을 사용한 식별절차는 그것만으로는 잘못된 식별이 되기 쉬운 것이 알려져 있습니다. 이 때문에 영국 등에서는 범인식별절차를 엄밀하게 할 것을 규칙으로 정하고 있습니다. 여기에서는 사진에 의한 식별을 원칙적으로 금지하고 있습니다. 사건과는 무관한 복수의 인물(포일Foil이라고 합니다)과 피의자를 목격자나 피해자 앞에 (투시경 너머로) 실제로 나란히 세워서 식별을 하는 라인업(lineup, 또는 퍼레이드parade)이라는 방법을 이용하고 있습니다. 이 경우에도 단순히 복수의 인물과 피의자를 함께 나란히 세우면 좋을 리가 없습니다. 중요한 것은 피해자나 목격자의 진술과 일치하는 특징을 가진 인물만을 포일로 사용하여 그중에 피의자를 두고, 그런데도 피의자를 범인으로 식별할 수 있는지를 시험해야 한다는 것입니다. 그렇게 하지 않으면 실제 인간을 사용한 라인업이라도 목격자나 피해자는 범인식별을 잘못할 가능성이 있는 것입니다.

• 사진을 이용한 범인식별

어쩔 수 없이 사진을 이용하여 범인식별을 하는 경우 더욱 엄격한 절차를 신중히 진행할 필요가 있습니다. 라인업과 마찬가지로 목격자나 피해자의 진술과 일치하는 복수의 인물 사진을 준비하는 것은 당연하지만, 사진의 형식을 일치시킬 필요가 있습니다. 배경의 색, 사진의 명암, 사진 전체를 차지하는 얼굴의 면적 등 피사체인 인물 이외의 사항에 대해서도 같은 형식이 되도록 해야 합니다. 다른 사진들과 형식이 조금 달라서 단순히 '눈에 띄는' 사진의 인물이 범인으로 식별될 위험성이 있기 때문입니다. 식별하는 사람이 충분한 확신이 없음에도 불구하고 상대적으로 '이 사람이 제일 닮았다'고 평가하여 사진을 선택해버리지 않도록 사진 중에 범인이 없을 가능성이 있다는 것, 모르겠으면 무리하게 선택할 필요는 없다는 것을 미리 설명합니다.

수사기관이 이와 같은 배려를 소홀히 한 결과, 예를 들면 수사관이 범인이라고 생각하고 있는 인물의 사진만이 '눈에 띄어'버린 탓에 목격자나 피해자가 거기에 찍혀 있는 인물을 범인으로 잘못 식별해버리는 비극적인 오류가 국내외에서 보고되고 있습니다.[8]

• 우쓰노미야 사건의 식별절차의 문제점

흉기주목효과로 범인의 용모에 관해 기억이 불확실해져 있을 가능성이 있었던 양과자점 사건과 생협 사건의 피해자들에게, 경찰은 잘못된 식별의 위험성을 의식하고, 충분한 조건을 갖추어 사진에 의한 범인식별절차를 밟았던 걸까요? 피해자들에 의한 범인식별진술은 강도 사건 2건과 K씨를 이어준 몇 안 되는 증거의 하나였기 때문에 그 진술의 생성과정을 검증하는 것은 필요 불가결하다고 생각합니다.

이 사건을 심리학적인 방법으로 검토하려면, 우선 피해자 네 명에 의한 범인식별진술에 주목하여 거기에서 이용되었던 사진의 형식, 식별 당시의 절차, 어떤 지시 설명으로 식별을 했는지 등을 밝힌 다음, 재현실험을 통해 당시에 진행된 식별절차와 같은 조건에서 어느 정도 잘못된 식별이 생기는지를 실험적으로 확인하고, 그 신용성을 검증하는 작업을 해야 한다고 생각합니다.

라인업(퍼레이드)

분간할 수가 없다

김인회의 한국 이야기 9

범인식별절차는 엄격한 절차에 따라야 합니다. 그 절차에 대하여 한국의 대법원은 "① 범인의 인상착의 등에 관한 목격자의 진술 내지 묘사를 사전에 상세히 기록화한 다음, ② 용의자를 포함하여 그와 인상착의가 비슷한 여러 사람을 동시에 목격자와 대면시켜 범인을 지목하도록 하여야 하고, ③ 용의자와 목격자 및 비교대상자들이 상호 사전에 접촉하지 못하도록 하여야 하며, ④ 사후에 증거가치를 평가할 수 있도록 대질과정과 결과를 문자와 사진 등으로 서면화하는 등의 조치를 취하여야 할 것이고, 사진 제시에 의한 범인식별 절차에 있어서도 기본적으로 이러한 원칙에 따라야"(대법원 2007.5.10. 선고 2007도1950 판결) 한다는 기준을 제시한 바 있습니다. 이 기준에 의하면 우쓰노미야 사건의 범인식별절차는 증거로 사용할 수 없는 위법한 것에 해당합니다.

③ K씨의 자백의 신용성 평가

K씨는 취조의 이른 단계에서 강도 사건 2건에 대해 자백하고 그것을 제2회 공판까지 유지했습니다. K씨가 무죄가 된 것은 진범이 나타났기 때문이었습니다. 이처럼 진범이 나타난 것은 우연이고 드문 일입니다. 그렇지만, 진범이 나타나지 않으면 원죄로 갈 수밖에 없다고 할 수는 없습니다. 우리는 K씨의

자백이 '거짓자백'이며, 공판정에서 자백을 철회한 것이야말로 진실한 진술이었음을 확실히 검증해둘 필요가 있습니다.

• 요약된 공판조서의 벽

그러나 이 작업은 그렇게 간단하지 않습니다. 2004년 8월 20일 최초의 진술조서 이래 K씨의 자백을 기록한 진술조서는 양과자점 사건에 관해서는 9통, 생협 사건에 관해서는 5통 작성되었습니다. 이 사건에서는 아시카가 사건과는 달리 녹음테이프 등이 없습니다. 재판이 시작되고도 피고인이 자백을 유지하는 경우 법정에서의 대화를 그대로 기록한 속기록이 또 하나의 중요한 자료가 됩니다. 아시카가 사건에서는 이것이 분석을 위한 유력한 자료였습니다. 그러나 곤란하게도 우쓰노미야 사건의 재판에서는 K씨의 법정진술은 요약된 것밖에 남아 있지 않습니다. 예를 들면 공판정에서의 피고인 진술조서에는 "저는 ○○인지 어딘지의 케이크 가게에 들어가서 식칼을 보이며 돈을 빼앗은 것은 기억하고 있습니다만, 얼마나 빼앗았는지는 기억나지 않습니다"라고만 기재되어 있습니다. 실제로 K씨가 어떤 말투로 이 내용을 말했는지, 또는 질문자나 이 기록을 작성했던 사람이 어느 정도 말을 보충해버렸는지 모릅니다. 이와 같은 상태의 기록은 심리학적인 관점에서 K씨의 진술을 검증하는 데에 큰 장해가 됩니다.

• 수사단계 진술 내용의 변화

8월 20일 이래로 작성된 진술조서에 기록된 K씨의 진술에는 여러 가지 문제가 보입니다. 예를 들면 진술 내용의 변화입니다. 양과자점 사건에서 주요한 점을 들어보겠습니다.

우선 빼앗은 빨간 주머니를 버린 장소가 강에서 산으로 달라졌습니다. 두 곳 다 수색했지만 발견되지 않았습니다. 눈 부분만 뚫린 모자를 입수한 경위가 선글라스와 같은 가게에서 구입했다는 것에서 '주웠다'라는 설명으로 변하고 있습니다. 선글라스에 관해서도 처음에는 집에 있다고 진술했으나, 이후의 조서에는 도주 중에 없었다는 설명으로 바뀝니다. 또한 선글라스의 입수방법에 관해서도 '모자와 같은 가게'라는 설명에서 '우쓰노미야 역에 가는 도중의 편의점에서 구입했다'라는 설명으로 달라집니다.

생협 사건에 대해서도 마찬가지로 달라집니다. 범행 전에 자전거를 세운 위치가 달라지고, 식칼을 휴대했을 때의 모습이 '바지의 허리띠에 끼워서 갔다'에서 '수건에 싸서 바지의 허리춤에 끼웠다'라는 설명을 거쳐 '새까만 점퍼 상의의 안쪽에 숨겨서 갔다'로 바뀝니다.

• '변화 분석'이란

취조의 내용을 취조관이 요약한 기록인 진술조서만이 분석 가능한 대상이며, 게다가 K씨의 자백과 같이 진술 내용에 변화가 많이 보이는 경우 보통 하마다 교수가 제창한 진술 분석[9]의 하위분석인 변화 분석을 하여 그 까닭을 검토하는 것이 진술 신용성 평가의 제1선택이 됩니다.

이는 변화에서 보이는 패턴을 범행 체험을 가진 자(진범)의 기억이 서서히 환기되어가는 과정, 범행 체험을 가진 자(진범)의 거짓말이 서서히 철회되어가는 과정, 취조관의 가설에 근거하여 진술이 만들어져가는 과정이라는 세 가지 가설 중에서 어느 것에 의해서 가장 무리 없이 설명할 수 있는지를 검토하는 방법입니다. 세 번째 가설에 의한 설명이 가장 합리적이라고 판단된 경우 '거짓자백'일 가능성이 강하게 시사됩니다.

예를 들면 양과자점 사건에서 빨간 주머니를 버린 장소가 바뀐 것에 관해 실제로 산에 버렸던 기억이 강에 버렸던 기억으로 바뀌고, 그것이 다시 산에 버렸다는 '올바른' 기억으로 돌아온 것이 기억 환기의 과정에 의한 것이라는 설명은 기억의 심리학 이론에서 보면 대단히 생각하기 어려워 우선적으로 배제됩니다. 범행을 이미 자백한 진범이 주머니를 버린 장소에 관해 굳이 거짓말을 할 이유도 발견할 수 없기 때문에 진범의 거짓말에 의한 것이라는 설명도 배제됩니다. 투기 장소의 기억이 없기 때문에 투기 장소를 설명할 수 없는 K씨에게 취조관이 자신이 생각하는 투기 장소를 여러 군데 던지고, 그때마다 K씨가 그것을 받아들였을 가능성을 부정할 수 없습니다. 따라서 취조관의 가설에 의한 변화라는 설명이 최종적으로 가장 설득력 있는 변화 이유의 가설로 남게 됩니다.

물론 이러한 단독적인 변화 평가만으로 자백이 '거짓자백'이라는 결론이 나올 수는 없습니다. 변화 분석에서는 이와 같은 변화 이유의 검토를 가능한 한 많은 변화를 대상으로 행하고, 나아가 변화 사이의 연동관계 등을 염두에 두면서 상세하고 종합적으로 자백을 검토합니다.

• K씨의 '거짓자백'에 변화 분석은 가능한가

이 방법으로 K씨의 자백을 분석할 수 있을까요? K씨의 자백이 기록된 진술조서들은 각각 짧은 것이지만, 위에서 보았던 것처럼 거기에는 이해할 수 없는 변화들이 많이 있기 때문에 기법적으로는 분석을 실시할 수 있는 것처럼 보입니다. 그러나 실제로 이 방법으로 분석하기에는 어려운 점이 있습니다. K씨의 지적장애 때문입니다.

진술 분석에서는 '거짓자백'을 '슬픈 거짓말'이라고 표현합니다. 범행 체험을 가지지 않은 피의자가 가혹한 취조에 견디지 못하고 범인을 연기하는 것을 선택해버립니다. 이 괴로운 결단에 의해서 말하게 되는 무고한 사람에 의한 범행 고백과 설명이 '슬픈 거짓말'입니다. '슬픈 거짓말'을 하기로 결정한 피의자는 자신이 얻은 사건에 관한 정보와 상상력을 최대한 가동하여 범인을 '연기하는' 노력을 합니다. 능숙하게 범인을 연기할 수 없으면 다시 거짓말을 하고 있다고 여겨져 가혹한 취조로 되돌아가버리기 때문에 피의자는 필사적으로 '범인인 듯이' 범행 이야기를 하려고 합니다. 취조관은 물론 진범이 마침내 자백했다고 믿기 때문에 자신이 듣고 싶어하는 점을 점점 질문해가게 됩니다. 이렇게 해서 범행 체험을 가지지 않은 사람들끼리 기묘한 자백 만들기의 커뮤니케이션이 시작됩니다. 그렇다 해도 범행 체험을 가지지 않은 피의자의 정보나 상상력에는 한계가 있기 때문에 범행 체험의 설명은 자주 정체되기도 하고, 취조관이 파악하고 있는 객관증거와 모순되기도 합니다. 이때 취조관은 자신이 그리고 있는 사건의 구도에 따라 '그것은 이상하지 않은가', '정말로 그랬던 것인가'라고 '구조선'을 보내게 됩니다. 더 직접적으로 '이렇지 않았는가'라고 답을 제시해버리는 경우도 있을지 모릅니다. 범행의 실제를 모르는 피의자는 이러한 취조관의 말을 실마리 삼아 범행에 관해 더욱 상상을 반복하며 설명을 변경합니다. 결과적으로 더 취조관의 가설에 가까운 자백이 나오게 됩니다. 변화 분석은 이러한 자백진술을 생성하는 과정에서 취조관에 의한 관여가 자백진술의 변화패턴으로 새겨져 있는지를 탐색하는 것입니다.

이와 같이 변화 분석에서는 범행 체험을 가지고 있지 않음에도 불구하고 범인으로서 범행 이야기를 짜맞추고자 하는 피의자와 이 피의자를 진범으로 믿고 취조를 진행하는 취조관이라는 일그러진 커뮤니케이션 구도가 상정됩니다. 여기에서 K씨의 자백을 진술 분석의 방법으로 평가하려고 생각하는 경우 문제가 되는 것은 현실의 커뮤니케이션이 상정된 범위 내에 잘 맞는가 하는 점입니다. 즉 K씨가 범인을 연기하기 위해서 거짓된 이야기를 짜맞추었다고 생각해도 될까요? 앞서 제시한 제4회 공판에서 변호인과 K씨가 나눈 대화를 떠올려주십시오. 변호인의 질문에 대한 K씨의 응답은 '경찰 쪽에서'라는 형식으로 질문의 문장을 반복하거나 짧게 '네' 하고 답하는 등 K씨 자신의 말로 범행의 '이야기'를 하는 것이 아니었습니다.

• 지적장애가 있는 사람의 진술 특성

어린아이나 어느 정도 지적장애가 있는 사람들이라도 자신이 실제로 체험한 일에 관해 설명하는 것은 가능합니다. 시간을 거슬러 기억을 환기하면서 말을 해나가는 것으로 자연스럽게 체험의 이야기가 완성되기 때문에 기억 환기의 흐름을 끊거나 듣는 사람의 입장을 밀어붙이지 않고 듣는 방법을 궁리하면 그런대로 확실히 체험에 관해 이야기를 들을 수 있는 것입니다. 이와 같은 점을 배려해서 어린아이나 지적장애인으로부터 능숙하게 진술을 듣기 위한 기술도 개발되어 있습니다.[10]

그러나 이러한 사람들이 자신이 체험하지 않은 일에 관해서 여러 가지 정

상처받기 쉬운 사람들

의학이나 심리학의 세계에서 '상처받기 쉬운 사람들'이란 어린아이들이나 지적장애, 발달장애, 학습장애, 우울증이 있는 사람들을 염두에 두고 쓰입니다. 여기에서 말하는 '상처받기 쉬운'이란 '공격, 비난, 유혹 등을 받기 쉽고, 그것들로 부터 자신을 지키기 어렵고, 상처받기 쉬운'이라는 의미입니다. 이러한 사람들은 면접이나 취조 장면에서 때로는 "그것을 알지 못하고 혹은 그렇게 되기 바라지 않음에도 불구하고… 신뢰할 수 없고, 오해를 부르기 쉬우며, 또는 자신에게 죄를 씌울 정보를 제공해버리는 경향이 있다"고 합니다(영국 경찰실무규범에서 인용).

예를 들어 지적장애가 있는 사람은 장애 탓에 질문의 의미를 잘 모르는 경우가 있습니다. 이때 질문자는 상대가 알 수 있도록 같은 질문을 반복하겠지요? 그러면 장애가 있는 사람은 그것을 '자신을 질책하고 있다'고 느낍니다. 그리고 질문자에게 이 이상 '야단맞는' 것은 견딜 수 없게 되고, 실제로는 질문의 의미를 잘 이해하지 못한 채로 질문자가 기대하는 '네'라는 대답을 합니다.

심리학의 세계에서는 이와 같은 '상처받기 쉬운 사람들'에 관해 어떤 방식으로 질문하면, 또한 어떻게 환경을 조절하면, 정확한 증언을 이끌어낼 수 있을지에 관한 주제로 많은 연구가 이루어지고 있습니다. 원래 이 연구들은 성적 학대의 피해자가 되기 쉬운 지적장애인이나 아이로부터 정확한 증언을 얻기 위한 것이었습니다.

'상처받기 쉬운 사람들'이 '거짓자백'에 빠져버릴 위험을 피할 수 있도록 이 연구들의 성과를 널리 알리는 한편, 연구를 더욱 진전시켜야 할 것입니다.

보를 모순 없이 짜맞춰서 이야기를 구축하고 상대의 질문에 응하여 그것을 능숙하게 설명해가기란 대단히 어렵다고 알려져 있습니다. 유치원 단계 정도 까지는 자신과 상대방이 과거의 같은 사건에 관해 대화하고 있다는 인식을 가지기가 어렵고, 상대의 말에 그때그때 반응해서 떠오르는 생각을 말해버리는 경향이 있다는 것을 보여주는 연구[11]도 있습니다. 거짓체험을 설명하기 위해서 이야기를 짜맞추어야 한다는 것을 알고 있어도 그것을 실행할 수 없는 것이 아니라, 아마 '이야기를 짜맞추어야 한다는 인식 그 자체가 없다'고 생각됩니다.

이 때문에 어린아이나 어느 정도 지적장애가 있는 사람들이 체험하지 않은 일에 관해 설명해야 하는 상황에 몰릴 경우 '슬픈 거짓말'로 범인을 연기하는 것이 곤란하게 됩니다. 범인의 체험과 겹치는 이야기를 짜맞출 수가 없고, 질문자가 질문을 던질 때마다 그때그때 떠오르는 생각으로 응답하게 됩니다. K씨의 취조는 그 전형입니다. 한번 '했다'고 말했기 때문에 '하지 않았다'고 말하면 취조관이 화를 내는 등 부정적인 반응을 하는 점은 이해할 수 있기 때문에 '했지'라고 질문을 받으면 '했다'고 일관되게 응답한 것입니다. 과거의 세부적인 일에 관해서도 최초의 응답을 기억하고 있다면 이후에도 그것에 어울리는 응답을 할 수 있습니다. 그러는 한 '거짓자백'은 외관상의 일관성을 가지게 됩니다.

• K씨의 커뮤니케이션 특성

제4회 공판에서의 응답을 보는 한 K씨가 이러한 커뮤니케이션 특성을 가진 사람일 가능성은 부정할 수 없습니다. 물론 범행 체험이 없는 것은 사실이므로 이 점에 관해서는 올바른 체험설명이 됩니다. 그러나 변호인의 "그러면, 최초에 강도짓을 했다고 한 것은 당신이 스스로 말한 거예요, 아니면 경찰 쪽에서 네가 한 게 아니냐고 물은 거예요"라는 질문에 구체적인 체험의 설명을 부가하지 않고, "경찰 쪽에서"라고 단순히 반복적으로 응답하고 있는 장면 등을 보면, K

씨가 단순반복적인 커뮤니케이션 특성을 가지고 있었을 가능성은 충분히 있다고 생각됩니다.

　만약 K씨에게 이와 같은 커뮤니케이션 특징이 있다고 한다면 '슬픈 거짓말'의 커뮤니케이션 구도를 전제로 한 변화 분석은 적용할 수 없습니다. 변화가 피의자와 취조관에 의한 이야기 만들기의 공동작업을 반영하는 구조를 가지는 것이 아니라, 범행 이야기를 캐내는 취조관과 그때그때 취조관의 질문에 단순반복적으로 반응하는 K씨의 커뮤니케이션 '불일치'를 반영한 무질서한 것이 되기 때문입니다. 상세한 분석은 생략하지만, 조금 전에 정리한 변화에서는 그와 같은 '무질서'의 징후가 발견됩니다.

• 지적장애가 있는 사람의 진술 분석의 과제
그렇다면 진범의 자백이 없었던 상황을 상정해서 K씨의 자백에 관해 어떤 분석을 할 수 있었을까요? 우선 필요했던 것은 실제 취조에서의 K씨의 커뮤니케이션 특성과 그에 대한 취조관의 대응을 파악하는 것이었다고 생각합니다. 취조관이 K씨의 기억 환기의 흐름을 중단하지 않고 적절히 청취할 수 있었는데도 K씨가 체험을 능숙하게 설명할 수 없었다면, K씨에게 범행 체험이 없었던 것을 시사하는 징후가 됩니다. 또한 취조관의 청취 방법이 부적절해서 K씨가 질문에 그때그때 반응할 뿐이었다면, 취조가 K씨의 체험을 청취한 것으로서 부적절했다는 점이 명백해지고 진술조서의 신용성에는 큰 문제가 있게 됩니다.

　그러나 매우 유감스럽게도 우쓰노미야 사건에서 강도 사건 2건의 취조에는 커뮤니케이션을 녹화·녹음한 기록이 없습니다. 제2회 공판까지 공판정에서 K씨가 한 진술도 속기록이 있다면 귀중한 자료가 되겠지만, 조금 전에도 설명한 것처럼 그 대부분이 요약된 기록입니다. 이와 같은 자료의 상황으로는 K씨의 자백에 관해 심리학적인 방법을 이용하여 적극적이고 분석적인 시도를 하기란 상당히 곤란하다고 생각합니다. 취조의 전면적인 가시화(녹음, 영상녹화)는 물론 모든 종류의 사건에서 실현되어야겠지만, 적어도 피의자이든 목격자이든 어린아이나 지적장애인이 취조 대상이 되는 사건에서는 되도록 신속히 실현될 필요가 있습니다. 우쓰노미야 사건이 우리에게 제기하는 중요하고 커다란 과제입니다.

김인회의 한국 이야기 10

상처받기 쉬운 사람들을 보호하기 위한 제도로는 신뢰관계 있는 자의 동석 제도가 있습니다. 경찰이나 검찰은 피의자나 피해자를 신문할 때 ① 피의자가 신체적 또는 정신적 장애로 사물을 변별하거나 의사를 결정 · 전달할 능력이 미약한 때, ② 피의자의 연령 · 성별 · 국적 등의 사정을 고려하여 그 심리적 안정의 도모와 원활한 의사소통을 위하여 필요한 경우에는 직권 또는 피의자 · 법정대리인의 신청에 따라 피의자와 신뢰관계에 있는 자를 동석하게 할 수 있습니다. 그리고 법원도 재판과정에서 피고인이나 증인을 신문할 때 같은 이유로 신뢰관계 있는 자를 동석하게 할 수 있습니다. 그리고 수사기관이나 법원 모두 범죄로 인한 피해자가 13세 미만이거나 신체적 또는 정신적 장애로 사물을 변별하거나 의사를 결정할 능력이 미약한 경우에는 피해자와 신뢰관계 있는 자를 동석하게 하여야 합니다.

Ⅳ. 우와지마 사건

—취조 개시 4시간 만에 내몰린 '슬픈 거짓말'

✻ 우와지마 사건이란

에히메愛媛 현 우와지마宇和島 시내의 민가에서 예금통장 등이 도난당하고 그 예금통장으로 농협에서 50만 엔이 인출된 절도 사건이 발생했습니다. 사건 자체는 흔히 있는 절도 사건입니다.

피해자는 50만 엔이 인출되고 한참이 지나서야 자기 집에 있다고 생각한 농협 통장과 인감이 없어진 것을 알아챘습니다. 그리고 다음날 농협에 문의한 결과 누군가가 50만 엔을 인출했다는 것을 알고 우와지마 경찰서에 피해신고서를 제출했습니다.

− 수사 · 재판의 경과

피해자는 피해신고서를 제출했을 때에는 그때까지 통장이나 인감을 도둑맞았다는 것을 알아채지 못했고 또한 어지럽혀진 흔적도 없었다고 증언했습니다. 그런데 농협의 방범 비디오를 본 피해자는 방범 비디오에 찍힌 범인이 아는 사람인 Y씨와 닮았다고 진술했습니다. 이 진술을 들은 우와지마 경찰서는 Y씨를 임의동행하여 사정청취를 했고, Y씨는 사정청취를 개시한 지 불과 4시간 만에 범행을 자백하고 절도 혐의로 체포되었습니다.

그 후의 취조에서 Y씨는 부인으로 진술을 바꾸었고, 그 후에도 일관되게 부인을 계속했습니다. 그러나 마쓰야마松山 지방검찰 우와지마 지부는 임의동행한 후 불과 6시간 만에 자백한 Y씨를 범인으로 단정하고 절도죄와 사기죄로 Y씨를 기소했습니다.

재판에서도 Y씨는 일관되게 부인했습니다. 그러나 검찰 측은 Y씨가 범인이라는 견해를 바꾸지 않고 징역 2년 6월을 구형했습니다.

– 진범의 출현과 무죄판결

그런데 여기에서부터 사건은 의외의 방향으로 전개됩니다. Y씨의 재판이 한창인 도중에 고치高知 현 난코쿠南國 시 경찰서가 어떤 남자를 강도치상죄 혐의로 체포했습니다. 그로부터 얼마 지나지 않아 고치 현 경찰본부가 에히메 현 경찰본부에 "이 남자가 우와지마 절도도 자신이 했다고 진술하고 있다"고 알려주었습니다. 무고한 것이 거의 확실해진 Y씨가 석방된 것은 사건이 일어난 지 1년이 넘게 지나서였습니다.

그 후 고치 지방검찰은 진범을 우와지마 시의 절도 사건으로 추가기소했고, 여기에 이르러서야 마쓰야마 지방검찰, 에히메 현 경찰은 연달아 Y씨의 오인체포, 오인기소를 인정했습니다. 석방 후에도 계속된 Y씨의 재판에서 징역 2년 6월을 구형했던 검찰관이 이번에는 무죄라고 논고했으며, 마쓰야마 지방재판소는 2005년 5월 26일 Y씨에게 무죄판결을 선고했습니다.

Y씨의 오인체포에서 무죄판결까지 1년 3개월, 신체구속기간은 실로 386일에 이르렀습니다.

우연히 진범이 나타나서 무죄판결을 선고받은 Y씨. 그러나 아들의 무죄를 염원하던 Y씨의 아버지는 무죄판결을 보지 못했습니다. 아버지는 Y씨가 석방되기 사흘 전에 세상을 떠났습니다.

◇ **우와지마 사건의 개요** ◇

사건의 발생	1999년 1월 8일	에히메 현 우와지마 시내의 민가에서 예금통장 등이 도난당했는데(1998년 10월경), 그 도난당한 농협 통장에서 50만 엔이 인출됨.
	1999년 1월 26일	피해자가 통장과 인감이 없어진 것을 알아채고, 다음날 경찰에 피해신고서를 제출함.

수사 · 체포 · 기소	1999년 1월 29일	피해자가 농협의 방범 카메라에 찍힌 Y씨를 '아는 사람과 닮았다'고 증언함.
	1999년 2월 1일	경찰, Y씨의 가택 수사와 함께 임의 사정청취.
		임의동행 6시간 후에 Y씨가 범행을 자백하고, 경찰은 그 자리에서 Y씨를 체포함.
	1999년 2월 12일	그 후에도 Y씨의 자백은 유지되고, 절도죄로 기소됨.
기소 후의 범행 부인	1999년 2월 13일	Y씨는 기소 후에 범행을 부인.
	1999년 3월 23일	제1회 공판에서 Y씨는 기소 사실을 전면 부인. 그 후에도 일관되게 무죄를 주장함.
진범 X의 체포	1999년 10월 27일	고치 현 난코쿠 경찰서가 오사카 시내에서 한 남자를 강도치상 사건으로 체포함.
	1999년 12월 21일	Y씨의 논고구형 공판에서 검찰이 징역 2년 6월을 구형함.
	2000년 1월 6일	고치 현 경찰본부가 에히메 현 경찰본부에 체포한 남자가 '우와지마의 절도 사건도 자신이 했다'고 진술했다고 연락함.
	2000년 2월 초순	재판소, 검찰, 변호사 3자가 Y씨 사건의 향후 처리에 대해 협의함.
석방	2000년 2월 21일	검찰 측이 Y씨의 구류취소를 청구함.
		구류취소 청구가 당일 받아들여져서 Y씨가 385일 만에 석방됨.
무죄판결	2000년 3월 22일	마쓰야마 지방검찰이 Y씨는 오인체포되었음을 공표하고, 다음날 현 경찰본부가 오인체포를 사죄함.
	2000년 5월 26일	Y씨에게 무죄판결이 선고됨.

(1) '거짓자백'이 이루어진 과정

① 머리말

우와지마 사건은 에히메 현 우와지마 시에 있는 피해자의 자택에서 예금통 장과 인감이 도난당하고 그곳 농협에서 돈이 인출된 사건입니다. 1999년 1월 26일 피해자가 피해신고서를 제출하고, 그로부터 불과 6일 후인 2월 1일 아 침 피해자가 아는 사람으로 피해자 집의 여벌 열쇠를 가지고 있던 Y씨가 경 찰에 임의동행을 요구받았습니다. 그리고 6시간 후 경찰서 취조실에서 Y씨 는 범행을 자백했습니다. 그 후 Y씨는 부인으로 진술을 바꾸었지만, 취조 단 계의 자백을 근거로 기소되어 재판이 시작되었습니다.

그러나 이 사건의 진범은 Y씨가 아니었습니다. Y씨의 재판이 끝날 즈음에 진범이 체포된 것입니다. 진범은 빈집털이를 전문으로 하는 '빈집털이범'으 로 불리는 상습절도범이었습니다. 진범은 꼼꼼하게 자신의 범행을 수첩에 적어두었고 이 우와지마 사건에 관해서도 기록했습니다. 만약 진범이 나타 나지 않았다면 Y씨는 재판에서 아마 유죄판결을 받았겠지요.

② 임의취조 직후의 자백

그렇다면 왜, 무고했던 Y씨가 임의로 취조가 시작된 지 겨우 4시간여 만에 '거짓자백'을 하게 되었을까요?

Y씨가 우와지마 경찰서에 임의동행을 요구받은 것은 1999년 2월 1일이었 습니다. 1월 26일에 피해신고서가 제출되고, 1월 29일에 경찰은 농협의 방범 비디오를 피해자에게 보여주었습니다. 비디오에는 예금을 인출하는 범인의 모습이 찍혀 있었습니다. 피해자는 비디오에 찍힌 범인의 인상이 Y씨의 분 위기와 닮았다고 진술했습니다. 이 시점에서 우와지마 경찰서는 Y씨가 범인 일 가능성이 높다고 판단했습니다. 그래서 임의취조의 맨 처음부터 Y씨에 대해 강한 압력을 가했습니다.

③ 피의자를 궁지로 몰아넣는 취조방법

• 수사관의 압력

Y씨에 대한 취조는 다음과 같은 것이었다고, 담당수사관은 증언하고 있습니다.

피의자의 진술은 논리정연하지 않고 진술에 일관성이 없었고 어떤 감정 표현도 없이 기계적으로 '저는 하지 않았습니다'라는 말만 반복했다. 본건 범행을 계속해서 완강히 부인했지만, 그의 안면은 창백했고 눈의 초점도 몇 번이나 바뀌어 '눈이 마치 헤엄치듯 흔들려' 안정되지가 않았고 입술이 말라 입안의 틀니를 자꾸만 혀로 움직여 입안의 갈증을 축이거나 피우고 있던 담배를 쥔 손끝이 가늘게 떨려서 분명히 본 수사관의 취조에 동요하고 있는 정황이 눈에 띄었다.

(오후가 되어도) 오전 중에 취조할 때와 다름없이 강하고 의연한 태도로 피의자의 진술에 애매한 점 및 부자연스러운 점을 추궁한 결과 1시간 정도 지난 무렵인 오후 2시경 갑자기 소리 내어 울었다.

• 수사의 기본

이러한 취조는 피의자가 범인이라고 확신하고 있는 취조관에 의해서 자주 이용되어왔습니다. 여러 원죄 사건에서 이러한 취조에 의해 '거짓자백'이 만들어졌습니다. 그런데도 수사관은 피의자가 범인일 가능성이 높다고 느끼는 사건에서는 이러한 압력을 가하는 추궁형 취조는 필요불가결하며, 압력을 가하고 추궁형 취조에 전력을 다해 자백을 받아내는 것이야말로 수사의 기본이라고 생각하고 있습니다.

확실히 이러한 취조가 우와지마 사건에서는 Y씨에게서 '거짓자백'을 이끌어냈습니다.

• 추궁형 취조

그렇다면 취조의 일상에서 피의자에게 압력을 가해 범죄를 추궁할 때 어떤 일이 벌어지고 있을까요?

과학경찰연구소의 범죄행동과학부장 등을 역임한 와타나베 쇼이치渡辺昭一는 자신이 엮은 『수사심리학』[12]에서 "일본의 취조에서는, 자백에 따르는 불이익감을 경감시키고, 한편으로 부인을 계속할 때 생기는 불안을 증대시키는 '심문기법'이 많이 이용되고 있다"고 말합니다.

추궁형 취조는 자백하기 쉬운 환경을 쉽게 만들어냅니다. 피의자가 부인을 계속함으로써 지금 느끼고 있는 불안감을, '자백'함에 따라 생기는 불이익감보다 크게 느끼게 하는, 일종의 혼란에 빠뜨리는 방법이기 때문입니다. 여기에서 자백의 진위는 이미 저 멀리 밀려납니다. 혹독하게 추궁해서 획득하는 '자백'에는 '거짓자백'도 포함됩니다.

• 불안감 증대형 '심문기법'

조금 더 구체적으로 어떤 '심문기법'이 사용되는지 살펴봅시다. 이 '심문기법'은 계속 거짓말을 하면 범죄에 대한 책임에서 벗어날 수 있다고 피의자는 생각하고 있다는 점을 전제로 합니다. 그래서 피의자는 취조관의 질문에 대해 어떻게 능숙하게 거짓말을 할 것인가에 신경을 집중한다고 봅니다. 와타나베는 피의자가 이렇게 대응하게 되는 주요 요인으로 두 가지를 들고 있습니다. 첫째, 피의자는 형무소에 들어가는 형벌로 대표되는 자백에 따르는 불이익한 결과를 회피하고 싶어한다는 점, 둘째, 취조나 체포에 의해 느끼고 있는 가족이나 자신의 장래에 대한 불안감을 제거하고 싶어한다는 점입니다.

압력을 가해 범죄를 추궁하는 취조에서는 이와 같은 요인을 전제로 불이익감과 불안감을 열쇳말로 하는 불안감 증대형 '심문기법'이 노련하게 사용됩니다. '자백'함으로써 느끼게 되는 불이익감이 지금 느끼고 있는 불안감보다 큰 한 '부인'이 계속된다고 생각합니다.

그래서 취조관은 이것을 역전시키려고 합니다. 즉 피의자는 '부인'을 계속함으로써 지금 느끼는 불안감을 증대시키는 것보다는 '자백'에 따르는 불이익을 달게 받아들이는 쪽이 덜 괴롭다고 느낄 때 '자백'한다고 생각하고 있습니다.

④ 추궁형 취조와 '거짓자백'

• 추궁형 취조의 패러독스 1
그렇지만 이 심문방법에는 두 가지 패러독스, 즉 올바른 것처럼 보이는 전제혹은 당연하게 보이는 추론에 포함된 역설적인 오류가 있습니다.[13]

첫 번째 패러독스는, '자백'함으로써 느끼게 되는 불이익감과 '부인'을 계속함에 따라 느끼는 불안감이 한쪽이 경감되면 다른 쪽이 증대되는 '서로 배척하는' 관계가 아니라는 것입니다. 오히려 양자는 한쪽이 경감되면 다른 쪽도 경감되기 쉬운 '공생적인 성질symbiotic nature'을 가지고 있습니다.[14]

예를 들면 '자백'함으로써 느끼게 되는 불이익감을 경감시키려고, 취조관이 죄를 인정해도 형은 가벼울 것이라고 말하는 것은 동시에 피의자가 '부인'을 계속함에 따라 느끼는 불안감도 경감시켜버립니다. 따라서 '자백'을 촉구하기 위해 취조관은 '자백'함으로써 느끼게 되는 불이익감을 증대시키지 않으면서 '부인'을 계속함에 따라 느끼는 불안감만 증대시키도록 압력을 가해 추궁해야만 하게 됩니다.

그래서 앞에서 설명한 것처럼, '계속 부인하면 가족이나 회사에도 폐를 끼친다'라고 압력을 가하면서 '자백하면 사건에 관해 가족이나 회사에는 알리지 않겠다'라고 말해 부적절하게 '자백'을 추궁하는 것이 불가결해집니다.

• 추궁형 취조의 패러독스 2
또 하나의 패러독스는, 범인임이 확실하다고 생각하는 것은 어디까지나 취조관의 주관에 지나지 않는다는 점에 있습니다. 바로 여기에 무고한 사람을 범인이라고 잘못 판단할 위험이 따르게 됩니다. 피의자가 범인이라는 것을 확실히 하려면 취조관에게는 객관적인 증거가 필요합니다. 그러나 객관적인

취조기술의 '가르침'

이 장에서는 '거짓자백'에 내몰린 원죄 피해자들에 초점을 맞추어, 그들이 취조실이라는 밀실에서 '거짓자백'으로 전락한 배경과 원인에 관한 심리학적인 분석을 소개하고 있습니다.

그렇다면 취조실에 있는 또 한 사람의 등장인물, 취조관은 어떤 사람일까요? 그 사람은 눈앞에 있는 피의자를 '거짓자백'에 빠뜨리려는 악의로 가득 찬 인물일까요? 아닙니다. 결코 그렇지 않습니다. 대다수의 취조관은 직무에 충실하고, 어떻게든 눈앞의 피의자를 정직한 인간으로 갱생시키고 싶다는 열의에 가득 차 있습니다.

일본에서도 취조기술을 높여주는 교본은 오래전부터 많이 출판되어 있습니다. 거기에는 이렇게 적혀 있습니다.

"범인을 검거해서 처벌하는 목적은 무엇인가가 종종 논의의 대상이 되고 있다. (…) 어차피 범인이 그 죄를 깨달아 반성·회개하지 않는 한, 피해자도 고이 잠들지 못할 것이며, 범인이 갱생한다고도 생각할 수 없다. 과거의 경험에 비추어보아도, 수사단계에서 반성의 기미를 보이지 않는 사람이 재판에서 혹은 그 후의 교정·보호단계에서 갑자기 반성해서 참인간이 되는 것은 대체로 어렵다.

범인 갱생의 제1보가 자백이라는 사실은 부정할 수 없을 것이다."(수사서류전집 제4권 『취조』 立花書房)

범인의 자백이 '갱생의 제1보'라는 '가르침'은 '눈앞에 있는 피의자=진범'의 경우에는 그럴지도 모릅니다. 그러나 이 등식이 수사본부 취조관의 단순한 예단이라면 어떨까요? 잘못된 선입관을 검증하고 시정하는 것을 게을리한 채 이 '가르침'에 따라 취조를 밀고 나가는 것이 곧잘 무고한 자를 '거짓자백'으로 전락시키는 원인이 되고 있습니다.

일본에도 이 문제를 정면에서 직시하는 새로운 '가르침'이 필요합니다.

증거가 수집되지 않으면 자백을 얻어서 범인이라는 것을 확실히 하려고 합니다. 수사기관이 이미 강력하고 객관적인 증거를 수집했다면, 피의자의 자백 여부는 사건의 증거 전체의 강도에 별다른 영향을 미치지 않습니다.[15] 그러나 수집된 증거가 취약한 경우에는 피의자 자백의 중요성이 커지게 됩니다. 이 경우 객관적인 증거가 취약한 만큼, 즉 무고할 가능성이 높은 만큼 자백 추궁의 압력이 증대합니다.

우와지마 사건의 경우, 수사관은 Y씨가 범인임에 틀림없다고 생각했지만, 한편으로 명료하지도 않은 방범 비디오 사진에 대한 피해자의 애매한 진술 말고는 증거가 없었습니다. 이러한 점에서 우와지마 사건은 바로 이 패러독스가 딱 들어맞는 사건입니다.[16]

• 추궁형 취조의 문제점

이처럼 진범이라는 취조관의 주관이 강하고 한편으로 객관적인 증거가 취약하면, 자백을 얻는 데에 상당히 치중하게 됩니다. 이러한 취조는 자백에 따르는 불이익감을 경감시키고, 한편으로 부인을 계속함으로써 느끼는 불안감을 증대시키는 방법을 택합니다. 일본의 피의자 취조기술 교본[17]은 회개를 통해서 자백하려는 마음이 일어나는 것을 이상형으로 하면서도, '자백에 의한 이득'이나 '변명 불능감'을 피의자 취조에 이용할 것을 권장합니다.

이러한 취조방법은 무고한 사람을 자백시킬 위험이 있습니다. 피의자가 무고하기 때문에 회개해서 자백하려는 마음이 결코 있을 수 없는 경우에도, 자백에 이득이 기대되거나 이익 유도가 이루어진 경우, 혹은 이치를 꼬치꼬치 따지는 심문에 대답이 궁하거나 취조관이 피의자의 변명에 전혀 귀를 기울이지 않아 무력감에 사로잡힌 경우, 나아가 다양한 형태로 취조 압력이 가해진 경우에는 그 정도가 심해지면 '거짓자백'이 발생합니다.[18] 특히 수사본부 또는 수사관이 유죄심증을 강하게 가지고 있고, 취조실에서 교묘한 이익 유도, 이치를 꼬치꼬치 따지는 심문, 변명의 무시 등이 계속되면 무고한 피의자가 자백을 할 위험이 높습니다.

• '자백' 불이익감과 '부인' 불안감의 역전

이제까지의 원죄 사건의 많은 사례에서 무고한 피의자는 계속 부인하는 도중에 여러 차례 취조관으로부터 자백하는 쪽이 유리하다는 암시를 받습니다. 한편으로 강한 압력이 가해지고, 부인해서 버틴다고 해도 자신의 무고함을 알아줄 가능성이 없는 것처럼 느낍니다. 이대로라면 취조에서 영원히 벗어날 수 없고, 언제까지나 경찰에 붙잡혀 있을지 모른다는 기분이 엄습합니다. 그러는 동안에 계속 부인하는 쪽이 오히려 위험하다고 생각되는 것입니다. 하마다 교수는 이 순간 부인하는 것의 이익이 불이익으로, 자백하는 것의 불이익이 이익으로 자리를 바꾸게 된다고 봅니다.[19] 우와지마 사건에서도 이러한 역전이 취조가 시작된 지 4시간 후에 일어났던 것입니다.

• 진범이 아니기 때문에 가지는 기분과 환상

여기에서 간과되기 쉬운 것은, 무고한 피의자에게는 일단 자백을 하더라도 재판소에서 정직하게 변명하면 재판관은 알아줄 수 있을 거라는 신앙과도 같은 생각이 있다는 점입니다. 이것이 진범과 크게 다른 점이기도 합니다. 무고한 사람은 미래의 형벌에 현실감을 가지고 있지 않습니다.[20]

진범이라면 자신의 몸에 범행 체험의 기억이 확실히 새겨져 있습니다. 그러한 기억을 가지고 취조에서 자백하면 결과적으로 형벌이 자신에게 닥쳐온다는 것을 실감합니다. 자백함에 따라 생기는 불이익감을 실감할 수 있는 것입니다.

그런데 Y씨를 포함해서 무고한 피의자는 범죄가 있었다는 것은 알고 있어도 그 범죄를 저지른 것은 자신이 아니라는 사실을 분명히 알고 있습니다. 비록 수사기관에서 의심받는다고 해도 자신이 체포되리라고는 생각하지 못하는 게 대부분입니다. 그 자신은 현실에서 체포되어 가혹한 취조를 받고 있습니다. 이것조차 무고한 피의자에게는 생각조차 해본 적 없는 비현실적인 사태입니다. 그래서 취조 중에 현실적으로 겪는 고통을 견디지 못하고 죄를 인정해버립니다. 그러나 무고한 피의자에게 자신이 부과받을 형벌은 현실성이 희박한 것에 불과합니다. 취조받을 때, 무고한 피의자에게 자백의 결과로 자신에게 부과될지도 모르는 가혹한 형벌을 구체적으로 상상하는 현실적인 감각은 없습니다.

⑤ 우와지마 사건의 '슬픈 거짓말'

이상과 같이 우와지마 사건에서는 객관적 근거가 부족했음에도 불구하고, Y씨가 범인이라는 것을 전제로 압력을 가한 '자백' 추궁의 취조를 해버렸습니다. 이것이 Y씨를 '거짓자백'으로 이끈 주요한 원인이라고 생각합니다.

취조 전문가라면 이러한 취조에 의한 '거짓자백'이 생긴 경우에도 그 허위성을 쉽게 꿰뚫어볼 수 있다고 지적하는 사람도 있습니다.[21] 그러나 실제로 이 사건에서도 다른 많은 원죄 사건처럼 자백이 허위라는 것을 발견하지 못했습니다. 이제까지 자백의 신용성을 판단할 때 취조하는 측이 이용해온 경험칙은 반드시 옳다고는 할 수 없다는 점이 지적되고 있습니다.[22]

(2) 심리학적 방법에 의한 분석

우와지마 사건의 Y씨 취조과정에서 취조관은 자백이 거짓임을 발견하지 못했습니다. 그렇다면, 어떻게 했더라면 Y씨 자백의 신용성을 의심하고 검증할 수 있었을까요? 자백의 허위성을 판단하는 지표는 경험칙으로부터 여러 가지가 제시되어왔습니다. 그러나 그중에는 진범의 자백에도 나타나는 지표가 포함되어 있습니다. 더욱이 '거짓자백' 중에는 그 자백이 진실하다는 것을 보여준다고 논의되어온 지표가 포함된 경우도 있습니다. 이 문제를 해결하려면 범행 체험이 없는 무고한 사람의 자백과 범행 체험이 있는 진범의 자백을 동일한 사건에서 비교검토할 필요가 있습니다. '설원 프로젝트'에 상세하게 실려 있습니다.

① 무고한 사람의 '자백'과 진범의 자백

다행히 이 사건에는 진범의 자백도 있습니다. 따라서 Y씨의 자백과 진범의 자백을 비교검토하여 허위자백과 진짜 자백의 지표에 관해 검토할 수 있었습니다. 여기에서는 양자의 자백을 비교검토한 오하시 야스시大橋靖史 교수에 의한 심리학적 분석[23]을 소개합니다.

② '자백'의 체험성에 관한 심리학적 분석

이 분석의 목적은 우와지마 사건에 관한 범행 체험이 없는 무고한 Y씨의 진술과 범행 체험을 가진 진범의 진술을 비교검토하고, 진술 내용이나 그 변화 과정에서 보이는 특징을 밝히는 것이었습니다. 구체적으로는 다음 세 종류의 분석이 이루어졌습니다.

a. 진술의 일관성과 변화의 분석
b. 범행행위의 내용 분석
c. '비밀의 폭로'와 '무지의 폭로' 분석

아래에서 세 종류의 분석 각각에 관해 검토해보겠습니다.

a. 진술의 일관성과 변화의 분석

일본에서는 취조단계에서 몇 번이나 거듭해서 범행행위에 관한 진술조서가 작성됩니다. 그리고 여러 개의 진술조서에서 변화 없이 일관해 진술하는 내용은 신용성이 높다고 판단되는 경우가 많은 것 같습니다. 한편으로 진술에 큰 변화가 보이는 경우는 진술의 신용성에 의문을 가지기도 합니다. 그렇지만 단순히 진범의 진술은 일관되고, 반면 무고한 사람의 진술에는 큰 변화가 보인다고 생각하면 될까요?

• 진술 일람표의 작성

이 질문에 관한 검토를 위해 취조단계의 변해辨解녹취서(피의자의 해명과 변명을 정리한 서면)·진술조서·실황조사조서·수사보고서 등의 자료를 무고한 Y씨와 진범 각각의 일람표에 다시 정리해보았습니다(여기에서는 생략합니다). 일람표는 가로축을 날짜순, 세로축을 범행 줄거리에 따른 행동의 시간계열순으로 나열해 작성했습니다. 이렇게 해서 범행 진술의 변화 일람표가 만들어지게 되었습니다. 이 변화 일람표를 살펴보는 것으로 진술의 일관성과 변화와 관련하여 다음과 같은 특징이 발견되었습니다.

• 진술의 일관성

진술의 일관성에서는, Y씨의 진술에도 진범의 진술에도 일관된 진술 내용이 존재했습니다. 즉 일관성의 유무만으로는 무고한 사람의 자백과 진범의 자백을 단순히 구별할 수 없다는 것을 알 수 있었습니다. 그렇지만 Y씨의 진술 내용을 상세히 살펴보면 Y씨의 진술에 보이는 일관된 진술 내용은 모두 Y씨 자신이 실제로 범행을 체험하지 않아도 상상할 수 있는 내용, 혹은 다른 사람으로부터 받은 정보에 기초해서 진술할 수 있는 내용임을 알 수 있었습니다. 한편 진범의 일관된 진술에는 2차정보를 포함하지 않은 범행 진술이 많은 것을 알 수 있었습니다.

이로써, 체험하지 않아도 상상할 수 있는 내용이나 다른 사람으로부터 받은 정보에 기초해서 진술할 수 있는 내용에 일관성이 보인다고 해도 진범의 진술임을 가리키는 지표일 수는 없지만, 2차정보를 포함하지 않은 범행 진술의 일관성은 진범의 진술임을 가리키는 지표일 가능성이 시사되었습니다.

다만 이번과 같은 사후적인 검증이 아닌 경우에는 어디까지가 체험하지

않아도 상상할 수 있는 내용인지, 어디까지가 다른 사람으로부터 받은 정보
인지를 정확히 판단하기란 어렵습니다.

• 진술의 변화

진술의 변화에 관해서는 무고한 Y씨와 진범, 두 사람의 진술에서 몇 가지 항
목이 변화하고 있는 것이 밝혀졌습니다. 이것으로 진범이라도 진술에 변화
가 있으며, 정확하고 일관된 상기가 반드시 항상 이루어지는 것이 아니라는
점을 알 수 있습니다. 생각해보면 우리 자신의 체험기억을 돌이켜보아도 이
것은 당연합니다. 특히 이 사건의 진범은 맨 처음에 언급했던 것처럼 빈집털
이 상습범이며 비슷한 사건을 다수 저질렀기 때문에 다른 사건의 기억과 혼
동하거나 해서 진술에 변화가 보인다고 해도 그것은 당연하게 생각됩니다.

• 취조 가시화의 필요성

또한 무고한 Y씨, 진범 모두의 진술에서 진술의 변화에 취조관이 가진 정보
가 관련되어 있을 가능성이 시사되었습니다. 이 점에 관해 더욱 상세하게 검
토하려면 취조장면의 녹음, 녹화 기록이 필요합니다.

　그러나 유감스럽게도 우와지마 사건에서는 취조관의 손에 의해서 기록된
진술조서와 다른 서류밖에 기록으로 남아 있지 않았습니다. 만일 녹음, 녹
화 기록이 남아 있다면 취조관이 가진 정보에 의해 진술이 어떻게 변화했는
지에 관해 더욱 상세하게 분석할 수 있었을 것입니다.

• 진술 변화의 이유와 배경 사정

그러한 제약은 있지만, 진술이 변화했던 부분에서 양자를 비교한 결과 무고
한 Y씨의 진술에서 변화가 보인 부분은 통장이나 인감이 놓여 있던 장소 등
모두 장소나 사물에 관한 사항이었던 데에 비해, 진범의 진술에서 변화가 보
인 부분은 범행일 아침의 행동, 침입방법, 도망경로라는 범행행위에 관한 사

항이 많다는 사실이 밝혀졌습니다.

장소나 사물은 범행을 실제로 체험하지 않아도, 장소나 사물에 관한 사전 지식에 기초하거나 수사관이라면 현장검증 결과 등에서 추측할 수 있는 것입니다. 반면 범행행위를 생각해 내려면 어느 정도 체험기억이 필요할 것입니다. 다만 다른 원죄 사건에서는 무고한 사람이 범행행위에 관해 이야기하고 그 내용이 달라지는 사례도 보입니다.

어쩌면 우와지마 사건에서는, Y씨에게 진술을 받을 때에 취조관이 장소나 사물에 관해서는 피해자의 진술에서 얼마든지 추측할 수 있었지만, 범행행위에 관해서는 거의 생각해낼 수 없었는지도 모릅니다. 이 때문에 장소나 사물에 관해서는 불충분하나마 Y씨의 진술을 얻어낼 수 있었지만, 범행에 관련된 행위에 관해서는 거의 진술을 얻어낼 수 없었을 것입니다.

b. 범행행위의 내용 분석

본건에서 범행행위의 핵심인 피해자 집에서 인감 등을 훔쳐낸 장면 및 농협에서 훔쳐낸 통장과 인감으로 예금을 인출한 장면을 중심으로, 범행의 내용을 분석해보았습니다.

• 절도와 예금 인출

우선 무고한 Y씨 및 진범, 두 사람이 말하고 있는 피해자 집에서 인감 등을 훔쳐낸 행위의 진술에 관해 양자의 행위계열을 비교하고 그 특징을 분석해보았습니다. 구체적으로는 각각의 진술조서에서 인감 및 통장 등을 훔칠 때의 행위를 골라내어 범행행위를 시계열로 나열해보았습니다. 덧붙여 Y씨는 피해자와 아는 사이로 피해자 집의 여벌 열쇠를 가지고 있었던 것처럼 피해자 집안의 모습은 이전부터 잘 알고 있었다는 특별한 사정이 있습니다.

다음으로 Y씨가 실제로 체험하지 않았던 게 객관적으로 확실한 농협에서의 범행행위 진술에 관해 Y씨 및 진범 양자의 행위계열을 비교하고 그 특징을 분석해보았습니다. 이 분석을 위해 농협에서 50만 엔을 인출한 날의 행동과 인감·통장 등의 처분방법에 관한 진술을 골라내어 범행행위를 시계열로 나열해보았습니다.

• 절도에 관한 체험성 비교

그 결과 피해자 집에서 인감 등을 훔쳐낸 장면에 관해서는 양자의 범행행위의 내용에 다음과 같은 차이가 보였습니다.

우선 Y씨의 진술에는 범행 그 자체보다는 범행 후의 행위에 관한 진술이 많고, 또한 그 묘사가 애매하다는 특징이 보였습니다. 한편 진범의 진술에서는 인감이나 통장을 훔쳐냈다는 범행행위 그 자체에 관한 묘사가 많았다는 특징이 보였습니다.

실제의 범행을 체험하지 않은 자는 범행행위를 모릅니다. 상상만으로 범행행위를 묘사한다고 해도 한계가 있습니다. 취조관도 무엇이 어디에 있었는지는 피해자에 대한 취조나 현장검증으로 알 수 있지만, 범인이 어떤 행위를 했는지는 상상할 수밖에 없습니다.

Y씨도 취조관도 범행을 체험하지 않았습니다. 범행을 체험하지 않은 사람끼리 범행행위에 관해 자백조서를 작성하는 경우 그 내용은 부족하고 애매하기 쉽다는 것을 보여줍니다.

• 예금 인출에 관한 체험성 비교

농협에서 예금을 인출한 장면에 관한 범행행위의 진술 내용에도 차이가 보였습니다. 이 사건에서는 농협에서 예금을 인출한 장면이 녹화되어 있었습니다. 농협에서 인출절차를 맡은 창구 담당자의 진술도 있습니다. 취조관에게 행위 그 자체는 취조 전에 비교적 명백했습니다. 그래서 인출행위 자체에는 체험성에 크게 차이가 생기지 않았습니다. 차이를 보인 것은 내면적인 심리나 준비에 관한 것입니다.

농협에서 예금을 인출하는 행위는 범인이 제3자와 만나는 유일한 기회였습니다. 범행이 발각될 가능성이 가장 높은 위험한 행위입니다. 또한 현금을 손에 넣는 것이 범인의 목적이므로, 특히 세심한 주의를 기울이고 신중히 행동하지 않을 수 없는 순간이라고 할 수 있습니다.

이 장면에서 무고한 Y씨의 진술에는 세심한 주의나 신중함이라는 행위의 특징에 관한 언급이 이루어지지 않았습니다. 만약 Y씨가 실제로 그 행위를

기억은 왜곡된다

우와지마 사건에서는 '거짓자백'을 한, 즉 범행기억이 없던 Y씨뿐만 아니라 범행기억을 가지고 있던 진범의 진술에도 변화가 있습니다. 어떤 사람에게 같은 추억담을 여러 번 들으면 그 내용이 조금씩 변해간다고 느낀 경험이 여러분에게도 있지 않습니까?

이와 같은 '기억의 왜곡'에 관한 재미있는 실험이 있습니다.

이 실험에서는 우선 차끼리 충돌한 사고의 사진을 학생들에게 보여줍니다. 다음에 이 학생들을 두 그룹으로 나누어 같은 사진의 장면을 떠올리게 합니다.

그런데 한 그룹에게는 "차가 부딪쳤을 때의 속도는 어느 정도였을까요?"라고 질문하고, 다른 그룹에게는 "차가 격돌했을 때의 속도는 어느 정도였을까요?"라고 질문합니다. 그랬더니, '부딪쳤을 때'라고 물었던 그룹이 대답한 평균 시속은 54킬로미터였는데 '격돌했을 때'라고 물었던 그룹의 평균 시속은 65킬로미터였습니다! 11킬로미터나 빨라진 것입니다.

이것은 질문에 쓰인 단어에 포함된 의미가 암암리에 기억을 왜곡시킨 것을 보여줍니다. 상세한 것을 잊어버림으로써 기억이 애매하게 될 뿐만 아니라 나중에 얻은 정보나 이미지가 더해짐으로써 어떤 사실의 기억이 왜곡되어가는 것입니다. 얼마나 기억이 '불확실한 것'인지를 말해줍니다.

진술이 '거짓'인지 '진짜'인지를 판단할 때, 사람의 기억이 '불확실한 것'이라는 사실을 명심해야 합니다.

한 사람이었다면 이러한 행위에 관해 상세하게 진술할 수 있었을 것입니다. 그러나 실제로는 창구에서의 대화, 대응했던 담당자의 특징, 범행 발각을 방지할 수단, 이 모든 행위에 관해서도 언급하지 않았습니다. 이에 비해 진범은 이 모든 행위에 관해서도 당연하고도 상세하게 언급했습니다.

이러한 차이가 Y씨와 진범의 행위 체험의 차이에 따른 것이라고 생각되지만, 취조관의 질문방식의 차이에 의해 발생했을 가능성도 있습니다. 이 문제에 관해서도 Y씨와 취조관이 실제로 주고받은 대화가 녹음·녹화되어 있다면 더 깊이 검토할 수 있을 것입니다.

C. '비밀의 폭로'와 '무지의 폭로'

이제부터 '비밀의 폭로'와 '무지의 폭로'를 사건에 따라 분석해봅시다. 먼저 개념부터 살펴보겠습니다.

• '비밀의 폭로'란

'비밀의 폭로'란 경찰이나 매스컴이 알 수 없는 체험자의 체험기억에 근거한 비밀이 자백에서 폭로되는 현상을 가리킵니다. 비밀의 폭로라고 하려면 그 진술 내용이 미리 수사관이 알 수 없었던 사항인 '진술 내용의 비밀성'과 그 진술 내용이 진술 후에 객관적인 사실과 합치되는 것이 수사관에 의해 확인되는 '진술 내용의 확인'이라는 두 가지 요건이 만족되어야 합니다.

• '무지의 폭로'란

무고한 피의자의 자백에는 진범의 '비밀의 폭로'에 상응하는 자백의 특징이 있게 됩니다. 진범이라면 확실히 알고 있을 정보가 진술되지 않거나 혹은 잘못 진술되며, 거기에 거짓말이나 틀린 기억 등의 합리적인 이유가 없다는 특징입니다. 하마다 교수는 이것을 '무지의 폭로'라고 부르며,[24] 비체험자의 상상의 한계가 자백 진술에 드러난 결과라고 지적합니다.

• 사건에 따른 분석

분석에서는 무고한 Y씨와 진범의 진술에 이 무지의 폭로 또는 비밀의 폭로
가 있는지 여부를 검증했습니다.

분석 결과, 무지의 폭로에 관해서는 다음과 같은 차이가 발견되었습니다.

Y씨는 1999년 2월 1일의 원면조서에서 농협에서 인출한 현금 50만 엔 중
20만 엔에 관해서는 "인출했던 1월 8일경에 돈을 빌렸던 직장 Y산업에 지불
했습니다. 그때 20만 엔을 직접 지불했던 상대는 사무원 N씨입니다"라고 진
술했습니다. 그러나 실제로 직장에 차용금이 변제된 것은 전날인 1월 7일이
었습니다. 그렇다면 1월 8일 농협에서 인출했다는 돈으로 차용금을 변제할
수는 없게 됩니다. 여기에서는 훔친 돈으로 변제했다는 차용금의 변제일이
농협에서 돈을 인출한 날짜보다 앞서는 결정적인 모순이 생깁니다. 이것이
하마다 교수가 지적한 무지의 폭로입니다.

이에 비해 진범의 진술에서는 무지의 폭로가 보이지 않았습니다.

비밀의 폭로에 관해서는 다음과 같은 차이가 발견되었습니다.

우선 Y씨의 진술에서는 비밀의 폭로가 보이지 않았습니다.

이에 비해 진범의 진술에는 두 가지 점에서 비밀의 폭로가 보였습니다. 우
선 피해자의 가족 구성을 조사하기 위해 가명을 써서 주민표를 입수했다는
진술입니다. 실제로 그 진술 뒤에 경찰의 수사에 의해 사실로 확인되었습니
다. 또한 피해자 가족의 출근시간을 미리 조사했다는 진술이 있었습니다. 이
진술 뒤에 경찰이 가족에게 출근시간을 물은 결과 사실로 확인되었습니다.

• 무고한 진술에는 무지의 폭로가

이상에서 무고한 자의 진술에는 무지의 폭로가, 진범의 진술에는 비밀의 폭
로가 각각 나타난다는 것이 밝혀졌습니다. 이전부터 진범의 진술에서는 비
밀의 폭로가 중요하다고 해왔지만, 이번 분석도 그 점을 강력하게 보여주었

무지의 폭로

자물쇠를 따고
손잡이를 돌려서
침입했습니다…

어? 미닫이문?

습니다. 또한 무고한 자의 진술에서는 무지의 폭로가 비체험성을 보여주는 중요한 지표가 될 수 있다는 시사를 얻게 됩니다.

③ 진술 분석의 결과

이제까지의 분석에서 무고한 Y씨와 진범의 진술에는 질적인 차이가 보였습니다. 특히 무고한 Y씨의 진술에는 범행행위의 핵심 부분에 관한 진술이 거의 없고, 무지의 폭로가 보였습니다. 한편 진범의 진술에는 반대로 범행행위의 핵심 부분에 관한 행위 묘사가 상세하며, 또한 비밀의 폭로가 보이는 특징이 있었습니다.

그렇지만 우와지마 사건의 수사관이나 검찰관은 이러한 특징을 발견하지 못했습니다. 진범이 출현하기 전의 일입니다. 논고에서 검찰관은 Y씨의 자백에 관해 훔친 인감이 '자주색 주머니' 안에 들어 있었다는 Y씨의 진술은 비밀의 폭로에 해당한다고 지적하고, "그 내용은 범인만이 알 수 있는 진술을 포함하고 있는 동시에 구체적이고 또 상세하며 객관적 증거에 부합하고 있는 점 등에 비추어 고도의 신용성이 있다고 인정하는 것이 상당하다"고 말했습니다.

그러나 실제로 Y씨는 일상생활 속에서 피해자가 이 주머니를 가지고 있는 것을 이전부터 알고 있었고, 사건 발각 전에 피해자와 함께 인감을 찾을 때 피해자에게 주머니의 색이나 모양에 관해 들었습니다. 게다가 취조관이 피해자에게서 미리 인감 주머니에 관한 정보를 얻어놓고 그것에 관해 언급한 것으로 여겨집니다.[25]

진정한 비밀의 폭로가 되기 위해서는 이 가능성들을 전부 부정할 필요가 있었지만, 실제 재판에서 그러한 검토는 이루어지지 않았습니다.

여기에서는 무고한 Y씨와 진범의 자백을 비교검토했습니다. 그 결과 허위 자백과 진짜 자백 사이에는 질적인 차이가 있음이 명백해졌습니다.

다만 실제로 원죄가 의심되는 사건에서는 진범이 나타나는 경우는 드물고, 따라서 양자의 비교가 없는 피의자 본인의 자백만으로 허위인지 진실인지를 판단해야만 합니다. 자백의 비교검토가 아닌 단일 사례에서 허위인지 진실인지를 밝히기 위해서는 진술의 기록방법이라는 문제를 극복할 필요가 있습니다. 취조장면이 부인을 포함한 초기 진술부터 녹음/녹화된다면, 진술의 변화나 정보의 출처에 관해 더 상세히 분석할 수 있게 됩니다.

김인회의 한국이야기 11

우쓰노미야 사건과 우와지마 사건은 진범이 발견되었습니다. 그런데도 재판은 끝나지 않았고 피고인이었던 K씨나 Y씨는 석방되지 않았습니다. 우쓰노미야 사건에서 진범이 체포된 것은 2005년 1월 7일, 그런데 K씨가 무죄판결을 받고 석방된 것은 3월 10일입니다. 진범이 밝혀진 이후에도 무려 2개월 3일 동안을 더 구속된 상태에서 재판을 받았습니다. 우와지마 사건에서는 진범이 체포되어 자백한 것은 2000년 1월 6일인데, Y씨가 석방된 것은 2월 21일입니다. 무려 47일 동안이나 아무런 이유도 없이 구속되어 있었던 것입니다. 이해할 수 없는 행태입니다.

검찰과 법원은 진범이 밝혀지자마자 K씨와 Y씨를 석방했어야 합니다. 죄 없는 사람을 구속할 수는 없으니까요. 사실을 먼저 접한 검사는 구속을 취소함으로써

죄 없는 사람을 석방했어야 합니다. 나아가 재판도 신속하게 끝냈어야 합니다. 이러한 경우에 대비하여 공소취소 제도가 있습니다. 공소취소는 검사가 법원에 재판 청구를 취소하는 제도입니다. 이때 법원은 공소기각으로 재판을 종료하게 됩니다. 이렇게 함으로써 신속하게 피고인을 형사절차에서 벗어나게 줄 수 있습니다.

그런데 이 사건에서는 검사나 법원은 사람을 석방하지도 않고 공소를 취소하지도 않았습니다. 혹시 진범이 거짓말을 했을 가능성을 고려했다고 볼 수도 있으나, 이런 태도는 옳지 못합니다. 기본적 인권을 침해하는 구속은 신중하게 해야 하지만, 구속취소나 석방은 원상회복이므로 신속하게 해도 문제가 없습니다. 불구속수사와 불구속재판은 형사절차의 기본원칙입니다. 검사와 법원 모두 자신의 결정에는 오류가 없다는 근거 없는 자신감에서 비롯된 것입니다. 진범이 발견되어 마지못해 자신의 오류를 인정한 것이지요. K씨나 Y씨는 구속기간에 대한 형사보상을 받게 되겠지만, 그렇다고 진범 발견 이후의 구속이 정당화되는 것은 아닙니다.

1) 浜田寿美男, 『自白の研究』, 三一書房, 1992/北大路書房, 2005.

2) 大橋靖史・森直久・高木光太郎・松島惠介, 『心理学者, 裁判と出会う』, 北大路書房, 2002.

3) 앞의 책 1), 浜田寿美男, 「目撃証言の真偽判断とその方法」, 渡部保夫(監), 『目撃証言の研究—法と心理学の架け橋をもとめて』, 北大路書房, 2001, 268~343쪽.

4) 原聰・松島惠介・高木光太郎, 「対話特性に基づく心理学的供述分析(上)—足利事件被告人Sの公判証言を素材として」, 『駿河台大學論叢』 13호, 187~221쪽, 原聰・松島惠介・高木光太郎, 「対話特性に基づく心理学的供述分析(下)-足利事件被告人sの公判証言を素材として」, 『駿河台大學論叢』 14호, 109~176쪽.

5) 雪冤プロジェクトホームページ의 「誤判研究リポート」(http://setuen-project.com/)

6) 法と心理学会・目撃ガイドライン作成委員会(編), 『目撃供述・識別手段に関するガイドライン』, 現代人文社, 2005.

7) Lofus, E. & Ketcham, K., Witness for the defense, New York: St. Martin's Press, 1991. 厳島行雄(訳), 『目撃証言』, 岩波書店, 2000.

8) 위의 책, 富田達彦,「記憶実験と目撃証人同定」,『早稲田大学教育学部学術研究(教育心理編)』41호, 1992, 55〜71쪽.

9) 앞의 책 3)의 浜田寿美男,「目撃証言の真偽判断とその方法」, 268〜343쪽.

10) Ministry of Justice, Achieving best evidence in criminal proceedings: Guidance on interviewing victims and witnesses, and guidance on using special measures. Ministry of Justice, UK, 2011. Available at http://www.justice.go.uk/downloads/legislation/bills-acts/circulars/achieving-best-evidence-circular-2011-03.pdf.

11) 山本登志哉,「虚偽事実の無意図的な共同生成と証言者の年齢特性—幼児と大人の語り合いはどうすれ違うか」,『法と心理』1호, 2001, 102〜115쪽.

12) 渡辺昭一,「取調べと自供の心理」, 渡辺昭一(編),『捜査心理学』, 北大路書房, 2004, 51〜73쪽.

13) 大橋靖史,「時間的展望研究の具体的展開—法の場に活かす」, 都筑学・白井利明(編),『時間的展望研究ガイドライン』, ナカニシヤ出版, 2007, 164〜179쪽.

14) Jayne, B. C., The psychological principles of criminal interrogation(An Appendix) In F. E. Inbau, J. E. Reid & J. P. Buckley(eds.), Criminal interrogation and confessions(3rd ed.), Baltimore: Williams & Wilkins, 1986. 小中信幸・渡部保夫(訳),『自白』, ぎょうせい, 1990, 351〜390쪽.

15) 渡辺昭一(編),『捜査官のための実践的心理学講座 捜査心理ファイル』, 東京法令出版, 2005.

16) 大橋靖史,「自白に頼った杜撰な捜査と闘う—宇和島事件」, 日本弁護士連合会人権擁護委員会(編),『誤判原因に迫る』, 現代人文社, 2009, 674〜701쪽.

17) 綱川政雄,『被疑者の取調技術』, 立花書房, 1997.

18) 浜田寿美男,『自白の研究』, 三一書房, 1992/北大路書房, 2005.

19) 浜田寿美男,『自白の心理学』, 岩波書店, 2001.

20) 위의 책.

21) Inbau, F. E., Reid, J. E.,Buckley, J. P, Criminal interrogation and confessions(3rd ed.).

Baltimore: Williams & Wilkins, 1986. 小中信幸・渡部保夫(訳),『自白』, ぎょうせい, 1990.

22) 浜田寿美男,『自白の研究』, 三一書房, 1992/北大路書房, 2005.

23) 大橋靖史,「反抗体験の有無が供述コミュニケーションに及ぼす影響」,『平成13年度～平成15年度科学研究費補助金基盤研究(C) (2)研究成果報告書』, 2005, 앞의 논문 16).

24) 앞의 책 1), 浜田寿美男,「目撃証言の真偽判断とその方法」, 渡部保夫(監),『目撃証言の研究—法と心理学の架け橋をもとめて』, 北大路書房, 2001, 268～343쪽.

25) 浜田寿美男,『自白の心理学』, 岩波書店, 2001.

제3장

꿰뚫어보지 못하는 '거짓자백'

형사재판의 한계 – 당신도 형사재판 제도를 알고, 생각하고, 함께 이야기하자.

1. 들어가며 – 자백의 임의성과 신용성

아시카가 사건, 도야마히미 사건, 우쓰노미야 사건, 우와지마 사건은 전부 '거짓자백'이 있었고 DNA 검증이나 진범의 출현에 의해 '무고의 증명'이 이루어진 사례였습니다. 이번에는 심리학자에게 배턴을 넘겨받은 법학자 측에서 '거짓자백'을 살펴봅시다. 가장 문제가 되는 것은 재판관이 '거짓자백'을 어떻게 평가했는가 하는 것입니다. 재판관은 과연 어떤 관점에서 '거짓자백'에 다가가는 걸까요?

   법률에는, 재판관이 자백을 판단할 때는 '임의성'과 '신용성'이라는 두 측면에서 판단하게 되어 있습니다.

(1) 자백의 임의성

우선 자백의 '임의성'이란 그 자백이 '자유로운 의사'로 이루어졌는지를 기준으로 합니다. 자백이 자발적으로 이루어진 것이 아니라면 '거짓'이 섞여들 위험이 높기 때문입니다.

   다만 자백의 '임의성' 판단에 관해, 법률의 해석 그 자체는 심리학과 같은 과학적 수법을 택하는 것은 아닙니다. 일상생활의 경험을 살려서, '거짓자백'

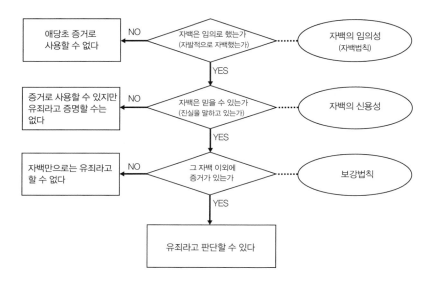

을 할 가능성이 높은 상황을 유형화하고 그 유형에 해당하는 때에는 형사재판의 증거로 삼을 수 없다고 합니다. 그 경우 자백이 '진짜'인지 '거짓'인지는 묻지 않습니다. 다음의 규칙이 그것입니다.

"강제, 고문 또는 협박에 의한 자백, 부당하게 긴 억류 또는 구금된 후의 자백, 기타 임의로 된 것이 아니라는 의심이 있는 자백은 증거로 삼을 수 없다."(형사소송법 제319조 1항)

법률은 이와 같이 강제, 고문, 협박, 부당하게 긴 억류 또는 구금하에서의 자백은 '거짓'일 가능성이 높고 오판을 초래하기 때문에 미리 증거로 채용할 수 없도록 하고 있는 것입니다.

경찰서로 가서 취조실에서 스스로 자백한 것이라면 그 자백은 '임의'로 이루어졌다고 볼 수 있을지도 모릅니다.

그러나 법률에서 말하는 '임의성'이란 그런 의미가 아니라, '스스로'의 배후에 폭행이나 협박 등으로 강제된 상황이 있었는지 없었는지를 가지고 판단합니다. 예를 들면 자신의 입으로 자백하고 자신의 손으로 자백조서에 서명한 경우에도, 신체적인 폭행 등을 당한 결과라면 그 자백은 '임의'가 아닌 것입니다.

(2) 자백의 신용성

다음으로 자백의 '신용성'이란 문자 그대로 '자백을 믿을 수 있는지'를 기준으로 합니다. 자백의 내용이 '진짜'인지 '거짓'인지를 판단하는 것입니다.

자백은 '내가 범인이다'라고 고백하는 것이기 때문에 일반적으로 '임의'로 (자발적으로) 자백한다면 '신용성'이 높다고 할 수 있을 것입니다. 사람은 일상생활 중에는 '자신에게 불리한 것'을 말하지 않기 때문입니다. 다만 그 사람이 무엇이 불리하다고 느끼는가는 복잡한 문제를 안고 있습니다. 지금의 그 사람이 되기까지의 배경이나 살아온 과정, 그 가족을 포함한 인간관계, 직업이나 사회와의 관계, 현장의 상황 등에 따라 달라집니다.

그러므로 자백이 '임의'로 이루어졌다고 해도, '자백을 믿을 수 있는지'는 신중하게 검토해야 합니다. 자신의 명예나 입장을 지키기 위해, 혹은 타인을 지키기 위해 '거짓말'을 하는 경우도 있을 수 있습니다. 인간은 일상생활에서도 적당히 '거짓말'을 합니다. 본심(혼네)과 명분(다테마에)이라고 하는 것도 그 일종이라고 할 수 있겠지요. 이제까지 인생에서 한 번도 '거짓말'을 한 적이 없는 사람은 없을 것입니다. 소중한 것에 관해서도 어쩔 수 없이 '거짓말'을 하는 경우도 있습니다.

어떤 자백의 내용이 사건 현장에 남겨진 객관적인 사실과 모순된다면 어떨까요? 그 자백은 '거짓자백'일지도 모릅니다. 자백 내용이 애매하다면 어떨까요? 그 사람은 '거짓자백'을 하고 있는 것일지도 모릅니다. 어쩌면, 시간이 흘러서 세세한 부분을 잊어버린 것일지도 모릅니다.

이와 같이 '자백을 믿을 수 있는지'의 판단은 복잡한 것입니다. 법률은 '거짓자백'을 방지하기 위해 '임의성'뿐만 아니라 '신용성'에 관해서도 신중하게 검토하도록 촉구하고 있습니다.

재판관은 법률에 따라 '임의성'과 '신용성'이라는 두 측면에서 자백에 접근합니다.

제2장에서 살펴본 것처럼 아시카가 사건이나 도야마히미 사건은 재판관이 '거짓자백'을 발견하지 못하여 피고인이 유죄가 되었으며, 이후에 재심(확정된 유죄판결을 다시 바로잡는 재판)으로 무죄판결이 내려진 사례입니다. 당시의 재판관은 '거짓자백'을 발견하지 못했습니다. 어째서일까요? 또한 이 사건들에서 무죄판결을 선고한 재판관이라면 '자백'의 '거짓'을 발견할 수 있었을까요?

우쓰노미야 사건이나 우와지마 사건은 피고인이 '거짓자백'을 했지만 진범의 등장으로 '무고의 증명'이 이루어진 사례입니다. 그렇다면 무죄판결을 선고한 재판관은 '자백'의 '거짓'을 발견한 후에 무죄판결을 내린 걸까요? 만일 진범이 등장하지 않았더라면 어떻게 되었을까요?

이제부터 이와 같은 의문을 좇아 재판관이 '거짓자백'을 어떻게 판단했는지를 법학자의 눈으로 따라가도록 합시다.

김인회의 한국 이야기 12

이 글에서는 임의성과 신용성으로 자백과 진술의 증거능력 및 증명력을 심사하고 있습니다. 증거능력은 형사재판에서 증거로 사용할 수 있는 자격을 말합니다. 증명력은 증거능력 있는 증거가 얼마나 범죄사실을 입증할 수 있는 힘이 있는가 하는 문제입니다. 따라서 증거능력인 임의성을 먼저 심사한 후 증명력인 신용성을 심사해야 합니다.

그런데 임의성과 신용성의 전 단계에서 심사해야 하는 것이 있습니다. 가장 먼저 자백과 진술이 합법적으로 이루어져야 합니다. 그리고 증거물도 합법적으로 구해야 합니다. 이것을 합법성 심사라고 부릅니다. 한국에서는 이것이 법률과 판례로 확립되어 있습니다. 한국 형사소송법은 증거법의 대원칙으로 "적법한 절차에 따르지 아니하고 수집한 증거는 증거로 할 수 없다"라고 규정하고 있습니다. 이 원칙을 적용하면 위법한 체포 이후 작성한 피의자신문조서나 진술조서는 증거로 사용할 수 없습니다. 진술거부권을 고지하지 않은 채 작성한 피의자신문조서도 증거로 사용할 수 없습니다. 영장 없이 압수한 물건, 혹은 영장에 기재되지 않은 상태에서 압수한 물건은 증거로 사용해서는 안 됩니다. 나아가 위법하게 수집한 증거를 바탕으로 다시 수집한 증거 역시 사용할 수 없습니다. 독이 든 나무에서 나온 열매 역시 독이 있으므로 먹을 수 없다는 것과 같은 이치입니다. 이렇게 우선 적법한 절차에 따라 수집된 증거만을 증거로 사용할 수 있도록 한 다음, 이 증거 중 진술증거는 임의성이 있어야만 증거로 사용합니다. 여기까지가 바로 증거로 사용할 수 있는 조건, 즉 증거능력입니다. 다음으로 그 증거가 믿을 만한 것인지를 신용성 평가 단계에서 검토합니다. 이것을 증명력이라고 합니다.

2. 네 원죄 사건의 형사법학적 분석

Ⅰ. 아시카가 사건

(1) '거짓자백'과 유죄판결

아시카가 사건은 최고재판소에서까지 다투어 유죄를 선고받았지만, 이후에 DNA 검증으로 무고함을 증명하여 재심에서 무죄를 받은 사례입니다. 피고 인이 된 S씨는 수사단계에서도 법정에서도 '거짓자백'을 했습니다. 수사단계 에서는 임의동행된 당일에 바로 '거짓자백'을 하게 되었고, 법정에서는 일단 부인했지만 다시 '거짓자백'을 했습니다. 그 후 재차 부인하며 최고재판소에 서까지 다투었으나 유죄가 되었습니다.

　당시의 재판관은 아시카가 사건의 '거짓자백'에 대해 어떤 판단을 내렸던 걸까요? 여기에서는 진실과 달리 유죄를 선고한 고등재판소 판결을 다루겠 습니다.

① 수사단계에서의 '거짓자백'

• 자백의 임의성에 관해

S씨는 수사단계에서 '거짓자백'을 했습니다. S씨는 취조받을 때 취조관에게 들볶인 점, 취조관이 S씨에게 혈액형이나 DNA가 합치한다는 것을 알리면 서 자백을 유도한 점 등의 사실을 제시하며 자백의 임의성을 다투었습니다.

　그러나 재판관은 취조관이 S씨를 들볶은 사실에 대해 다음과 같이 판단 했습니다.

　"…수사본부의 수사관이…폭행을 가하는 사태는 생각하기 어렵다. 만일 피고인의 애매한 태도에 애가 탄 취조관이 취조 초기에 피고인이 주장하는 것과 같은 행동이 있었다고 해도, (경찰관) 증인의 진술에서 보이는 피고인의 최초 자백의 전후 상황, 그 후 수사단계의 자백 내용 등에 비추어보면, 이것이 피고인의 수사단계 자백의 임의성에 영향을 미친 것이라고는 인정되지 않는다."

그리고 혈액형이나 DNA가 합치하는 사실을 알려 자백을 유도한 점에 대해서는, 먼저 "경찰 수사관이 피고인에게 혈액형 내지 DNA형이 일치한다는 점을 알려서 진술을 요구한 점은 소론(所論: 변호인 측의 주장)이 지적한 대로다. 그리고 이것이 피고인이 비교적 조기에 자백한 원인이 된 점도 어렵지 않게 짐작할 수 있다"고 해서 변호인 측의 주장을 인정했습니다. 그러나 "이것(혈액형 내지 DNA형이 일치한다는 사실)이 사건과 피고인을 연결시켜 생각하는 데에 상당히 유력한 증거라는 점은 객관적 사실이기 때문에 취조관이 이 사실을 피고인에 알렸다고 해서 피고인에게 부당한 심리적 강제를 가해 임의성 없는 자백을 이끌어냈다는 비난은 타당하지 않다고 해야 한다"고 했습니다.

재판관은 이상의 사실에서 "피고인의 자백이 위법, 부당한 강요나 유도에 의해서 그 의사에 반해서 이루어졌다고 할 수 없다"고, S씨의 자백에는 임의성이 있다고 판단했습니다.

• 자백의 신용성에 관해

수사단계의 S씨 '거짓자백'에는 범행시각, 살해현장 등에서 변화가 보였습니다.

그러나 재판관은 이 진술들의 변화에 관해 "직접 체험한 사정이라 해도 시간이 지남에 따라 기억의 내용, 정도에도 차이가 생기고 또한 기억 환기의 정도, 정확도, 표현력도 다양하며, 본건과 같이 범행으로부터 1년 반 이상이나 지난 후에 수사관의 취조를 받는 경우 자신의 불이익으로 직접 이어지는 (이러저러한) 사정의 진술이 동요, 망설임, 망각, 기억의 차이 등 때문에 어느 정도 변동하는 것은 오히려 자연스럽다고 할 수 있다"고 하고, 나아가 S씨의 특성이나 성격 등을 고려해도 '본건 범행의 근간이 되는 부분'에 관한 S씨의 '자백'은 믿을 수 있다고 판정했습니다.

S씨의 '자백'(조서)에는 주차장에서 여자아이를 발견하고 유인해서, 자전거 뒷부분의 짐칸에 태웠던 때의 상황, 와타라세 강 제방에서 하천부지로 내려가는 비탈길에서 속도를 너무 내서 브레이크를 밟았던 상황, 살해 후에 여자아이를 애무했던 때의 상황, 사체를 옮겼던 때의 상황 등이 기술되어 있었습니다. 이 점에 관해 재판관은 "전체적으로 실제로 그 자리에 있었고 체험한 자의 진술로서의 진실성이 느껴진다"는 판단을 보였습니다.

② 법정에서의 '거짓자백'

S씨는 제1심 법정에서 범죄를 부인했지만 다시 죄를 인정하는 진술을 했습니다. 그 후 S씨는 다시 부인으로 돌아섰습니다. 부인한 후 다시 자백으로 바뀐 이 변화에 관해 자백을 뒤엎으면 '변호인에게 야단맞을지도 모른다는 불안이 있었던 점, 방청석에 피고인을 취조했던 형사가 있다고 생각했던 점' 등을 이유로 들었습니다. 그러나 재판관은 "(재판의 도중까지) 본건 범행을 인정하는 태도를 유지하고 있었던 이유로는 충분하지 못하고 납득하기 어려운, 매우 불합리한 변명이라고 할 수밖에 없다"고 잘라버렸습니다.

또한 S씨가 법정에서 몸짓, 손짓을 섞어서 범행 상황을 표현한 것에 대해 재판관은 "유괴하고, 살해하고, 전라로 만들어 애무하고 유기했다고 하는 본건 범행의 기본 사실을 긍정한 다음, 외설 목적이 생긴 시기를 다투고, 살해의 계기가 된 피고인의 (피해자)에 대한 접촉 행위의 모습을 손짓을 섞어서 구체적으로 진술하고 있어, 피고인이… 변명하는 것과 같이 당시 신문기사의 기억 등으로부터 상상을 섞어서 경험하지 않은 허구의 사실을 수사관 등의 마음에 들도록 진술했다고 하는 등의 변명은 도저히 받아들이기 어렵다"고 했습니다.

재판관은 이렇게 S씨의 법정에서의 '자백'을 믿을 수 있다고 한 것입니다.

③ 객관적 사실과 모순되는 '거짓자백'

그러나 S씨의 '자백'에는 객관적인 사실과 모순되는 점이 있었습니다.

우선 살해방법에 대해, S씨의 자백에 의하면 양손으로 테를 만든 것 같은 모양으로, 즉 좌우의 엄지가 피해자의 앞목, 나머지 네 손가락이 뒷목에 닿는 모양으로 목을 졸랐다고 하나 피해자 목의 액흔(목을 조른 흔적)은 목의 양옆에만 있고 앞뒤에는 없었습니다.

또한 S씨의 자백 내용은 실제 피해자의 사체에 묻어 있던 타액의 상황이나, 와타라세 강 바닥에서 발견된 피해자의 속옷에 묻어 있던 정액의 흔적과도 달랐습니다.

• 살해방법에 관해

그러나 재판관은 객관적 사실과 모순된다는 점을 인정하면서도, "피고인의 자백은 사건 발생으로부터 약 1년 반이 지난 후에 비로소 이루어진 것이므로 세세한 부분까지 객관적 사실과 일치하지는 않는 것은 오히려 자연스러우며, 상세한 점에서 어긋난다고 해서 그 신용성에 직접적으로 영향을 미치는 것은 아니다. 소론所論이 지적하는 점은 독자적인 견해에 의한 것이거나 세부적인 모순이 있어서 전체적으로 피고인 진술의 신용성에 영향을 미친다고는 하기 어렵다"고 판단했습니다.

특히 살해방법에 관한 '자백'의 내용이 피해자의 사체에 남은 흔적과 모순되는 점에 대해서는 "(피고인과 피해자) 쌍방이 움직이고 있었기 때문에… (목을 조른 흔적이) 벗어나도, 다르다고 하기에 부족하다", "본건의 경우 살해방법은… 여러 가지로 있을 수 있는데도… 피고인이 자백한 방법 그대로 살해가 이루어진 사실은 피고인이 있는 그대로를 말하고 있다는 것을 보여준다"고 판단함으로써 S씨의 무고하다는 호소를 일축했습니다.

• 정액이나 타액이 묻은 상황에 관해

또한 정액이나 타액이 묻은 상황과 모순되는 점에 관해서는 "범행 후 1년 반이 지나서 자백하는데 피고인이 (피해자)의 옷을 놓은 위치 등을 정확히 기억하고 있지 않아도 부자연스럽지 않으며, 자백 내용이 정액이 묻은 상황이나 타액이 묻은 상황과 맞지 않다고 해서 곧바로 자백이 의심스럽다고는 할 수 없어… 피고인의 자백과 모순된다고는 할 수 없다"고 판단했습니다.

이와 같은 평가의 전제에는 낡은 DNA 감정에 따라 재판관이 S씨가 범인임이 '거의 확실'하다고 짐작하고 있었다는 사정이 있었을지 모릅니다. 당시의 재판관은 객관적인 사실과 모순이 있어도 여전히 S씨의 '자백'은 믿을 수 있다고 했습니다.

(2) '거짓자백'과 재심무죄판결

S씨는 최신 DNA 감정 결과 재심이 제기되어 무죄판결을 받을 수 있었습니다. 그렇다면 재심무죄를 선고한 재판관은 S씨의 '거짓자백'을 무엇으로 발견할 수 있었던 걸까요?

① 최신 DNA 감정과 '거짓자백'

재심무죄판결은 "감정 결과에 의하면 본건 반소매속옷에 묻어 있던 남성의 DNA형과 S씨의 DNA형이 일치하지 않아 이 사실은 S씨의 확정심에서의 수사단계 및 법정에서의 자백을 전제로 하면 도저히 설명할 수가 없으므로, 이와 같은 S씨의 자백은 전혀 믿을 수 없다"고 하여 최신 DNA 감정에 의하면 S씨의 '자백'은 믿을 수 없다고 했습니다.

나아가 "감정이라는 객관적인 증거와 모순되는 점에 더해서 S씨가 본건 자백을 한 최대 요인이 수사관으로부터 본건 DNA형 감정의 결과를 전해들은 점이 인정되므로 결과적으로 이것이 S씨와 범인을 연결시킨 사실이 아니

임의로 한 게 되어버린 '거짓자백'

당신은 자발적으로
스스로 거짓말을 한 것이다!

에? 무슨…

었던 점, 재심공판에서 밝혀진 당시의 취조상황이나 강하게 말하면 좀처럼 반론하지 못하는 S씨의 성격 등을 모아 보면 오히려 본건 자백 내용은 당시 신문기사의 기억 등으로부터 상상을 섞어서 수사관 등의 마음에 들도록 진술했다고 하는 확정된 항소심에서의 S씨의 진술에 신용성이 인정되는 점 등의 각 사정에 비추어 S씨의 자백은 그 자체로 신용성이 전혀 없으며 허위임이 분명하다고 해야 한다"고 하여 S씨의 '자백'을 거짓이라고 했습니다.

　여기에서 주의하지 않으면 안 되는 것은 재심무죄를 선고한 재판관은, 최신 DNA 감정의 결과에 의하면 S씨의 자백은 있을 수 없다는 점을 전제로 해서 비로소 S씨의 '자백'이 '거짓'이라고 판단할 수 있었다는 사실입니다. 이 DNA 감정이 없었다면 S씨의 '거짓자백'을 믿고 있었을지도 모릅니다.

② 자백의 임의성 판단

나아가 재심에서 무죄를 선고한 재판관은 S씨의 자백의 임의성에 관해 다음과 같이 판단한 것에 주의하지 않으면 안 됩니다. 우선 법정에서 한 S씨의 '자백'에 관해서는, "법정에서는 소추하는 측인 검찰관뿐만 아니라 중립적인

법정은 대반성회?

추리소설이나 재판을 그린 드라마에서 종종 검찰관과 변호인이 격렬하게 논쟁을 벌이는 장면을 보셨겠지만, 그러한 장면은 '부인사건'이라고 해서 범죄사실에 관해 피고인이 '자신은 하지 않았다'고 다투는 사건에서만 벌어집니다.

피고인이 범죄사실을 인정하는 사건의 법정은 양상이 완전히 다릅니다. 피고인의 새로운 삶과 장래의 감독을 약속하는 부모님이나 친족('정상증인'이라고 합니다)이 울면서 "본성은 착한 아이입니다"라고 피고인을 두둔하고, 잇달아 피고인에 대한 질문은 변호인, 검찰관, 재판관 등이 합세해서 피고인의 반성은 진심인지, 피해자에게 사죄하는 마음이 어떤지, 피해를 배상할 수 있는지, 이제부터는 어떤 생활로 살아갈 것인지 등을 연달아 질문하고, 피고인은 "두 번 다시 다른 사람에게 폐를 끼치는 일은 하지 않겠다고 맹세합니다"라고 머리를 숙입니다. 마치 대반성회 같습니다.

물론 실제로 죄를 저지른 사람이 그 재판을 계기로 새로운 삶을 살아가겠다고 하는, 법정에서의 이와 같은 대화가 필요한 경우도 있을 겁니다. 그러나 형벌을 마친 사람의 갱생을 지원할 장치가 부족한 사회 현실에 비추어보면, 법정에서 대반성회를 여는 것만으로 피고인이 참된 갱생으로 가는 제1보를 내딛을 수 있을지는 그다지 미덥지가 않습니다.

하물며 대반성회가 열리는 법정 한가운데에 있는 사람이, 하지도 않은 죄를 '거짓자백'으로 인정해버린 피고인이라면 과연 어떨까요?

입장의 재판관, 여기에 더해 피고인의 권리를 방어하는 변호인이 출석하고 있어서 피고인으로서는 언제든지 변호인의 도움을 받을 수 있는 상태에 있다. 그리고 법정에서는 피고인에게 묵비권이 충분히 보장되는 것은 물론, 묵비권을 행사하지 않고 진술하는 경우에도 강제나 위협, 부당한 유도 등을 받지 않도록 하는 보장이 형사소송법 등에 의해 제도적으로 확보되어 있다"는 것을 이유로, '특단의 사정'이 없는 한 S씨의 '자백'에는 임의성이 인정된다고 했습니다. 즉 재판관은 'S씨는 자발적으로 거짓자백을 했다'고 판단한 것입니다.

더욱이 수사단계에서 만들어진 S씨의 '자백'조서에 관해서도 잘못된 DNA 감정의 결과가 전해진 것이 '자백'의 '최대의 이유'라고 했지만, "이 사정은 S씨의 수사단계 자백의 임의성에는 영향을 미치지 않았으나, 그 신용성에는 크게 영향을 미친 사정이라고 인정된다"고 했습니다. 여기에서도 재판관은 마찬가지로 S씨의 '자백'조서는 '거짓'이지만, '무리하게 강요'당하거나 심리적인 억압을 받은 것이 아니라 자발적인 것이어서 증거로 삼을 수 있다고 한 것입니다.

이처럼 재심무죄를 선고한 재판관은 S씨의 '거짓자백'의 임의성을 인정하면서도 S씨의 '자백'은 최신 DNA 감정의 결과에서 보면 있을 수 없기 때문에 믿을 수 없다고 한 것에 지나지 않습니다.

II. 도야마히미 사건

(1) '거짓자백'과 유죄판결

도야마히미 사건은 피고인이었던 J씨의 유죄가 확정되고 형무소에서 징역에 처해진 후에 진범이 나타남으로써 무고함이 밝혀진 사례입니다. J씨는 수사단계와 법정에서 모두 '거짓자백'을 했습니다. 공판단계에서도 J씨는 전면적으로 죄를 인정하고 사죄했습니다. 당시 변호인도 J씨의 유죄를 전제로 변호활동을 했습니다. 유죄를 선고한 재판관은 이 '거짓자백'에 관해 어떤 판단을 내렸던 걸까요?

① 수사단계와 법정의 '거짓자백'

수사단계에서 J씨는 A사건에 관해서는 일관되게 '자백'을 유지했으나, B사건에 관한 '자백'의 내용은 변화했습니다. 또한 J씨는 법정에서도 처음부터 일관하여 죄를 인정하고 사죄했습니다. 이후에 언급하는 대로 J씨의 자백에는 큰 변화가 보이고 있었지만, 재판관은 '자백 내용의 변화'를 전혀 문제삼지 않았습니다. 그럼 '거짓자백'을 그대로 믿은 검찰관, 변호인의 주장과 재판관의 결론을 살펴봅시다.

· 검찰관의 주장

검찰관은 논고에서 "본건 공소사실은 이 법정에서 조사가 끝난 각 관련 증거에 의해 그 증명이 충분하다", "본건 폭행, 협박의 정도가 중하고 피해자에게 가한 공포는 매우 커 우리 상상의 범위를 초월하는 것이다. (…) 두 피해자의 부모, 가족도 본건에 의한 정신적 피해는 심대하다", "두 피해자는 물론이고 친권자인 부모 등도 피고인에 대해 엄중한 처벌을 바라고 있다", "피고인의 전과는 교통 관련 전과뿐이지만, 본건의 범행 동기나 형태와 모양, 피해자에게 가한 헤아릴 수 없는 정신적, 육체적 고통, 피해감정을 종합해서 생각하면, 피고인에 대해 엄격한 형사책임을 물어야 할 것은 두말할 필요가 없다. 따라서 피고인을 상당히 장기간 교정시설에 수용하여 교정교육을 시행하는 것이 필요불가결하다'고 주장하며 징역 4년을 구형했습니다.

• 변호인의 주장

이러한 검찰관의 주장에 대해 변호인도 변론에서 "본건 각 공소사실에 대해서는 피고인도 인정하고 있고 다투지 않는다"고 해서 '자백'을 믿고 유죄임을 전제로 정상참작에 의한 관대한 판결을 구했습니다. 자백의 임의성도 신용성도 다투지 않았습니다.

• 재판관의 결론

유죄판결을 선고한 재판관은 J씨 자신도 죄를 인정했기 때문에 검찰관의 주장대로 '범죄사실'을 인정하고 징역 3년을 선고했습니다. 유죄판결은 다음과 같이 말합니다.

"피고인의 책임은 중대하다", "한편 본건 제2의 범행(제2사건)에서는… 간음을 단념했기 때문에 간음 자체는 미수에 그친 점, 피해자들은 피고인을 용서하지 않으나 피고인의 형이… 위로하고 사죄하는 데에 힘쓰고 있는 점, 피고인도 사실을 인정하여 공판정에서 피해자들에게 사죄하거나 본건 각 범행에 대해 반성하는 말을 하며 재범이 없을 것이라고 약속하고 있는 점, 피고인의 형이 공판정에서 피고인이 사회로 복귀한 후에는 자택에서 가까운 곳에 살게 해서 피고인을 지도감독하겠다고 말하고 있는 점, 피고인에게 교통 관련 벌금 전과 이외에는 전과가 없는 점 등 피고인을 위해서 참작해야 할 사정도 있다."

이와 같이 재판관은 J씨의 '자백'을 전면적으로 믿고 J씨에게 유죄판결을 내렸습니다.

② 객관적 사실과 모순되는 '거짓자백'

• '캔버스 운동화'의 행방

그러나 J씨의 '자백'은 제2장에서 지적한 대로 수많은 객관적 사실과 모순되는 것이었습니다. 신발자국과 신발의 모순에 더해, 알리바이마저 있었습니다. 현장에 남아 있었던 범인 것으로 단정할 수 있는 신발자국은 J씨의 발 사이즈와는 전혀 맞지 않았습니다. 그 신발바닥의 무늬에서 알아낸 신발은 '캔버스 운동화'로 특정되었지만, J씨는 그것을 산 적도, 가진 적도, 신은 적도 없었습니다. 범행시각에 J씨가 자택에서 전화를 하고 있었다는 사실도 명백했습니다.

여기에서는 '캔버스 운동화'를 둘러싼 J씨의 '자백' 변화에 대해 살펴보겠습니다.

최초의 조서(4월 15일자)에는 "제가 이 사건들을 일으켰을 때 신었던 신발은, 흰색 바탕에 까만색 별 모양의 마크가 붙은 가죽 재질의 스니커즈였습니다. 이 신발은 나중에 경찰이 뭔가 사건 일로 물어도 증거가 없으면 절대로 잡히지 않으니 버리자고 생각해서 집에 돌아오는 도중에 있는 히미 시 ○○에서 히미 시 불연물처리장 사이의 도로 옆 벼랑 아래로 올해 4월 들어 버렸습니다"라고, '도로 옆 벼랑 아래'에 버렸다고 적혀 있었습니다.

다음 조서(4월 23일자)에는 "이 신발은, 지금 분명히 기억나는데, 집 안에 있는 창고에 두었습니다. 제 집에 누이들이 가끔 오는데, 저는 돈도 많이 없으면서 뭐든지 사기 때문에 항상 누이들에게 돈도 없으면서 쓸데없이 돈을 쓰지 말라고 말을 듣습니다. 그래서 누이들이 발견하면 또 혼날 거라고 생각해서, 누이들에게 발견되지 않도록 산 물건을 창고 안에 숨겨두는 습관이 있습니다. 그래서 이 사건에 사용한 신발은 올해 4월 들어서부터 창고 안에 숨겨놓았습니다. 그렇지만 숨긴 장소는 창고 2층에 있는 장롱 서랍 안인지, 창고 1층에 놓인 낡은 게다 상자 안과 책상 서랍 안, 또는 비닐 재질의 옷 케이

〈표〉'캔버스 운동화'의 행방

4월 15일자 조서	도로 옆의 벼랑 아래로 버렸다
4월 23일자 조서	창고에 숨겼다
4월 24일자 조서	버렸는지, 숨겼는지, 확실히 생각나지 않는다
5월 23일자 조서	집 앞에서 태웠다
5월 27일자 조서	집 앞에서 태웠다

스 안인지 이 중에 놓아두었다고 생각합니다"라고 하여 '창고에 숨겼다'가 되었습니다.

나아가 그다음 조서(4월 24일자)에는 "이 신발은 확실히 3월 말과 4월 1일 사이에 발견되면 곤란하다고 생각해서 버렸든지 숨겼든지 했습니다. 발견되면 곤란하다는 것은, 지금처럼 제가 범인으로 잡혔을 때, 강간하고자 했을 때 신고 있던 신발이 집에서 발견되거나 가지고 있거나 하면 제가 범인이 틀림없는 게 되기 때문입니다. 다만 버렸는지 숨겼는지는 확실히 생각나지 않습니다. 왜냐하면 이 운동화 말고도 운동화 몇 켤레를 버리거나 숨긴 적이 있기 때문입니다"고 해서 '버렸는지, 숨겼는지 확실히 생각나지 않는다'로 변했습니다.

나아가 그로부터 약 1개월 후의 조서(5월 23일자)에는 "이 운동화는 쓰레기와 같이 집 앞에서 태워서 지금은 없지만, A씨와 B씨를 강간했을 때 신고 있었던 운동화는 별 마크가 있는 흰색 운동화가 틀림없습니다"라며 '집 앞에서 태웠다'가 되었습니다.

이 변화들은 왜 생긴 걸까요? 하지도 않은 J씨가 괴로운 나머지 내뱉은 대답입니다. 자백을 좇아 경찰은 '캔버스 운동화'를 수사했습니다. 그러나 '자백'대로 '캔버스 운동화'를 발견할 수 없었습니다. 그래서 더 추궁하고, 더 괴로워서 대답을 했습니다. 자백의 변화는 이런 이유 때문이라고 봅니다.

이 '캔버스 운동화'에 관해 검찰관이 당시 재판소에 제출한 J씨의 자백조서는 1통(5월 27일자)뿐이었습니다. "제가 벌인 A와 B 사건 당시 신고 있었던 신발은, 흰색 바탕에 거무스름한 색의 큰 별 마크가 붙은 가죽 재질의 운동화입니다. 이 신발에 관해서는 종종 텔레비전 등에서 발자국이 범인을 찾아내고 증거가 되는 내용의 프로그램을 본 적이 있기 때문에 이대로 이 신발을 가지고 있으면 증거가 될지도 모른다고 생각해서 집 앞에서 태웠습니다"라는 자백조서가 그것입니다.

유죄판결을 선고한 재판관은 이 마지막 자백조서만을 보았으며, J씨 '자백'의 '거짓'은 발견할 수 없었습니다. 그렇다면 조서 전부를 보았다면, 재판관은 J씨 '자백'의 '거짓'을 발견할 수 있었을까요? 다음에서 그것을 살펴봅시다.

(2) '거짓자백'과 재심무죄판결

J씨는 진범 X의 출현에 의해 재심이 열려 무죄판결을 받을 수 있었습니다. 게다가 재심에서 검찰관은 확정재판에서는 제출하지 않았던 자백조서를 제출했습니다.

① 진범의 '진짜 자백'과 '거짓자백'
재심무죄를 선고한 재판관은 이후에 나타난 범인에 관해 이렇게 판단했습니다.

"즉 (진범)은 본건 공소사실 1, 2와 관련된 각 범행을 자백하고 있는데, 각 범행의 상황에 대해 일부 구체적으로 기억하고 있고, 범행현장이나 관련 장소에 경찰관을 안내하고 있는 점, 2002년 5월 5일 이시카와 현 내에서 발생한 강간 사건…의 범행 현장에 남겨진 발자국과 본건 공소사실 2의 범행 현장에 남겨진 발자국은 같은 종류의 발자국으로 같은 운동화에 의해 찍힌 것이라고 추정되는 점, 본건 공소사실 1, 2의 각 범행 현장에 남겨진 발자국은 같은 종류의 발자국으로 일치할 가능성이 인정되는 점 등에 비추어보면 앞의 자백은 충분히 믿을 수 있다고 할 수 있다."

'진짜 자백'이 있다고, 그리고 진범이라고 인정한 것입니다.

거기에 더해 J씨의 '자백'에 대해 "그렇다면 본건 자백 1, 2 및 피해자 진술 1, 2는 모두 신용성이 없음이 분명하다. 또한 본건 공소사실 1, 2에 대해, 그 밖에도 피고인이 범인이라는 것을 의심하게 하는 증거, 즉 2002년 3월 13일 오후 2시 40분경 피고인이 자택에서 전화를 걸고 있었다는 것을 입증하는 증거…가 있다…"고 했습니다.

이상과 같이 재심무죄판결은 진범 X의 '진짜 자백'을 믿을 수 있다는 점, 진범의 발자국이 본건 사건에 남겨진 발자국과 같은 모양이라는 점 등을 근거로, 다른 진범이 출현했기 때문에 J씨의 '자백'은 '거짓'이므로 믿을 수 없다고 한 것입니다.

여기에서도 재심무죄를 선고한 재판관은, J씨의 '거짓자백'의 신용성을 진범이 출현했으므로 믿을 수 없다고 한 것에 지나지 않았습니다. 진범이 나오지 않았다면 J씨 '자백'의 '거짓'은 발견되지 않았을 것입니다.

② 자백의 임의성의 판단

도야마히미 사건의 재심무죄판결은 '거짓자백'을 한 J씨의 자백의 임의성에 관해서는 특별히 언급하지 않습니다. 재판소는 실제로 범행을 저지르지 않은 J씨가 어떤 생각에서, 왜 '거짓자백'을 하지 않으면 안 되었는지, 왜 법정에서도 그대로 '거짓자백'을 철회하지 않고 무고한 죄로 징역까지 살았는지, 도대체 그 자백이 어떤 상황하에서 이루어졌는지 해명해야 했습니다. 단순히 무죄를 선고하는 데에 그친다면 재판소가 역할을 완수했다고 할 수 없습니다.

검찰관의 재심청구

유죄판결이 확정된 후, 무고한 죄를 덮어쓴 이전의 피고인(판결이 확정되면 피고인이 아니게 됩니다. 피고인은 형사재판을 받는 동안에만 쓰는 용어입니다.—옮긴이)이 자신의 원죄를 밝히기 위해 마지막으로 의지하는 제도, 그것이 재심절차입니다. 따라서 보통, 재심을 청구하는 것은 유죄판결을 받은 이전의 피고인입니다.

그러나 일본 형사소송법은 재심을 청구할 수 있는 사람 맨 앞에 '검찰관'을 들고 있습니다(형사소송법 제439조 1항 1호). 이 책에서 소개한 도야마히미 사건에서는 J씨의 복역 후에 진범이 나타났기 때문에 검찰관이 재심을 청구했고, 재심공판에서 무죄판결이 선고되었습니다. 이 사건과 같이 유죄판결을 받은 사람과는 별개로 진범이 발견된 경우나 범인의 대역이라는 것이 발각된 경우 등에 검찰관은 재심을 청구합니다.

실은 여기에 굉장히 중요한 점이 있습니다. 재심을 청구할 수 있는 사람 맨 앞에 검찰관을 들고 있는 것의 의미입니다. 그것은 잘못된 판결을 발견했을 때, 법이 이전에 무고한 사람을 기소한 장본인인 검찰관에게 '공익의 대표자'로서 스스로 잘못을 바로잡을 것을 요구하고 있다는 것입니다.

보통 재판에서 검찰관은 피고인과 대립하는 당사자로서 피고인의 유죄를 입증하는 쪽입니다. 검찰관의 수중에 있는 증거 중에 피고인에게 유리하게 작용하는 무죄 방향의 증거가 있다 해도, 검찰관은 그것을 좀처럼 법원에 제출하지 않습니다. 무죄 방향으로 작용하는 증거가 숨겨진 채로 판단된 유죄판결을 '절대로 틀리지 않았다'고 누가 단언할 수 있을까요?

일본의 형사소송법은 피고인에게 불이익이 되는 재심, 즉 무죄를 유죄로 하거나 가벼운 형을 무거운 형으로 하는 재심을 인정하지 않습니다. 재심은 잘못된 판결에 의해 유죄가 된 사람을 구하기 위한 제도입니다. 법은 이러한 재심청구를 검찰관에게 요구함으로써, 이전의 잘못을 점검할 수 있도록 그때까지 나오지 않았던 증거도 재심에서는 모두 제출하라는 메시지를 보내고 있습니다. 이를 포함해서 재심청구에서의 검찰관의 '증거개시의무'에 관해 현재 활발한 논의가 벌어지고 있습니다.

Ⅲ. 우쓰노미야 사건

(1) '진짜 자백'의 검토

우쓰노미야 사건은 '거짓자백'을 한 K씨의 재판 중에 진범이 나타나 무고함이 증명된 사례입니다. 검찰관은 처음에는 K씨가 유죄라는 취지의 주장을 했지만, 진범이 나타났기 때문에 무죄 주장으로 바꾸었습니다.

K씨도 역시 수사단계와 법정에서 모두 '거짓자백'을 했습니다. 당시 재판관은 K씨 '자백'의 '거짓'을 어떻게 발견했을까요?

① 진범의 '진짜 자백'과 재판관의 판단
무죄를 선고한 재판관은 우선 K씨의 '거짓자백'을 검토하지 않고, 진범의 '자백'이 '진짜'인지부터 검토하기 시작합니다. 그리고 진범의 '자백'에 대해 다음과 같이 말했습니다.

• 양과자점 사건의 '진짜 자백'

재판관은 양과자점 사건의 '진짜 자백'에 관해 "폐점 직전에 발생한 사건 직후에 일반 손님의 출입이 없는 가게의 주방에서 채취된 발자국과 W(진범)가 임의제출한 운동화의 발자국이 일치하고 있는 점, 차용금의 변제가 곤란해서 변제를 미루고 있던 W가 피해금액과 거의 같은 액수인 13만 엔을 사건 다음날에 융자회사에 변제했던 점이 인정되어 이 사실들로 양과자점 사건의 범인이 W임이 강하게 추인된다", "…수사단계에서 W의 진술은 그 자체로 특별히 불합리한 점이 없고 피해자들의 진술과도 대체로 합치한 데다 점원이 한 번 비명을 지르고 가게 방향으로 도망갔다는 점 등이 W가 체포되기 전에 작성된 피해자들의 진술조서에는 없고 W의 진술 후에 확인된 사실, 변제금에 쪼들렸다는 동기가 있는 점, 범행에 사용된 눈 부분만 뚫린 털실모자, 검은색 점퍼 등의 복장, 사건 다음날 사건이 신문에 보도되어 그 기사를 보고 피해금액이 과대신고되지는 않았다고 생각했던 점 등도 진술되어 있다. 그리고 W가 진술한 동기는 당시 W의 차용금의 변제 상황으로, 복장 등은 임의제출된 눈 부분만 뚫린 털실모자나 검은색 점퍼로, 신문기사는 당시의 신문보도…로 각각 입증된다"고 하고 이상의 점에 기초하여 "W는 아직은 공판이 청구된 단계에 지나지 않지만, 양과자점 사건의 범인일 가능성이 매우 높다"고 판단했습니다.

• 생협 사건의 '진짜 자백'

또한 생협 사건에 관해서는 "이 사건 직후 현장에서 발자국이 채취되었으나… 이에 대한 감정의 유무, 결과는 증거로 제출되지 않은 점, 피해자들이 W에 대한 범인식별절차(멘토시)를 했는지는 분명하지 않지만 어차피 범인이 W라고 특정할 수 없는 점 등에 비추어보면, 생협 사건에서 W가 범인인 점을 고도로 직접 추인할 수 있는 증거는 눈에 띄지 않는다"고 했지만, "그러나 생협 사건이 양과자점 사건과 같은 지역 내에서 근접한 시기에 발생했고 양 사건의 피해자들이 진술하는 범인의 복장, 연령, 체형 등의 특징, 식칼을 사용한 수법이 비슷한 점, 이러한 사실에 부합하는 눈 부분만 뚫린 털실모자나 검은색 점퍼 등이 W로부터 임의제출된 점이 인정된다", "그리고 W는 생협 사건에 관해서도 수사단계에서 범행을 인정하는 진술을 하고 있는 바 그 진술 내용은 그 자체로 특별히 부자연스러운 점이 없고 대체로 피해자들의 진술과 일치한다. 또한 W는 생협 사건의 다음날 신문에 범인이 연령 50세에서 60세 정도 등으로 보도된 것을 보고 '근접하네'라고 생각했던 점 등도 진술하고 있다. 게다가 앞에서 말한 대로 W가 범행을 자진해서 자백한 상황, 특히 W의 진술조서…에 의하면 양과자점 사건을 인정한 다음 더 추궁을 받고 W가 생협 사건을 인정한 것이 아니라 양 사건을 동시에 자백한 것으로 보여 진술이 임의로 행해진 상황이 인정된다"고 인정하고, 이상의 점에서

"W는 아직은 공판이 청구된 단계에 지나지 않지만, 생협 사건의 범인일 가능성이 높다"고 판단했습니다.

이와 같이 K씨에게 무죄를 선고한 재판관은 K씨의 '거짓자백'을 검토하기 전에 진범의 '진짜 자백'을 검토해서 진범이 양 사건의 '범인일 가능성이 (매우) 높다'고 결론지었습니다. 여기에서 '범인일 가능성이 매우 높다'라는 억제된 표현을 쓴 것은 진범에 대한 형사재판이 끝나지 않았기 때문입니다. 실질적으로는 이미 진범임을 의심치 않았다고 생각합니다.

(2) '거짓자백'의 검토

① 객관적 사실과 모순되는 '거짓자백'

수사단계의 K씨 '자백'은 객관적 사실과 모순되고, 나아가 달라지기도 했습니다. K씨는 법정에서도 '자백'을 했지만, 판결 선고 직전에 부인으로 돌아섰습니다. 빨간 주머니, 식칼, 선글라스, 눈 부분만 뚫린 털실모자 등 범행과 범인을 이어주는 결정적인 증거를 K씨는 어느 것 하나 가지고 있지 않았습니다. 물론 K씨의 신변수사를 해도 나오지 않았습니다. 이러한 객관적 사실과의 모순을 숨기기 위해 자백진술은 당연하다는 듯이 바뀌어갑니다.

• 양과자점 사건의 '빨간 주머니'와 '거짓자백'

양과자점 사건에서 '빨간 주머니'는 강탈당한 피해품입니다. K씨의 '자백'에 따라 수색을 해보아도 찾을 수가 없었습니다. K씨의 당초 자백조서(8월 20일자)에는 '강에 던져버렸다'고 되어 있었습니다. 버렸다고 자백한 곳을 찾아보아도 주머니는 나오지 않았습니다. 그래서 그 다음 자백조서(9월 22일자)에서는 버린 곳이 '산'으로 바뀌었습니다. 나아가 그 후의 자백조서(9월 27일자)에서는 '산에 버렸다'가 아니라 '산에 숨겼다'로 바뀌었습니다. 숨겼다는 그곳에도 없었기 때문에, 지나가던 초등학생이 그걸 들고 가버려서 수색을 해도 찾을 수가 없었던 것으로 되었습니다.

• 생협 사건의 '식칼의 소지'와 '거짓자백'

또한 생협 사건에 대해 처음으로 범행을 인정한 자백조서(8월 20일자)에는 '식칼의 소지'에 관한 기재가 보이지 않습니다. 이후의 자백조서(10월 12일자)에서 식칼을 가지고 "바지의 벨트에 끼워서 갔다"고 하게 됩니다. 다음 자백조서(10월 25일자)에는 "바지는 청바지였던 것 같다. 벨트는 하지 않았던 것 같다. 식칼을 수건에 싸서 바지의 허리춤에 끼웠다. 그 식칼이 걸을 때 바지 아래쪽으로 떨어졌던 것을 기억한다. 자전거를 타고 슬렁슬렁 돌아다니면서 강도를 하러 들어갈 가게를 살피고 있을 때 바지 허리춤에 꽂아두었던 식칼이 바지 안으로 떨어졌다. 그래서 끈으로 식칼을 허리에 묶었다"고 합니다. 나아가 그 다음날의 자백조서(10월 26일자)에는 "이전에 경찰관이 상의 안쪽에 칼을 숨겨서 가지고 있었던 것에 화를 냈기 때문에 수건에 싸서 자전거 앞바구니에 넣었다. (범행을 결의하고, 가게 뒷문으로 향했을 때는) 식칼은 수건을 벗기고 까만 점퍼 안쪽에 숨겨서 가지고 갔다"고 바뀝니다.

• 기타 객관적 사실과 '거짓자백'

그 밖에도 범행에 사용한 선글라스는 잃어버린 것으로 되어 있었고, 눈 부분만 뚫린 털실모자도 발견되지 않았습니다. 양과자점 사건의 경우, 훔친 돈의 금액이 얼마인지는 특정되지 않았습니다. 특정할 수 없는 사정도 바뀌고 있습니다.

② '거짓자백'과 재판관의 판단

무죄를 선고한 재판관은 이 점들에 관해 어떻게 판단했을까요? 재판관은 진범이 두 사건의 "범인일 가능성이 (매우) 높다"고 하면서도, 관련 증거만으로는 "어느 쪽이 본건의 범인인지 단정하기 어렵다는 점은 명백하며, 게다가 증

〈표〉 '빨간 주머니'의 행방

8월 20일자 조서	강에 던져버렸다
9월 22일자 조서	산에 버렸다
9월 27일자 조서	산에 숨겼다

〈표〉 '식칼의 소지'에 관해

8월 20일자 조서	(기재 없음)
10월 12일자 조서	바지의 벨트에 끼워서 갔다
10월 25일자 조서	식칼을 수건에 싸서 바지 허리춤에 끼웠다 끈으로 식칼을 허리에 묶었다
10월 26일자 조서	수건에 싸서 자전거 앞바구니에 넣었다

거를 검토해보면 W가 진범이라는 적극적인 증거 이외에, 피고인이 범인이라는 점과 모순, 저촉되는 물적 증거는 제출되어 있지 않고, 검찰관은 그럴 의사도 없다는 취지를 공판정에서 진술하고 있는바, 제출된 증거로 본다면 특히 생협 사건에 대해서는 W의 자백에 의지하는 부분이 큰 점도 인정되므로, 만약을 위해 피고인의 진술에 관해서도 검토한다"고 하여 K씨의 '자백'을 '만약을 위해' 검토했습니다.

• 양과자점 사건에 관련된 '거짓자백'

재판관은 우선 양과자점 사건에 대한 K씨의 '자백'에 관해 "그 내용은, 애매한 부분이나 현금이 들어 있던 빨간 주머니를 버린 곳에 관한 변천은 있으나, 특별히 불합리하거나 부자연스러운 부분은 없고 피해자들의 진술에도 대체로 합치하고 있는 데다가, 식칼을 가지고 가면 돈을 받아낼 수 있다고 아는 사람으로부터 들었다고 하는 동기, 눈 부분만 뚫린 털실모자는 자신이 잘라내어 구멍을 뚫었다는 점, 빼앗은 주머니에서 손에 닿았던 몇 장인가를 빼내고 버려서 돈이 얼마나 들어 있었는지 모른다는 점, 범행에 사용한 선글라스는 잃어버렸고 발견된 선글라스는 범행 후에 구입했기 때문에 서로 다른 점이 설명되며, 범행 후 경찰오토바이가 달려가는 데에 놀랐던 점 등도 진술하고 있다. 또한 검찰관조서…는, 문답형식으로 녹취되어, 취조 검찰관이 시종일관 '그러고는 어떻게 되는가'라고 하여 피고인의 진술을 이끌어내는 형식으로 되어 있는바, 이에 대한 설명 등도 나름의 이유를 붙인 진술이 이루어지고 있는 데다 처음부터 모자를 쓰지 않았던 이유 등도 설명되고 있다"고 일단 신용성을 긍정하는 평가를 했습니다.

• 생협 사건에 관련된 '거짓자백'

재판관은 또한 생협 사건에 관련된 K씨의 '자백'에 대해 "그 내용은 피해자들의 진술 내용과 대체로 합치하고 있는 데다 범행 전에 자전거를 둔 위치나 수건에 싼 식칼을 허리춤에 끼웠지만 바지에 벨트를 하지 않아서 걸으면 바지 아래쪽으로 떨어졌다는 점 등 통상적으로 수사관이 알 리가 없는 사실도 녹취되어 있다. 더욱이 검찰관조서…의 내용도 범행 전에 알루미늄캔을 찾았지만 눈에 띄지 않아서 범행에 이르렀다는 취지의 동기 등을 말하고 있다"면서 이것도 일단 신용성을 긍정하는 평가를 합니다.

• 재판관의 '거짓자백'에 관한 결론

그래서 무죄를 선고한 재판관은 K씨의 '자백'에 대해 "이 피고인의 진술조서들을 보면 그 자체만으로는 진술의 신용성을 의심할 만한 사정은 발견되지 않는다. 더욱이 피고인은 제1회, 제2회 법정에서도 본건을 인정하고, 그에 따른 진술, 설명을 하고, 자신의 행동이나 선악의 구별 등에 대해서도 일정한 이해를 보여주고 있었다"고 하여, 이 사정만으로 그 신용성을 부정할 수는 없다고 판단했습니다.

그렇다면 재판소는 어떻게 K씨에게 무죄판결을 내릴 수 있었던 걸까요.

• K씨의 '진술 특성'과 '거짓자백'

재판관은 계속해서 다음과 같이 말합니다. "…피고인은 1974년 이래 제1종 지적장애자로 인정받아왔고, 그 장애의 정도는 중증으로, 그 판단기준의 하나인 지능지수는 중증의 경우에는 21부터 35이하를 기준으로 하는데, 피고인도 대체로 거기에서 벗어나지 않을 것으로 추정된다. 또한 피고인은 피고인이 본건을 인정하는 진술을 하는 때에는 보통 수사관이 알 수 없는 사정까지도 설명하고 나아가 피해를 변상하고 싶다고까지 진술했으나, 본건을 부정하면서부터는 그때까지 자신이 범행을 인정하고 있었다는 사실까지 잊어버렸다고 진술하고 있는바, 이와 같은 일련의 피고인의 법정 진술 내용, 태도 등을 전체적으로 살펴보면, 피고인은 선악의 구별 등에 관해서는 일정한 판단을 할 수가 있고 생각이나 방향이 정해지면 그것에 따라서 즉흥적이기는 하지만 나름의 설명을 하는데, 그것은 상대방에게서 들은 것이나 배운 것을 전제로 대체로 그것을 반복하고 있을 뿐이고, 피고인이 스스로의 힘, 의사로 자기의 언동을 종합적으로 인식, 판단하거나 과거의 기억을 보존해서 스스로 재현하거나 하는 것은 아니라고 보이므로, 피고인에게는 과거의 기억을 충분히 보존해서 그것을 정확히 재현하거나 자기의 언동을 논리적으로 판단, 설명하는 것과 같은 능력이 충분히 갖추어지지 않았다고 하지 않을 수 없다", "그렇다면 약 3개월 전의 일에 관해 피고인이 상세하게 기억하고 있다고는 생각하기 어려우며, 범행 형태와 양상 등을 상세하게 진술한 경찰관 조서가 피고인의 기억에만 기초해서 이루어진 것이라고는 생각할 수 없다"고 해서 K씨의 지적장애라고 하는 진술 특성에 주목해 그 신용성에 의문이 있다는 점을 밝혔습니다.

여기에 더해 K씨가 지적장애자임을 전제로 "…피고인의 진술 내용이 취조 경찰관에 영합하고 유도된 것이라고 추정된다. 또한 검찰관조서나 법정에서 피고인이 설명한 내용이나 이유, 나아가서는 일어났던 일에 대해서도, 그 진술 내용은 피고인이 취조 경찰관에 영합하고 유도된 결과이거나, 혹은 수사의 맨 처음 단계에서 피고인이 범인이라는 쪽으로 방향이 잡히고, 혹은 틀림없이 그렇게 될 거라고 생각하도록 짜여진 상황 아래에서 이후 피고인이 그에 따라 진술을 되풀이한 것임을 미루어 알 수 있다", "이런 사정들을 보면 피고인의 진술은 그것만으로 곧이곧대로 믿을 수는 없다"며 그 신용성을 부정했습니다.

이상과 같이 무죄를 선고한 재판관은, K씨의 '거짓자백'에 대해 자백 내용을 비교하는 것만으로는 진범의 '진짜 자백'과의 진위 판단은 하지 못하고, 진범의 '진짜 자백'에다 K씨에게 보이는 중증의 지적장애의 존재를 부각시킴으로써 비로소 K씨의 '자백'의 신용성을 부정할 수 있다고 한 것입니다.

아울러 재판관은 자백조서의 신용성 판단이 어려운 이유에 대해 다음과 같이 언급했습니다. "관련 증거를 보면, 피고인이, 피고인을 본건 범인과 닮았다고 생각한 취조 경찰관에게 본건을 추궁당해서 본건을 인정하기에 이르렀다는 것 이외에, 그때 어떤 추궁, 문답이 있었는지, 피고인에 대한 경찰관조서가 어떤 취조 방법을 이용해서 작성되었는지에 관해서는 전혀 밝혀져 있지 않고, 피고인이 공판정에서 진술한 것처럼 피고인이 애초에 자신이 하지 않았다고 한 것을 들어주지 않았는지도 명백하지는 않다." 재판관이 완성된 '자백조서'밖에 볼 수 없어서는 신용성 판단에 큰 한계가 있는 것입니다.

또한 이 사건에서도 재판관은 K씨 '자백'의 임의성에 대해서는 특별히 문제시하지 않았습니다.

가시화되는 '상처받기 쉬운 사람들'의 취조

'상처받기 쉬운 사람들'로부터 정확한 진술을 얻기 위해 심리학의 관점에서 여러 가지 연구를 하고 있다는 것은 제2장에서 소개하였습니다.

'상처받기 쉬운 사람들'로 여겨지는 지적장애인이 자주 '거짓자백'으로 전락해 버린다는 것은 여러 외국에서는 널리 알려진 사실입니다.

영국의 경찰실무규범은, '상처받기 쉬운 사람들'의 취조에서 적절한 성인의 입회 없이는 취조를 하거나 진술서면의 제출 또는 그 서면 서명을 요구해서는 안 된다고 규정하고 있습니다.

일본에서는 2010년에 일어난 오사카 지검 특수부의 증거 위조 사건을 계기로 설치된 '검찰의 현실 검토회의'에서 지적장애가 있는 사람에 대한 수사 문제를 검토했습니다. 이 회의는 검토 결과를 정리하여 다음과 같이 제안하고 있습니다.

"지적장애가 있는 피의자여서, 언어에 의한 의사소통능력에 문제가 있고, 혹은 취조관에 대한 영합성이나 피유도성이 높다고 인정되는 자…(중략)…를 검찰관이 신병을 구속한 상태에서 취조하는 경우에 대해, 취조의 녹음·녹화를 시험 실시할 것을 제언한다. 이 시험 실시에 대해서는, 사안의 성질이나 피의자의 특성에 따라 그 진술 상황 등이 가능한 한 명백하게 되도록, 예를 들면 취조의 모든 과정을 포함하는 광범위한 녹음·녹화를 하거나 심리·복지 관계자가 입회할 수 있게 노력하는 등 다양한 시도를 할 것을 요구한다."

이 제언을 받아들여 전국의 지방검찰청에서는 지적장애가 있는 피의자의 취조에 대해 다른 사건에 앞서 녹음·녹화를 실시하기 시작했습니다. '장애가 있는 사람에게 친절한 사회'의 실현을 외친 지 오래된 일본이지만, 형사절차에서 '상처받기 쉬운 사람들'에 대한 배려라는 대처는 이제 막 출발선에 섰을 뿐입니다.

IV. 우와지마 사건

(1) '거짓자백'의 검토

우와지마 사건도 '거짓자백'을 한 Y씨의 재판 중에 진범이 나타나 무고함이
증명된 사례입니다. Y씨는 수사단계에서 '거짓자백'을 했습니다. Y씨가 임의
동행된 지 6시간 후, 취조 개시에서 불과 4시간 후의 일이었습니다. 그러나 Y
씨는 법정에서 일관되게 무고함을 호소했습니다. 재판관은 Y씨의 '거짓자백'
을 어떻게 발견하여 무죄판결을 내렸을까요?

① 수사단계의 '거짓자백'과 재판관의 검토
Y씨는 수사단계에서 '거짓자백'과 부인을 반복했습니다. 무죄판결은 다음과
같이 Y씨의 '거짓자백'의 내용에 관해 신중하게 검토했습니다.

• '거짓자백'의 부자연스러움 · 불합리함
무죄를 선고한 재판관은 Y씨 '자백'의 '내용의 부자연스러움'에 대해 큰 의
문을 던졌습니다.

"피고인의 자백 내용 자체에 주목해 볼 때, 인감 절취의 사실과 관련된 피
고인의 자백에 대해서는 통장을 절취했다고 한 1998년 10월 상순경부터 우
연히 인감의 소재를 알게 된 같은 해 11월 상순경까지 적극적으로 인감의 소
재를 찾은 흔적이 없다. 예금 지급에 반드시 필요한 예금청구서 도장이 없는
상태에서 예금통장만 은닉하고 있는 것은 무의미할 뿐만 아니라, B와 친하
게 지내면서 B 집의 여벌 열쇠를 가지고 있어서 자유롭게 드나들 수 있었던
피고인으로서는 예금통장의 소재만 알아두면 충분하고, 이것을 장기간 자
기 지배하에 확보해둘 필요성도 전혀 없다. 역으로 그러한 행위는 B의 집에
계속 드나들던 피고인에게는 자신의 범행이 발각될지 모르는 위험을 수반

하는 것이고, 굳이 예금통장을 은닉하는 행위 자체도 극히 불합리하다. 이 점에 대해, 피고인의 자백에 의하면 '서두르지 않고 들키지 않도록 훔치는 방법이었다'는 설명이 있지만, 이것은 도저히 합리적인 설명이라고 할 수 없다. 피고인의 자백 내용이 이처럼 부자연스러운 것은 같은 해 11월 상순에 인감을 발견하고, 같은 해 12월 하순에 이것을 절취했다고 하면서도 곧바로 저금 지급을 청구하지 않은 점에 대해서도 지적할 수 있다."

• '거짓자백'이 상세한 것의 의미

또한 재판관은 '예금통장 및 인감의 절취에 관한 진술이 상세하다는 점'에 대해서도 검토하고, Y씨의 '자백'이 상세하다는 것만으로 신용할 수 있는 것은 아니라고 했습니다.

"피고인은 그 자백에서 B의 집 구조나 1층 침실의 상황, 예금통장이나 인감의 소재 등에 관해 상세하게 설명하고 있으나, 앞서 인정한 대로 피고인이 B와 친하게 지내면서 B 집의 여벌 열쇠를 가지고 있어서 자유롭게 드나들 수 있었던 점에 비추어 보면, 피고인은 범인이든 아니든 실내 상황 등에 관해 상세하게 설명할 수 있다.

더욱이 앞서 인정한 대로 1999년 1월 26일 B가 예금통장, 인감 등이 없어진 것을 눈치 챈 후 피고인이 B와 함께 실내에서 예금통장 등을 찾았던 점에 비추어 보면, 화장대 의자 안의 상황이나 양복장의 상황에 관해 피고인이 상세하게 설명할 수 있었다 해도 그것이 곧바로 피고인이 범인이라는 것을 의미하지 않는다."

② 객관적 사실과 모순되는 '거짓자백'

Y씨의 '자백'의 부자연스러움·불합리함을 지적한 재판관은 '자백과 객관적 사실의 다름'에 대해서도 큰 의문을 던집니다.

• 도난당한 '예금통장의 보관 장소'에 관한 '거짓자백'

Y씨의 '거짓자백'에 의하면 '예금통장의 보관 장소'는 'B의 집 1층 침실 양복장 안'이었으나, 실제로는 '같은 방 화장대 의자 안'에 보관되어 있었습니다.

이 점에 대한 재판관의 판단은 다음과 같습니다.

"예금통장은 화장대 안에 보관되었고, 게다가 피해 물품인 인감이 들어 있던 자주색 천 소재의 주머니와 함께 갈색의 더 작은 주머니 속에 간수되어 있었다는 점은 앞서 인정한 대로이므로, 피고인의 자백과 같이 예금통장을 장롱 안에서 우연히 발견했다는 것은 있을 수 없다. 나아가 객관적 사실을 전제로 하면, 예금통장은 1998년 10월 상순경에 발견했지만 인감이 어디에 있는지는 같은 해 11월 상순경까지 몰랐기 때문에 각각을 별도의 기회에 훔쳤다는 본건 전체에 대한 설명도 또한 매우 부자연스럽다고 하지 않을 수 없다."

Y씨의 '자백'이 객관적 사실과 모순되고 부자연스럽다는 지적입니다.

• 도난당한 '인감의 개수와 인감케이스'에 관해

다음으로, Y씨의 '자백'에 의하면, 훔친 '인감의 개수'는 '1개'이고 '인감케이스 모양'은 '주머니형'이나, 실제로 도난당한 '인감의 개수'는 '2개'이며 '인감케이스 모양'은 '검은색 지갑식'이었습니다.

이 점에 관해 재판관은 아래와 같은 판단을 제시했습니다.

"피고인의 자백은 인감 1개의 존재 및 그 절취는 인정하는 한편, 인감 2개와 기타 피해품에 대해서는 그 존재 및 절취 사실을 부인하고 있다. 만약 '주머니형 인감케이스'를 자주색 천 소재의 주머니를 가리키는 것이라고 해석한다면, 이 주머니에 들어 있던 다른 피해품, 즉 다른 인감 2개 및 인감등록증도 동시에 절취할 수 있었고, 또한 주머니와 함께 더 큰 주머니에 들어 있던 예금통장도 절취할 수 있었을 터이나, 그것은 자백 전체의 취지와 모순되는 것이므로, '주머니형 인감케이스'가 천 소재의 주머니를 가리키는 것이라고는 볼 수 없다. 그렇다면 자백을 할 당시에 피고인은 '주머니형 인감케이스'와 객관적으로 존재했던 자주색 천 소재의 주머니를 별개의 물건으로 생각하고 있었다고 할 수밖에 없고, 결국 '주머니형 인감케이스'란 피고인의 상상의 산물이라고 할 것이다."

• '차용금 변제의 시기'에 관해

나아가 Y씨의 '자백'에는 '차용금 변제의 시기'에 관해 '농협에서 지급받은 50만 엔의 현금 중 20만 엔을 회사 등에서 빌렸던 빚을 갚는 데에 썼다'고 되어 있지만, 실제 변제일은 '저금을 지급받은 날의 전날'이었습니다.

이 점에 관해 재판관은, "앞서 인정한 대로 피고인이 E에게 현금 20만 엔을 손수 건넨 것은 1999년 1월 7일이며, 그것은 저금을 지급받은 날의 전날에 있었던 일이므로, 피고인이 농협에서 50만 엔을 지급받은 뒤에 그 현금을 이 20만 엔의 지불에 충당한다는 것은 전혀 불가능하다", "…저금의 지급에 관한 피고인의 자백 가운데 지급받았다고 하는 50만 엔 중 20만 엔의 용도와 관련된 설명은 객관적 사실에 반한다"며, 신용성을 부정했습니다.

③ 그 밖의 객관적 상황과 '거짓자백'

Y씨의 '자백'에 대한 무죄를 선고한 재판관의 추궁은 여기에 그치지 않습니다. Y씨의 '자백'에는 '객관적인 뒷받침'이 없다는 점까지 파고들었습니다.

• 목격증언에 관해

농협 창구에서 예금을 지급받은 범인과 Y씨가 동일인물인지에 관해, 재판관은 창구에서 범인을 직접 응대한 C씨가 "…다수의 고객을 응대하기 때문에 이 범인의 특징에 관해 기억이 없어 그 성별조차 모르고, 경찰관이 제시한 피고인의 얼굴 사진을 보아도 피고인이 범인인지를 판단할 수 없었다"고 진술하고 있는 점, 예금지급청구서의 필적이 Y씨의 것이라는 감정 결과가 나오지 않은 점, 방범 비디오의 영상도 화질이 선명하지 않은 점, Y씨와 닮았다는 증언도 Y씨와 분위기가 비슷한 것 같다고 말한 데에 그쳐 명확한 근거로는 불충분한 점 등을 지적하며, "예금지급의 사실에 관해서는 어느 정도물적 증거가 존재하나, 그것이 피고인과 범인의 동일성까지 뒷받침한다고는할 수 없다"고 했습니다.

• '10만 엔의 현금'에 관해

또한 Y씨의 '자백'대로 10만 엔의 현금이 발견된 점에 관해서도, 재판관은그 전년도 12월에 보너스 53만 엔이 지급된 점, 같은 달 30일에도 12월분의 월급 약 13만 엔이 지급된 점, 게다가 1월 18일에도 연말정산으로 4만 엔 정도를지급받은 점 등을 감안하여 다음과 같이 판단했습니다.

"이와 같이 예금을 지급받았던 1월 8일과 매우 가까운 시기에 피고인이 오토야마乙山 산업에서 다액의 현금을 지급받은 점에 비추어 보면, 농협에서지급받은 현금이 그 이외의 현금과 명확히 구별되는 특색을 가지고 있지 않은 한, 피고인이 10만 엔의 현금을 소지하고 있었다 해도 그것이 예금의 지급과 관계된 피해품인 현금이라고 단정할 수는 없는 것이다. 따라서 피고인의진술대로 10만 엔의 현금이 발견되었다 해도, 그것을 피고인의 자백을 뒷받침한다고 평가할 수는 없는 것이다."

그리고 Y씨의 '자백'에 나오는 '50만 엔'에 관해서는 "결국 50만 엔의 용도에 관해서는 뒷받침하는 증거가 전혀 없다"고 판결했습니다.

이와 같이 우와지마 사건에서 무죄를 선고한 재판관은 Y씨의 '자백'을 상세하게 검토해서 Y씨의 '자백'에는 큰 의문이 있다고 판단했습니다. 언뜻 보면 재판관은 Y씨의 '자백'을 '거짓'이라고 꿰뚫어볼 수 있었던 것 같습니다. 그렇다면 이 사건에서는 진범이 등장하지 않았어도 Y씨의 '거짓자백'을 꿰뚫어볼 수 있었을까요?

재판관이 무죄판결에서 제시한 다음의 논리를 살펴봅시다.

(2) '진짜 자백'의 검토

① 진범의 '진짜 자백'과 재판관의 판단
우와지마 사건에서도 재판관이 이 무죄판결을 쓸 때는 이미 진범이 '진짜 자백'을 한 이후입니다. 무죄판결에서 재판관은 Y씨의 '자백'을 상세히 검토한 뒤에 진범의 '진짜 자백'에 관해 다음과 같이 판단했습니다.

• '예금통장과 인감의 소재'에 관해

우선 '객관적 사실과 부합'하는 '예금통장과 인감의 소재'에 관해 "(진범)은 인감과 예금통장이 침실 내의 같은 장소에 있었고 장롱의 서랍과 화장대 의자 안을 전부 뒤졌기 때문에 그 어딘가에 있었다고 생각하지만, 굳이 어디라고 한다면 화장대 의자에 있었던 것으로 생각한다고 진술하고 있는바, 앞서 인정한 대로 예금통장 및 인감은 화장대 의자 안에 있었으며 이 객관적 사실과 (진범)의 진술은 대체로 부합된다"고 했습니다.

• '피해품'에 관해

'피해품'에 관해서는 "(진범)이 B의 집에서 예금통장, 인감 여러 개, 인감케이스, 인감등록증 및 주머니와 F 명의의 건강보험증을 훔쳤다고 진술하고 있는바, 예금통장이 E 농협에서 만든 것이라는 점도 포함하여 객관적 사실에 부합된다"고 했습니다.

• '비밀의 폭로'에 관해

다음으로 진범에 의한 자백 중에 "B의 집 부근의 회사 기숙사에 유리창을 깨고 침입했지만, 아무것도 훔치지 못하고 도망친 적이 있다는 진술", "B의 집에 사는 가족 구성을 확인하기 위해 B의 성을 가명으로 사용해서 주민표를 취득했다는 진술"에 관해 "경찰관이 알 수 없는 사항을 내용으로 하는 것이라고 할 수 있다"라고 하여 수사관이 알 수 없는 '비밀의 폭로'가 있다고 했습니다.

• '객관적 뒷받침'에 관해

게다가 '진술을 뒷받침하는 물적 증거의 존재'에 관해 "(진범)이 B의 집에 훔치러 들어가기 위해서 사전조사를 했다고 하는바, 수사보고서 등본…에 의하면 (진범)이 다수의 성명, 전화번호 등과 함께 '우와지마 B코 ○○《지번》《전화번호》'라고 기재한 메모를 작성하여 사용하고 있던 자동차 안에 두었던 사실을 인정할 수 있는바, 이 메모의 존재는 진범의 진술을 뒷받침하는 것이라고 할 수 있다"고 했습니다.

• 내용의 박진감 · 자연스러움에 관해

아울러 '내용의 박진감 · 자연스러움'에 관해서는 "(진범)의 진술은 B의 집을 절도하기에 앞선 준비, 침입의 모양과 형태라는 점에서 실제와 가까운 박진감이 있으며, 그 내용에 관해서도 B의 집에 침입해서 예금통장이나 인감을 절취한 후 곧바로 농협의 소재를 찾아 지급을 청구했던 점에서 자연스럽다"고 했습니다.

• '진술의 일관성'에 관해

마지막으로 '진술의 일관성'에 관해 "수사단계는 물론 공소제기 후의 공판에서도 자신의 범행을 인정하는 진술을 유지하고 있다"고 했습니다.

• '거짓자백'과 '진짜 자백'

이와 같이 Y씨의 '자백'과 진범의 '자백'을 검토한 재판관의 결론은 다음과 같았습니다.

"피고인(Y씨)은 임의동행 당일, 임의동행한 지 약 6시간 후에 자백하였으나, 그때까지는 명확히 부인하는 진술을 하고 있었고 공소제기 후에는 다시 부인으로 입장을 바꾸었다. 당시 피고인의 생활상황에 비추어 보면 범행의 동기가 불충분하고, 자백의 내용도 그 자체로 부자연스러우며, 피해품의 소재, 형상 및 수량이나 편취한 현금의 용도와 같은 중요한 점에 관해 객관적 사실에 반하는 내용이 포함되어 있다. 피고인과 범인의 동일성에 관해서는 자백 이외에는 이를 뒷받침하는 증거가 없다. 나아가 본건에 있어서는 피고인 외에 (진범)이 범행을 인정하는 진술을 하고 있는데, 이 진술이 객관적 사실에 부합하며 비밀의 폭로도 포함하고 있고, 진술을 뒷받침하는 물적 증거도 존재하는 데다 그 내용도 박진감이 있고 자연스럽다. 진술을 시작한 처음부터 공판에 이르기까지 일관되게 자신의 범행을 인정하는 진술을 하고 있는 점에 비추어 그 신용성은 피고인의 자백과 대비해서 상대적으로 높다. 이 평가를 전제로 하면, 피고인의 자백은 취조를 맡은 경찰관이 자신의 변명을 믿어주지 않을 것이라고 체념하고, 또한 비록 거짓말이라도 자백을 하면 가족이나 근무처인 회사에 폐를 끼치지 않고 해결될 것으로 생각해서 자신이 짓지 않은 범죄에 관해 상상을 섞어가면서 진실에 반하는 진술을 했다고 할 것이므로, 피고인의 자백은 믿을 수 없다.

또한 앞에서 살펴본 대로 예금지급청구서의 필적, 방범 비디오의 영상, C의 목격진술이라는 자백 이외의 증거에 의해서도 피고인을 범인이라고 인정할 수는 없다."

"결국, 본건 공소사실에 대해, 어느 것도 범죄의 증명이 없으므로…피고인에 대해 무죄를 선고한다."

이상과 같이 무죄판결은 Y씨의 '자백'의 신용성과 진범의 '자백'의 신용성을 비교하여 Y씨의 '자백'은 믿을 수 없다고 하는 방법을 취한 것이었습니다. 진범이 나타나지 않은 상태에서 Y씨 '자백'의 검토만으로 '자백'의 '거짓'을 발견한 것이 아닙니다.

그리고 여기에서도 자백의 임의성은 문제가 되지 않았습니다.

Y씨의 '자백'의 평가에 관해, 전직 재판관인 기타니 아키라木谷明 씨도 "만약 진범이 출현하지 않은 사태를 상정해본다면, 이 피고인이 틀림없이 무죄판결을 받을 수 있었으리라고는 말할 수 없을 것이다"[1]라고 썼습니다.

●더 깊이 알고 싶은 사람을 위해서●

재판관이 오판을 낳는 원인

형사재판관이었던 와타나베 야스오渡邊保夫 씨는 재판관의 검찰·경찰에 대한 동료의식을 원인의 하나로 들고 있다. 즉 이 동료의식에 얽매여 무의식중에 검찰·경찰의 주장을 좇아 증거 평가를 해버린다는 것이다(『직업재판관과 사실인정』, 『형법잡지』29권 3호, 1989, 435쪽 등을 참조). 마찬가지로 형사재판관이었던 이노우에 가오루井上薫 씨는 재판관이 고립되기 십상이라는 점도 들고 있다. 재판관은 독립되어 있기 때문에 고립되기 십상이어서, 조직력에서 우월한 검찰과 대치할 때 심리적인 스트레스를 강하게 받아 단호한 태도로 판단을 내릴 수 없게 된다는 것이다(『미친 재판관』, 2007, 24-25쪽). 더욱이 형사소송법학자 오다나카 도시키小田中聰樹는 재판관이 수사단계의 증거 날조에 대해 무관심하다는 점도 들고 있다(『원죄는 이렇게 만들어진다』, 1993, 200쪽 등을 참조).

3. 네 사건의 '거짓자백'과 재판관 판단의 특징

재판관의 판단의 틀을 네 사건의 '거짓자백'과 관련하여 검토했습니다. 크게 두 가지 특징이 있습니다.

(1) 첫 번째 특징: 자백의 신용성만을 검토

재판관의 판단의 틀에 관한 첫 번째 특징은 오로지 자백의 신용성 유무만을 판단한다는 것입니다.

이 장의 첫머리에서 밝혔듯이, 법률은 자백에 대해 임의성과 신용성이라는 두 측면에서 판단하도록 규정하고 있습니다. 그러나 현실의 재판관은 '거짓자백'이든 '진짜 자백'이든 오로지 신용성에 관한 부분만을 판단하고 있습니다.

예를 들면 아시카가 사건의 유죄판결에서는 "전체적으로 실제로 그 자리에 있으면서 체험한 자의 진술로서의 진실성이 느껴진다", "경험하지 않은 허구의 사실을 수사관 등의 마음에 들도록 진술했다는 변명은 도저히 받아들이기 어렵다", "자백 내용이 정액이 묻은 상황이나 타액이 묻은 상황과 맞지 않다고 해서 곧바로 자백이 의심스럽다고는 할 수 없고… 피고인의 자백과 모순된다고는 할 수 없다"며 신용성을 긍정했지만, 재심무죄판결에서는 거꾸로 "S씨의 자백은 그 자체로 신용성이 전혀 없으며 허위임이 분명하다고 해야 한다"며 신용성을 부정했습니다.

도야마히미 사건의 재심무죄판결은 '진짜 자백'과 '거짓자백'에 대해서는 "진범은 본건 공소사실 1, 2에 관계된 각 범행을 자백하고 있는데… 이 자백은 충분히 믿을 수 있다고 할 수 있다.… 그렇다면 본건 자백 1, 2…는 어느것도 신용성이 없음이 명백하다"고 자백의 신용성을 판단했습니다.

우쓰노미야 사건의 '진짜 자백'에 대해서는 "그 진술 내용은 그 자체로 특별히 부자연스러운 점이 없고 대체로 피해자들의 진술과 일치한다"며 자백의 신용성을 긍정했습니다. 또한 '거짓자백'에 대해서는 "피고인의 진술조서들을 보면 그 자체만으로는 진술의 신용성을 의심할 만한 사정은 발견되지 않는다"고 하면서도 피고인의 지적장애를 이유로 "피고인의 진술은 그것만으로는 곧이곧대로 믿을 수는 없다"며 신용성을 부정했습니다.

우와지마 사건의 '진짜 자백'과 '거짓자백'에 대해서는 "(진범 자백의) 신용성은 피고인의 자백에 비해 상대적으로 높다. 이 평가를 전제로 하면… 피고인의 자백은 믿을 수 없다"며 '진짜 자백'과 비교하여 '거짓자백'의 신용성을 부정했습니다.

이와 같이 재판관의 판단은 자백의 신용성만을 대상으로 하며 자백의 임의성에 대해서는 거의 언급하지 않았습니다.

• 아시카가 사건의 임의성 판단

다만, 아시카가 사건에서는 자백의 임의성이 어느 정도 문제가 되었습니다. 취조할 때에 수사관이 들볶았다든지, DNA 형이 일치한다는 점을 알려서 진술을 요구한 사실이 있었기 때문입니다.

그러나 유죄판결에서 재판관은 "피고인의 자백은, 위법, 부당한 강압이나 유도에 의해서 그 의사에 반해 이루어졌다고 할 수 없다"고 해서 그 임의성을 긍정했습니다. 재심무죄판결에서도 "이러한 사정은 S씨가 수사단계에서 한 자백의 임의성에는 영향을 미치지 않았으나, 그 신용성에는 큰 영향을 미쳤다고 인정된다"고, '거짓자백'도 '특단의 사정'이 없는 한 증거로 할 수 있다고 해서 자백의 임의성을 긍정했습니다.

결국 S씨는 '임의'로, 스스로 법정에서 '거짓자백'을 했다고 판단한 것입니다. 그러나 판결문은, 왜 S씨가 법정에서도 자기 스스로 '거짓자백'으로 나아갈 수밖에 없었는가에 대해서는 일체 언급하고 있지 않습니다. 오늘날의 형사재판의 한계를 보여준다고 할 수 있습니다.

• 도야마히미 사건, 우쓰노미야 사건, 우와지마 사건에서의 임의성 판단

도야마히미 사건, 우쓰노미야 사건, 우와지마 사건에서는 자백의 임의성이 쟁점조차 되지 않았습니다. 재판관은 '자백'이 '거짓'임이 밝혀졌어도 여전히 '임의성'은 인정된다고 합니다. 그러나 이것은 무고한 죄를 뒤집어씌우면서 '전략자백'에 빠뜨리고는 무죄의 증거가 나오면 모른 척하며 '자백을 한당신이 나쁘다. 자업자득이다'라고 하는 것과 같습니다. 임의성 판단에서 거증책임이 전혀 기능하고 있지 않습니다.

범인 대역 사건 등 특별한 사건은 별개이나, '거짓자백'은 여러 가지 갈등 속에서 깊이를 알 수 없는 고통과 슬픔에 짓눌리고, 출구가 보이지 않는 절망과 고립에 허덕이면서 어쩔 수 없이 이루어집니다. 그 상황이 되면 저도 당신도 마찬가지로 '거짓자백'을 해버릴 것입니다. 심리학에서는 이와 같은 '거짓자백'을 '슬픈 거짓말'이라고 부릅니다.

일본의 형사재판은 '전략자백'에 대한 충분한 공감이나 이해가 없고, '슬픈 거짓말'을 폭로하기 위한 시스템도 방법도 가지고 있지 않습니다.

(2) 두 번째 특징: '거짓자백'과 '무고함을 증명하는 사실'의 비교

두 번째 특징은 자백의 신용성, 즉 그 자백이 '진짜'인지 '거짓'인지를 '무고함을 증명하는 사실'과 서로 비교해서만 판단할 수 있다는 점입니다. 아시카가 사건의 '거짓자백'은 DNA 감정과 대비해서, 도야마히미 사건, 우쓰노미야 사건, 우와지마 사건의 '거짓자백'은 진범의 출현과 대비해서 자백의 신용성을 부정한 것에 지나지 않았습니다.

네 사건의 무죄판결을 자세히 검토하면, 대비할 수 있는 '무고함을 증명하는 사실'이 없었다면 '거짓자백'을 발견하기 어려웠을 것이라고 말하고 있음을 알 수 있습니다. 아시카가 사건과 도야마히미 사건이 한 번 유죄로 처단되었던 것은 다름 아니라 그 시점에서 아직 '무고함을 증명하는 사실'이 나오지 않았기 때문이었습니다.

그런 의미에서 네 사건에 관련된 최고재판소 판사를 포함한 재판관들, 그리고 이들로 대표되는 일본의 대다수 재판관은 지금도 '거짓자백'을 발견할 수 없을 것이라고 추측할 수 있습니다. 좀 더 구체적으로 말하면 아무리 숙련된 재판관이 정밀하게 판단한다 해도, 오늘날의 형사재판 시스템에서는 '슬픈 거짓말'을 발견할 수 없다는 것입니다.

4. 자백의 신용성에 관한 판단방법

네 원죄 사건에 관해 무죄를 선고한 재판관은 무고함을 증명하는 사실이 나타남으로써 비로소 '거짓자백'의 신용성을 부정할 수 있었습니다. 형사재판은 그것으로 역할을 다하고 있다고 말할 수 있을까요?

무고함을 증명하는 사실이 나타나면 자백의 신용성은 따질 필요도 없이 무죄입니다. 이루어진 자백이 아무리 그럴듯하다 해도 거짓에 지나지 않습니다. 그런데도 무고함을 증명하는 사실이 나타난 뒤에야 비로소 '거짓자백'의 신용성을 부정할 수 있었습니다. 바꾸어 말하자면 무고함을 증명하는 사실이 나타나지 않았다면 '거짓자백'의 신용성을 부정할 수 없었을 것입니다. 이는 스승이 답을 가르쳐주기 전에는 정답을 이끌어내지 못하는 학생과 같습니다. 정말로 한심한 일입니다.

진범이 나타나거나 최신 DNA 감정 등에 의해 피고인이나 수형생활을 하는 죄수가 범인이 아니라는 사실이 증명됩니다. 이런 것은 우연히 이루어지는 것으로 항상 기대할 수 있는 일이 아닙니다. 오히려 드문 일입니다.

형사재판에서는 무고함을 증명하는 사실이 제시되지 않아도 독자적으로 자백의 신용성을 정확하게 판단할 수 있어야 합니다. 무고함을 증명하는 사실이 나타나지 않는 때에도 재판관은 '거짓자백'의 슬픔을 꿰뚫어보지 못해선 안 됩니다.

재판관은 그걸 해낼 수 있을까요? 아니면 재판관은 수사관이 꾸며 만들어낸 '거짓자백'에 무력한 채로 원죄를 계속 만들게 될까요?

아래에서는 재판관이 어떤 판단방법에 의해 어떻게 판단하고 있는지를 자백의 신용성을 중심으로 더 깊이 생각해봅시다.

(1) 재판관의 '자유로운 판단'

형사재판이란 과거의 '범죄사실'이 정말로 있었는지, 있었다면 어떤 것이었는지를 증명해가는 작업입니다.

만약 신이 있어서 과거에 일어났던 '범죄사실'을 소상히 보고 현재의 우리에게 가르쳐준다면 형사재판 따위는 필요가 없습니다. 그러나 그러한 일은 당연히 불가능합니다. 현재의 우리 형사재판은 어디까지나 인간에 의한 형사재판입니다.

이를 위해서 형사재판에서는 증거로써 과거의 '범죄사실'을 인정하도록 되어 있습니다. 재판관의 판단 자료가 되는 증거는 검찰 측과 변호인 측 쌍방에 의해 제출됩니다. 형사재판에서 말하는 증거란 법정에서의 피고인 자백이나 증인 진술, 검증 결과, 수사단계에서 작성된 자백조서, 증인조서, 검증조서, 보고서, 지문이나 DNA 등 객관적 증거, 나아가 전문가의 감정서 등을 포함합니다.

재판관은 이 증거들 전부를 감안해서 과거의 '범죄사실'이 정말로 있었는지, 있었다면 어떤 것이었는지를 판단하고 유죄인지 무죄인지를 결정합니다.

그렇다면 재판관은 검찰 측과 변호인 측이 제출한 증거를 어떻게 판단해야 할까요?

이 점에 관해 법률은 딱 한 줄로 다음과 같이 규정하고 있습니다.

"증거의 증명력은 재판관의 자유판단에 맡긴다."(형사소송법 제318조)

증거에 의해서 무엇이 증명되는가, 증거에 의해서 어느 정도 증명되는가, 이러한 사항에 대한 판단을 재판관의 '자유로운 판단'에 맡긴다는 것입니다. 이를 '자유심증주의'라고 합니다. '심증'이란 사람의 마음속을 밝혀낸다는 의미가 아닙니다. 검찰관이나 피고인, 변호인의 주장의 '개연성'을 증거에 의해 판단하여 문제가 되고 있는 사건에 관해 구체적인 사실의 형상, 이미지를 가지는 것을 말합니다.

그러나 이는 재판관이 좋아하는 방법으로 멋대로 증거를 판단해도 된다는 것이 아닙니다. 판례에 의하면 재판관이라 하더라도 '건전한 사회상식'에 좇아 판단해야 합니다.

또한 헌법도 "모든 재판관은 그 양심에 따라 독립하여 직무를 수행하며, 헌법 및 법률에만 구속된다"(제76조 3항)고 합니다. 공평하고 성실한 판단을 하는 데에 지장이 되는 여러 가지 압력이나 제약을 떨치고 법의 정의와 자신의 양심에 따른 '자유로운 판단'을 재판관에게 맡기고 있는 것입니다.

김인회의 한국이야기 13

한국의 형사소송법은 "증거의 증명력은 법관의 자유판단에 의한다"(제308조)라고 하여 일본과 거의 동일하게 규정하고 있습니다. 한국 헌법은 "법관은 헌법과 법률에 의하여 그 양심에 따라 독립하여 심판한다"(제103조)고 규정하고 있습니다. 이를 자유심증주의라고 합니다. 그런데 법관의 자유판단이 이 책에서 강조하고 있는 바와 같이 모든 것으로부터 자유로운 것은 아닙니다. 먼저 법관의 유죄 인정은 합리적 의심이 없을 정도로 증명되어야 합니다. 증거로 사용할 수 있는 합법적이고 임의성 있는 증거에 의하여 판단이 뒷받침되어야 합니다. 그리고 논리법칙과 경험법칙에 맞아야 합니다. 배심원의 경우에는 만장일치가 기본입니다. 배심재판에서 12명의 배심원이 사회상식을 바탕으로 치열한 토론을 통해 만장일치로 사실을 인정한다는 것 자체가 어느 정도 안심할 수 있는 장치입니다. 그러나 법관재판에서는 이러한 담보장치가 없습니다. 과거 교육수준이 낮았을 때에는 법관이 풍부한 정보와 증거를 바탕으로 합리적인 결론을 내린다고 가정할 수 있었습니다. 다른 사람들은 정보와 증거가 부족하여 이를 비판하기 힘들었습니다. 하지만 일반 시민들이 고등교육을 받고 풍부한 정보를 접할 수 있는 지금은 법관이 독단에 빠지는 것이 더 문제입니다. 나아가 법원은 관료제로 구성되어 폐쇄적인 경향을 가지고 있습니다. 구조적으로 독단에 빠질 위험이 있는 것입니다. 현대 사회가 지향하는 민주주의와 인권이라는 가치에 걸맞은 판결을 하는지 법원을 계속 비판하고 감시할 필요가 있습니다.

(2) '의심스러울 때에는 피고인의 이익으로'의 원칙

형사재판에서는 최종적으로 유죄인지 무죄인지를 결정하게 되는데, 이 유죄
와 무죄는 도대체 어떤 기준으로 결정될까요?

실제 재판에서는 검찰관이 주장한 범죄사실에 '합리적인 의심'이 남아 있
는지가 유죄와 무죄의 분기점으로 여겨집니다. '합리적인 의심'이란 '건전한
사회상식'에 비추어 일반인을 '합리적'으로 납득시킬 수 있는 정도의 의심을
말한다고 합니다. 따라서 검찰관이 주장한 범죄사실에 '합리적인 의심'이 없
는 경우는 유죄, '합리적인 의심'이 남는 경우는 무죄가 됩니다.

다만 재판관 사이에도 무엇이 '합리적인 의심'인지 명확한 기준이 있는 것
은 아닙니다. 그래서 검찰관의 주장에 대해 '우선 절대로 틀림없다'는 심증
을 품은 뒤에 '자신의 확신이 자신만의 개인적·독선적인 것이 아닌지, 상식
을 분별하는 일반 국민 대다수가 납득할 수 있는 정도의 객관적인 근거에 기
초한 것인지'를 겸허한 자세로 신중히 검토해야 한다고 설명하고 있습니다.[2]

재판관은 신이 아닙니다. 틀릴 수 있습니다. 절대로 틀릴 리 없다고 단정하

는 재판관은 다행스럽게도 아무도 없습니다.

　재판관이었던 기타니 아키라는 다음과 같이 고백하고 있습니다. "애당초, 역사적으로 딱 한 번 발생한 사실을 사후적으로 증거에 의해서 재현하려고 하는 것 자체가 무리한 일이다. 만일 범행현장에 목격자가 있었다고 해도, 그 목격증언이 절대로 맞는다는 보장이 없다.… 아무리 반대신문으로 증언의 정확성을 다툰다고 해도, 이것에 의해서 증언의 오류를 항상 밝혀낼 수 있다는 보장도 없다. 더욱이 서로 모순되는 증거가 복잡하게 뒤엉킨 경우에 재판관이 이것을 정확하게 평가해서 항상 '객관적 진실'을 찾아내는 것도 불가능에 가깝다. 재판관은 신이 아니다."[3]

　형사재판의 현실이 이와 같다 하더라도, 재판관은 유죄인지 무죄인지를 판단해야만 합니다. 잘못된 판단에 의해 무고한 사람을 처벌해버릴지도 모릅니다. 반대로 진범을 놓쳐버릴지도 모릅니다. 둘 다 큰일입니다. 우리 사회는 재판관에게 이처럼 괴로울 때에 쓸 판단 지표를 주었습니다. 그것이 '의심스러울 때에는 피고인의 이익으로'라는 원칙입니다.

　우리 사회는 피고인의 이익을 우선으로 했습니다. 공적인 힘, 즉 공권력의 발동은 그것이 정의라는 확증이 있어야 비로소 할 수 있는 것이라고 생각했기 때문입니다. 물론 진범을 놓쳐버리는 것은 중대한 사태입니다. 그렇다고 해도 무고한 사람을 형무소에 가두어버리는 것은, 그 이상으로 있어서는 안 되는 일입니다. 그것은 진범을 놓친 데다 무고한 사람의 인생을 빼앗는 일이기 때문입니다. 하물며 무고한 사람을 사형시켜 그 생명을 빼앗아버린다면, 그것은 어떻게도 돌이킬 수가 없습니다.

　이와 같이 '범인필벌'이 아닌 '무고의 불처벌'을 절대적으로 우선하는 가치 판단은, '의심스러울 때에는 피고인의 이익으로'라는 형사재판의 원칙으로서 세계적으로 채택되어 있습니다.

　'의심스러울 때에는 피고인의 이익으로'의 원칙이란, 예를 들면 재판관이 눈앞의 피고인이 '거무스름'하더라도 '회색'이 섞여 있는 인상을 가지게 된다면, 더 나아가 '흰색'이라고 판결할 것을 명하는 원칙입니다. 그리고 '합리적인 의심'이 남아 있지 않다는 의미에서 '회색'이 섞이지 않은 '검은색'인 때에 비로소 유죄판결을 내릴 수 있다는 철칙입니다.

> ### 김인회의 한국이야기 14
>
> '의심스러울 때에는 피고인의 이익으로'라는 원칙은 형사법의 대원칙입니다. 이것은 민주주의의 기본 원칙, 즉 지배자와 피지배자의 동일성 원칙에서 비롯되는 것입니다. 우리 시민은 우리 스스로를 보호하기 위하여 국가를 만들고 또 형벌제도를 만들었습니다. 즉, 처벌하는 것도 또 처벌받는 것도 모두 일반 시민인 우리입니다. 또한 대부분의 사람들은 일상적으로 범죄와 관련을 맺고 살고 있습니다. 본인이 직접 수사나 재판의 대상이 되기도 하고 자신의 친척이 그렇게 되기도 합니다. 범죄와 떼려야 뗄 수 없는 관계인 것입니다. 의도적으로 범죄를 저지르는 경우도 있지만, 교통사고처럼 과실로 범죄를 저지를 수도 있습니다. 어제까지 합법적이었던 모임이나 집회, 기업 경영활동, 학술활동이 법률로 하루아침에 범죄가 되기도 합니다. 그리고 이 책에서 설명하고 있는 바와 같이 억울하게 수사나 재판의 대상이 되기도 합니다. 이처럼 피의자, 피고인은 무엇인가 우리와 동떨어진 사람들, 태생적으로 나쁜 범죄인이 아니라 바로 우리와 같은 일반 시민들입니다. 이런 이유 때문에 우리는 우리가 피의자, 피고인이 될 때 최소한의 인권을 지키는 제도를 만들고자 노력합니다. 처벌하는 것도 일반 시민이고 처벌받는 것도 일반 시민이기 때문입니다. 국가가 일반 시민을 수사하고 재판한 다음 처벌하기 위해서는 반드시 정당한 이유가 있어야 하고 또 공정한 절차를 밟아야 합니다. 그리고 일반 시민은 국가와 맞서서 인간의 존엄을 지킬 수 있어야 합니다. 만일 우리가 이런 제도를 만들지 못하면 결국 국가라는 이름의 폭력을 인정하는 것밖에 안 됩니다.

(3) 적정한 사실인정—네 가지 기본적인 준비자세

오판을 방지하기 위해서는 무엇보다도 재판관이 '의심스러울 때에는 피고인의 이익으로'라는 원칙에 따라 '적정한 사실인정'을 해야 합니다. 실제로 "적정하고도 타당한 사실인정을 하고 싶은 것은 우리 실무가의 영원한 숙원이며 필생의 목표이다"[4]라고 설명합니다.

그러나 재판관은 법률 전문가일지는 몰라도, 논리학이나 심리학 전문가는 아닙니다. 더욱이 의사나 물리학 전문가도 아닙니다. 전문적 지식을 폭넓게 지니거나 체계적으로 배우지 않습니다. 재판을 거듭하면서 경험적으로 습득하는 것 외에 선배 재판관으로부터 '전해듣는' 것에 의지하고 있는 형편입니다.

자백에 대한 판단도 "최종적으로는 재판관 개인의 지식·경험의 집적에 기초한 건전한 균형감각에 의지할 수밖에 없다"고도 설명합니다.[5]

그렇다고 해서 자백의 판단에 대해 아무런 기준도 생각도 없는 것은 아닙니다. 피의자·피고인의 자백이 오판을 부르는 '위험한 증거'인 것은 지금까지 계속 인식되어왔습니다. 그리고 자백의 평가를 둘러싸고 여러 연구가 거듭되었습니다. 원죄가 다행히도 발견되어 유죄판결의 오류가 밝혀질 때마다 그 연구는 심화되었습니다.

예를 들면 자백의 신용성을 어떻게 평가하는 것이 합리적인지에 관해 몇 가지 상세한 기준이 제시되었습니다. 재판관이 사실인정을 할 때의 체크포인트입니다. 재판관은 이 체크포인트를 사용하여 '적정한 사실인정'을 실현하고자 합니다.

또한 재판관들은 자백을 판단할 때에 다음과 같은 '기본적인 준비자세'가 중요하다고 합니다.[6]

a. 범죄를 인정하는 방향으로 심증을 형성할 때에는, 인간이 하는 일에는 오류가 있다는 것을 인정하면서, 그 오류를 더 적게 하기 위해 진실에 가까이 가고자 하는 부단한 노력을 게을리하지 말 것. 진실 앞에 겸허하고 우직할 것.

b. 자백이 있는 사건에서도 특히 피고인과 범행을 연결지을 때, 정황증거의

정확성과 한계를 엄밀하게 분석하는 것을 '제1차적 작업', 즉 출발점으로 할 것. 자백의 검토는 그 후의 '제2차적 작업'에 지나지 않는다.

  c. 심증 형성의 과정에서는 스스로 세운 '가설' 위에 항상 새로운 '가설'을 던지고, 예외에 눈감지 않고 시야를 넓게 가지며 끊임없는 '검증'을 거듭해 갈 것.

  d. 재판관이 행하는 증거의 종합적 판단은 최종적으로는 재판관의 '전인 격적 판단'이 되지 않을 수 없으나, 그렇다고 해도 개별적인 증거에 대해 충분한 조사와 분석을 반복하여 검토하고, 거기에 더해 전체적이고 종합적으로 평가할 것.

  이와 같이 재판관은 '거짓자백'의 위험성에 대해 스스로를 경계하며 매일 연구를 거듭하는 것입니다. 앞서 살펴본 네 원죄 사건과 관계된 재판관 또한 마찬가지입니다. 그러므로 정직하게 그 한계를 인정할 수 있었던 것입니다.

  그러면 다음으로 현장의 재판관이 자백의 신용성에 대해 어떤 체크포인트를 가지고 어떻게 판단하고 있는지를 살펴봅시다.

(4) 자백의 신용성의 기준―아홉 가지 범주

예를 들면 사법연수소에서 정리한 자백의 신용성에 관한 체크포인트는 다음의 아홉 가지 범주로 나누어 논하고 있습니다.

a. 자백 성립 과정―자백과 부인이 뒤섞인 경우

실제로 죄를 저지른 많은 피의자는 체포되면 '들켜버렸으니 어쩔 수 없다'고 생각하여 취조 전에 자백할 것을 결정합니다. 취조 전에 결심한 자백은 그 성립 과정에 부자연스러운 부분이 없습니다.

  자백에 앞서서 취조를 하고 그 취조로 얻은 자백은, 그 후 많은 경우 자백과 부인이 뒤섞입니다. 이처럼 자백과 부인이 뒤섞이면 이것은 자백의 신용성에 대해 신중하게 판단할 필요가 있다는 징표입니다. 이런 경우 그 경과를 명백히 밝혀 원인을 해명해야 한다고 되어 있습니다.

b. 자백 내용의 변동과 합리성

예를 들면 흉기를 버린 장소에 관한 자백 진술이 변화하고 있다면 어떨까요? 이런 경우 그 변화한 자백의 내용과 그에 대한 평가, 변화의 과정, 변화의 이유, 객관적인 증거와 부합하는 정도 등에 관해 얼마나 합리적이며, 어느 정도의 모순이 있는지를 검토해야 합니다. 자백 내용과 관계없이 자백 후의 수사에 의해 흉기가 발견되고 이것과 맞추기 위해 자백이 변화했다면, 수사관에게 유도된 자백일 가능성이 있기 때문입니다.

c. 자백의 체험진술성

이것은 재판관의 직감적인 판단에 경종을 울리기 위한 것입니다. 자백 중에 마치 자신이 체험한 것과 같은 '체험진술성'이 있다고 해도, 곧바로 그 자백을 믿을 수 있는 것은 아닙니다. '거짓자백'에도 이와 같은 '체험진술성'이 섞여 있기 때문입니다. 과거에 마치 그 장소에 있었던 것 같은 박진감 있는 진술이라고 해서 자백조서에 신용성을 인정하여 많은 원죄를 만들었습니다. 체험성을 가지고 신용성을 긍정하는 방향으로 인정하는 것은 위험합니다.

d. '비밀의 폭로'

이것은 가장 중요한 기준입니다. '비밀의 폭로'란 '사전에 수사관이 알 수 없는 사항으로 수사 결과 객관적 사실이라고 확인된' 자백이라고 정의합니다. 자백 내용에 이 '비밀의 폭로'가 포함되어 있으면 신용성을 인정하는 데에 매우 유효한 재료가 됩니다. 다만 자백 전에 수사관이 알 수 없었는지 여부, 자백 후에 비로소 그것이 객관적인 사실로 확인되었는지 여부, 나아가 범죄사실과 밀접 불가분한 관련성이 있는지 여부

등을 신중하게 판단해야 합니다.

e. 자백과 객관적 증거가 부합하는 정도

자백의 내용에 약간이라도 객관적 증거와 부합하지 않는 부분이 있는 경우에는 자백의 신용성에 주의를 요한다고 되어 있습니다.

사법연수소의 형사 분야 교육

사법연수소의 연수과목은 민사재판, 형사재판, 검찰, 민사변호, 형사변호, 다섯 과목입니다. 형사 분야의 과목은 세 개입니다. 각각 어떤 것을 배우고 있을까요?

'형사재판'에서는 현역 재판관이 교관이 되어 형사사건 판결을 쓰는 연습을 합니다. 살인인지 상해치사인지 판단을 내리기 어려운 사례뿐이지만, 많은 경우 무거운 죄를 인정하면 '정답'이라고 합니다.

'검찰'에서는 현역 검사가 교관이 되어 기소장을 쓰는 연습을 하는데, 피의자를 왜 그 죄명으로 기소하는 것인지도 채점합니다. 답안용지와 함께 불기소의 경우에 사용하는 '불기소결정서'라는 제목의 용지도 배부하지만, 이 용지를 사용하는 경우는 거의 없습니다.

'형사변호'에서는 형사사건을 많이 다루는 변호사가 교관이 되어 재판에서 변호인이 진술할 의견을 적은 서면 '변론요지'를 쓰는 연습을 합니다. 많은 경우 무죄를 주장하는 변호를 쓰도록 지도하며, 무죄를 주장하는 이상 피고인의 반성 태도나 피해변상을 제대로 했다는 등의 정상참작을 구하는 내용을 쓰면 감점입니다.

이와 같이 형사 분야의 과목에서는 재판관을 목표로 하는 사법수습생도, 혹은 검찰관, 변호사를 목표로 하는 사법수습생도, 모두 똑같이 과목마다 다른 입장에서 사례를 접하도록 하고 있습니다. 이런 방법도 그 자체로는 좋지만, 원죄 연구나 법의학, 심리학 등의 법정과학, 나아가 해외의 형사사법제도를 함께 배울 필요도 있다고 여겨집니다.

또한 진술 내용과 비교되는 객관적 사실은 '확실한 증거에 의해서 담보되며, 거의 움직일 수 없는 사실이거나 그것에 준하는 정도의 것이 아니면 의미가 없다'고 합니다.

그렇지만 자백과 객관적 증거 사이에 불일치가 있는 경우에도 그 원인이나 이유를 밝혀냄으로써 자백의 신용성을 긍정할 수 있는 경우도 적지 않습니다.

f. 뒷받침해야 할 물적 증거의 부존재

자백을 뒷받침하는 확실한 물적 증거가 있다면, 신용성을 인정하기 쉽습니다. 이러한 물적 증거가 없는 경우에는 '왜 없는지'가 문제가 됩니다. 많은 사례에서 재판관의 판단이 여기에서도 갈립니다. 범행과의 관련성이 희박하거나 혹은 불확실하여 다수의 해석이 가능한 뒷받침 증거는 아닌지, 그러한 뒷받침 증거의 질이 문제시됩니다. 관련성이 희박하고 불확실한 뒷받침 증거를 아무리 모아도 확실한 증거가 되지는 않습니다.

g. 범행 전후의 수사관 이외 사람에 대한 언동

이와 같은 언동에 대한 상식적인 평가야말로 오판을 낳는 원인이 되고 있다고 지적됩니다. 피의자·피고인이 된 사람은 상식으로는 헤아릴 수 없는 복잡한 심리를 가지고 있습니다. 그러므로 그 언동을 우리가 일상에서 가지는 상식으로 평가하면 판단을 그르쳐버립니다. 그 심리를 해명하지 않고는 올바른 평가를 할 수 없습니다.

h. 피고인의 변명

피고인의 변명은 수사 초기 단계부터 상세하게 녹취할 필요가 있습니다. 그러나 일반적으로 수사의 처음부터 피의자의 변명을 충분히 상세하게 녹취하지 않습니다. 공판단계에서도 초기에 상세한 변명이 이루어질 필요가 있습니다. 수사단계·공판단계를 거치며 변명에 허심탄회하게 그리고 충분히 귀를 기울이는 것이 자백의 신용성 판단에 적합하며 중요합니다.

I. 정황증거와의 관계

피고인과 범행의 연결고리를 증명할 수 있는 정황증거란 자백을 떠나서 독립된 가치를 가진 것에 한정되어야 합니다. 문제는 정황증거의 확실성과 범행이나 자백과의 관련성입니다. 정황증거가 전체의 증거 속에서 어디쯤 위치하고, 그것이 자백과 어떻게 연결되어 있는지, 어떤 의문을 찾아낼 수 있는지, 그 의문은 어떻게 해명할 수 있는지, 그 해명은 충분한지 등 신중한 판단이 필요합니다.

이와 같이 재판관이 자백의 신용성을 판단할 때에는 이상의 아홉 가지 범주로 나누어진 체크포인트를 개별적이고도 종합적으로 평가해야 한다고 되어 있습니다. 그때 네 가지 마음의 준비자세가 필요하다는 점에 관해서는 이미 언급했습니다.

확실히 이 체크포인트들은 우리의 일상 경험과도 일치하는 것입니다. 일반적으로 '거짓'에는 '객관적인 뒷받침'이나 '객관적 사실과의 정합성'이 결여되어 있기 때문입니다. 그럼에도 여전히 재판관이 '거짓자백'을 '진짜 자백'이라고 믿어버리는 경우가 있습니다. 그러므로 재판관에 의한 자백의 신용성 판단을 더 정밀화하기 위해서 체크포인트의 수를 많게 하거나 정밀도를 높이는 시도가 계속되고 있습니다.

자백의 신용성을 판단할 때 과거의 원죄 사례들에서 추출한 체크포인트에 주의하는 것은 재판관으로서는 반드시 해야 하는 최소한의 작업입니다.

(5) 네 원죄 사건의 '거짓자백' 판단

이미 검토한 네 원죄 사건에서 유죄를 선고한 재판관이 '거짓자백' 그 자체의 내용을 검토한 것만으로는 '거짓'이라는 것을 발견할 수 없었거나 혹은 매우 어려웠다는 것을 설명했습니다. 네 원죄 사건에서 재판관이 특별한 판단을 한 것은 아닙니다. 마찬가지로 '자백의 변화', '내용의 박진감·자연스러움', '비밀의 폭로', '자백의 객관적 뒷받침', '객관적인 사실과의 정합성' 등의 체크포인트를 신중히 검토했습니다. 그러나 여전히 자백의 신용성 판단은 어려웠던 것입니다.

이 책에서 검토한 네 원죄 사건의 자백은 명백히 '거짓자백'이라고 증명되었습니다. 체크항목이 확실한 것이었다면 그 자백의 거짓을 밝혀낼 수 있었을 것입니다. 네 원죄 사건의 재판관은 왜, 만일 '무고함을 증명하는 사실'이 없었다면 정확히 판단할 수 없었을 것이라고 했을까요?

자백의 신용성에 관한 각 체크포인트에 대해 살펴봅시다.

• '자백 내용의 변동과 합리성'에 관해

예를 들면 'b. 자백 내용의 변동과 합리성'이라는 체크포인트에서는 "범행으로부터 1년 반 이상이나 지난 후에 수사관의 취조를 받는 경우 자신의 불이익으로 직접 이어지는 사정의 진술이 동요, 망설임, 망각, 기억의 차이 등 때문에 어느 정도 변하는 것은 오히려 자연스럽다고 할 수 있다"(아시카가 사건), "양과자점 사건에 관한 피고인의 경찰관조서…를 보면, 그 내용은 애매한 부분이나 현금이 들어 있던 빨간 주머니의 투기장소에 관해 변화가 있으나, 특별히 불합리하거나 부자연스러운 부분은 없다"(우쓰노미야 사건)고 합니다.

모두 자백의 신용성에 관해 긍정적인 평가를 하고 있습니다.

- **'자백의 체험진술성'에 관해**

아시카가 사건에서는 'c. 자백의 체험진술성'이라는 체크포인트에서 "전체적으로 실제로 그 자리에 있었고 체험한 자의 진술로서의 진실성이 느껴진다", "(피고인은) F에 대한 접촉 행위의 모습을 손짓을 섞어서 구체적으로 진술하고 있어, 피고인이… 변명하는 것과 같이 당시 신문기사의 기억 등으로부터 상상을 섞어서 경험하지 않은 허구의 사실을 수사관 등의 마음에 들도록 진술했다고 하는 등의 변명은 도저히 받아들이기 어렵다", 우쓰노미야 사건에서는 "피고인의 진술조서들을 보면 그 자체만으로는 진술의 신용성을 의심할 만한 사정은 발견되지 않는다"고 합니다.

체험진술로서 자백의 신용성에 관해 긍정적으로 평가하는 재판관이 있는가 하면 우쓰노미야 사건과 같이 "피고인이 상세하게 설명할 수 있었다 해도 그것이 곧바로 피고인이 범인이라는 것을 의미하지는 않는다"며 소극적으로 평가하는 재판관도 있습니다.

- **'자백과 객관적 증거가 부합하는 정도'에 관해**

아시카가 사건에서는 'e. 자백과 객관적 증거가 부합하는 정도'라는 체크포인트에서도 "피고인의 자백은 사건 발생으로부터 약 1년 반이 경과된 후에 비로소 이루어진 것이기 때문에 세세한 부분까지 객관적 사실과 일치하지 않는 것은 오히려 자연스러우며, 상세한 점에서 어긋난다고 해서 그 신용성에 직접적으로 영향을 미치는 것은 아니다"라고 자백의 신용성에 관해 긍정적인 평가를 했습니다. 그러나 우와지마 사건과 같이 "객관적 사실을 전제로 하면,… (피고인의) 본건 전체에 대한 설명도 또한 극히 부자연스럽다고 하지 않을 수 없다", "결국 '주머니형 인감케이스'란 피고인의 상상의 산물이라고 할 것이다", "저금의 지급에 관한 피고인의 자백 중에 지급받았다고 하는 50만 엔 중 20만 엔의 용도에 관련된 설명은 객관적 사실에 반한다"라고 자백의 신용성에 관해 부정적으로 해석하는 평가도 있습니다.

- **'뒷받침해야 할 물적 증거의 부존재'에 관해**

'f. 뒷받침해야 할 물적 증거의 부존재'라는 체크포인트에서도 도야마히미 사건에서는 '뒷받침해야 할 물적 증거'는 없었음에도 불구하고 자백의 신용성이 긍정되어 그대로 유죄가 되었지만, 우와지마 사건에서는 "저금 지급 사실에 대해서는 어느 정도 물적 증거가 존재하나, 그것이 피고인과 범인의 동일성까지 뒷받침한다고는 할 수 없다", "결국 50만 엔의 용도에 대해서는 증명이 전혀 없다"고 하여 자백의 신용성이 부정적으로 해석되었습니다.

- **'피고인의 변명'에 관해**

'h. 피고인의 변명'이라는 체크포인트에서도 "(재판의 도중까지) 본건 범행을 인정하는 태도를 유지하고 있었던 이유로는 충분하지 못하고 납득하기 어렵고 매우 불합리한 변명이라고 할 수밖에 없다", "피고인이… 변명하는 것과 같이 당시 신문기사의 기억 등으로부터 상상을 섞어서 경험하지 않은 허구의 사실을 수사관 등의 마음에 들도록 진술했다고 하는 등의 변명은 도저히 받아들이기 어렵다"라며 아시카가 사건의 재판관이 거짓이라고 판단한 S씨의 변명은 '진짜'였다는 점, 도야마히미 사건과 같이 "피고인도 사실을 인정하여 공판정에서 피해자들에게 사죄하거나 본건 각 범행에 대해 반성하는 말을 하며 재범이 없을 것을 약속하고 있다"며 재판관이 진실이라고 판단한 J씨의 진술이 '거짓'이었던 점이 밝혀졌습니다.

(6) 재판관의 자백의 신용성에 관한 판단의 개별성과 한계

이와 같이 네 원죄 사건에 관여한 재판관이 같은 체크포인트로 같은 '거짓 자백'을 판단했음에도 불구하고 자백의 신용성에 관한 평가가 서로 다르고 틀리기까지 한 이유는 어디에 있을까요?

　그것은 결국 개별 재판관이 '자유재량'이라는 이름의 주관적 견해로 자백의 신용성을 판단하기 때문이라고 해도 지나친 말이 아닙니다. 예를 들면 우리는 평소 익숙한 똑같은 풍경에도 햇살의 각도, 강도 등에 의해 전혀 다른 심리와 감정을 내보이는 경우가 있습니다. 네 원죄 사건에 관여한 재판관뿐만이 아니고 모든 재판관이 같은 체크포인트에 대해 다른 관점에서 바라보고 판단하고 있는 것입니다.

나아가 체크포인트를 이용한다 해도 거기에는 넘을 수 없는 한계가 있습니다.

앞서 언급한 대로, 판례에 의하면 재판관의 '자유로운 판단'이란 문자 그대로 개개의 재판관의 '자유재량'이 되어서는 안 되며, '의심스러울 때에는 피고인의 이익으로'를 전제로 '건전한 사회상식'에 입각한 '합리적인 판단'이어야만 합니다.

네 원죄 사건에 관여한 재판관도 '의심스러울 때에는 피고인의 이익으로'를 전제로 한 자신의 판단이야말로 '건전한 사회상식'에 입각한 '합리적인 판단'이라고 자신하며 판단했을 것입니다.

그러나 전부 '무고함을 증명하는 사실'이 존재하는 '거짓자백'이었습니다. 게다가 이들 '거짓자백'은 일반인이라면 '이상하다'고 생각할 만한 여러 모순점을 가지고 있었습니다. 특히 '자백의 객관적 뒷받침', '객관적인 사실과의 정합성' 등이 그것입니다.

예를 들면 아시카가 사건의 오판 유죄판결에서는 이들 모순점에 관해 "(변호인의) 독자적인 견해", "세부적인 모순이다", "다르다고 하기에 부족하다", "피고인의 자백과 모순된다고는 말할 수 없다"라며 '거짓자백'에는 '합리적인 의문'이 없다고 일축했습니다.

도야마히미 사건의 오판 유죄판결에서는 '거짓자백'에 있어야 할 '뒷받침해야 할 물적 증거'의 부존재에 관한 '합리적인 의문'은 전혀 다루지 않았습니다.

우쓰노미야 사건의 무죄판결에서는 '거짓자백'에는 '객관적인 뒷받침'이 없음에도 불구하고 "피고인의 진술조서들을 보면 그 자체만으로는 진술의 신용성을 의심할 만한 사정은 발견되지 않는다"고 판시했습니다.

우와지마 사건의 '거짓자백'에서는 '자백과 객관적 사실이 다른 점'에 대해 큰 의문을 던지고 있었으나, 결국 그 체크포인트에 의해 '거짓'이라고 발견한 것은 아니었습니다.

이와 같이 재판관의 판단방법에는 큰 한계가 존재할 뿐만 아니라 자칫하면 그 사건을 담당한 개개의 재판관의 주관에 휘둘릴 위험이 있습니다.

각각의 사건에 관해 '합리적인 의문'이 있는지는 그 사건을 담당한 개개의 재판관이 결정합니다. 그러나 개개의 재판관의 주관에 따라 결정되어도 좋은 것은 아닙니다. 그렇게 되면 형사재판은 법에 의한 재판이 아니라 사람에 의한 재판으로 추락해버립니다. 재판관의 '자유로운 판단'이란 개개의 재판관의 '주관적인 판단'이 아니고 '자유로운 재량판단'도 아닙니다. 그 판단과정이 '건전한 사회상식'에 합치하고, 역사적인 검증을 견디는 '합리적'인 것이어야만 합니다.

5. 자유심증의 위험성과 그 한계

앞에서 재판관의 자백의 신용성 판단은 한계가 있다는 점, 나아가 개개 재판관의 주관적인 '자유재량'이 되기 쉬운 점에 대해 검토했습니다. 지금부터는 자백의 임의성, 신용성 및 과학적 증거에 관한 평가를 중심으로 자유심증의 한계와 위험성을 살펴봅시다.

(1) 자백의 임의성 · 신용성 판단의 문제점

① 임의성 판단의 실제

네 원죄 사건의 법학적 분석에서 언급한 대로 재판관은 오로지 자백의 신용성만을 문제로 삼았고, 자백의 임의성은 당연한 것처럼 인정해왔습니다.

자백의 임의성의 입증책임은 검찰관에게 있습니다. 검찰관은 자백의 임의성을 입증하기 위해서 보통 수사를 담당한 경찰관을 증인으로 신청하고 질문합니다. 증인이 된 경찰관은 취조할 때에 '법을 준수한 취조를 했습니다. 유도나 위계(속이는 것), 하물며 폭행이나 협박 등은 일체 하지 않았습니다'라고 증언합니다.

예를 들면 자백의 임의성을 다툰 아시카가 사건에서도 S씨의 취조를 맡았던 M 경찰관과 L 경찰관은 법정에서 다음과 같이 증언했습니다.

"피고인을 취조할 때 강제로 하거나 유도하지 않도록 생각하고 있었고, 실제로 피고인이 자백할 때까지 폭행을 가하거나 고함을 치지 않았다,… 점심식사 후 오후 1시 반경부터 오후 8시 반경까지 취조하면서 피고인에게 진실한 이야기를 듣고 싶다고 설득했지만, 생각한 대로 진행되지 않았고 피고인은 때때로 우는 시늉 같은 것을 했다,… 저녁식사와 휴식 후 취조를 계속한 결과 오후 9시 50분경이 되자 우선 당일 파친코 가게에 갔던 사실을 인정하며 차례로 당일의 행동을 말하고 오후 10시 반경 본건을 자백했다, 자백 후 피고인은 책상에 얼굴을 묻은 채 정면에 앉아 있던 취조관인 내 손을 꼭 쥐고 흐느껴 울었다, 그 후 매일같이 취조를 했는데 처음에는 다소 고개를 숙인 모습이었지만 점점 정면을 향해 말하게 되었다….”(M 경찰관)

“특히 이 사건은 아시카가 시민은 물론 도치기 현민에게 큰 영향을 미쳤고 관심이 높았기 때문에 강제, 유도했다고 비난받지 않도록 배려하고 신중을 기해 취조에 임하도록 지시했고, 유도, 강요 등을 한 적이 없으며, 또한 피고인은 유도에 말려들거나 하지 않았다,… 피고인은 책상 위에서 울고 있었는데, 미안하다고 말하며 내 손을 잡고 내 왼쪽 무릎 위에 얼굴을 묻고 오랫동안 울었다, 내 왼쪽 바지, 양말까지 상당히 젖었지만 나는 꼼짝도 하지 않고 그대로 있었다.”(L 경찰관)

이와 같은 증언에 의해 재판소는 자백의 임의성을 인정하게 됩니다.

이렇게 되면 피고인이나 변호인은 자백의 임의성이 의심되는 구체적인 사정을 말하고 입증해야 합니다.

그러나 현실에서 피고인이나 변호인에게는 자백의 임의성을 다투기 위한 유효한 증거나 방법이 매우 제한됩니다. 대다수 사례에서는 없는 것이나 다름없다고 할 수 있습니다. 오늘날 자백을 얻기 위해 폭행을 가한 흔적을 남기는 경우는 거의 없습니다. 신체에 상처를 남기거나 그 밖에 임의성이 의심받는 증거를 남겨 변호인 측에 그것을 보여주는 수사관은 없습니다. 피고인도 변호인도 자백의 임의성이 의심되는 증거를 손에 넣을 기회가 없습니다. 모든 것은 대용감옥이라는 밀실 안에서 행해집니다. 그렇게 보면 재판관은 완벽할 정도로 화장을 한 ‘자백조서’밖에 볼 수 없습니다. 변호인이 다투지 않는 경우에는 자백의 임의성은 처음부터 문제가 되지 않습니다. 그렇기 때문에 재판의 실무에서는 거의 모든 경우에 자백의 임의성을 인정하는 판단을 합니다.

‘무고함을 증명하는 사실’이 나타난 네 원죄 사건의 ‘거짓자백’은 전부 ‘임의로 이루어졌다’고 판단되었습니다. 스스로 대역을 자진해서 맡은 것과 같

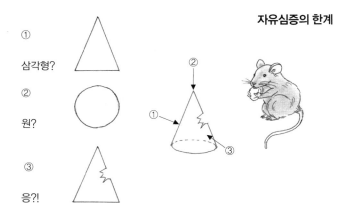

자유심증의 한계

① 삼각형?

② 원?

③ 응?!

은 특수한 경우는 별개입니다. 그러나 사람이 짓지도 않은 죄를 인정할 때 그것이 '임의'로 이루어졌다고는 도저히 생각할 수 없습니다. 거기에는 사람에게 '거짓자백'을 강요하는 어떤 거대한 힘이 존재합니다. 결국 우리가 상상하는 '임의'와 재판관이 행하는 자백의 임의성 판단에는 큰 간격이 있다는 것을 알 수 있습니다.

② 자백의 신용성에 미치는 결정적인 영향

임의성이 인정된 자백은 다음으로 신용성을 평가받게 됩니다. 여기에 깊은 함정이 있습니다.

그것은 '자백이 임의로 진술되었다면 믿을 수 있다'고 하는 편법입니다. 자백이란 자기에게 불이익한 사실을 말하는 것입니다. 이익이 되는 거짓을 말하는 경우는 많이 있지만, 자신에게 결정적으로 불이익한 거짓을 말하는 경우는 없습니다. 그래서 임의로 진술된 자백은 그 신용성이 높다고 생각되는 것입니다. 게다가 자백의 신용성을 의심하게 하는 증거는 항상 수사관의 수중에 있고, 변호인 측에는 제공되지 않습니다.

이렇게 자백의 임의성이 인정된 것을 바탕으로 자백의 신용성도 쉽게 긍정합니다. 이것이 실무의 관습처럼 되어 있습니다.

따라서 자백의 임의성을 긍정했지만 자백의 신용성을 부정하는 경우는 극히 드물다고 할 수 있습니다.

현실의 형사재판에서 변호인이 자백의 신용성을 부정하려고 하면, 우선 그 신용성을 부정할 수 있는 요소를 남김없이 제시해야만 합니다. 제시한다 해도 그것만으로 신용성이 부정되는 것은 아닙니다.

거기에 더해 재판관은 자백을 '믿을 수 있는 사정'과 '믿을 수 없는 사정' 으로 나누어 비교하여 '우선 절대로 믿을 수 없다'는 심증에 다다른 때에 비로소 자백의 신용성을 부정하는 판단을 내리게 됩니다. 모르는 사이에 주객이 전도된 것입니다.

(2) 과학적 증거와 자유심증주의

① 과학적 증거의 역할

사회상식이 전부 과학적 진실과 일치한다고 말할 수는 없습니다. 사회적 상식에 따른 판단이 과학적 진실을 무시함으로써 비약적이고 잘못된 판단을 이끄는 경우가 있습니다. 역으로 과학적인 증거를 과신함으로써 원죄가 생겨난 경우도 있습니다.

법정에서 이용되는 과학은 다양합니다. 해부감정, 지문, 혈액형, 유전자, 모발감정, 필적 등이 있습니다. 이와 같은 '객관성'을 가진 과학은 사람들이 새로운 지식으로 진실에 눈뜨게 해주었습니다. 자신이 알고 있는 관점에서 어느 정도 거리를 두고 다른 방법으로 생각해보게도 합니다. 사회상식 중에 어떤 기준을 어디에 어떻게 적용하면 좋을지에 관해 과학은 올바르게 안내해줍니다. 무엇보다 과학은 그 판단과정을 객관화해서 사후적으로 검증 가능한 것으로 만듭니다. 그것이 과학의 올바른 효용이라고 할 수 있습니다.

자백의 임의성, 신용성 판단의 중요한 기둥 중에 하나는 과학입니다. 예를

임의성 판단에 허비되는 세월

수사단계에서 자백한 피고인이 법정에서는 무죄를 주장한 경우, 검찰관은 수사단계의 자백조서를 증거로 신청합니다. 변호인이 '그 자백의 임의성을 다툰다'는 의견을 내면 그때부터 '임의성 전투'라고 할 만큼 긴 싸움이 시작됩니다.

우선 피고인이 "아침부터 밤까지 쉬지도 않고 취조를 받았습니다. 형사로부터 '네가 범인이다. 증거도 있다'고 들었습니다. 그럼에도 제가, 저도 모른다고 말하자 '말도 안 되는 소리 하고 있어! 네가 한 게 맞잖아'라고 몇 번이나 고함쳤습니다. 괴로워서 고개를 숙였더니 머리카락을 움켜잡아 억지로 고개를 들게 하고 왼쪽 뺨을 손바닥으로 쳤습니다"와 같이 취조의 모습을 재현합니다.

다음으로 피고인의 취조를 담당한 경찰관, 검찰관 여러 명이 차례로 증언대에 서서 입을 맞추어 "법에 따른 취조였습니다. 피고인을 유도하거나 폭언을 내뱉거나 하지 않았습니다. 폭력도 휘두르지 않았습니다"라고 증언합니다.

그것은 그렇습니다. 아무도 "저는 취조 중에 피의자에게 폭력을 휘둘렀습니다"라고 당당하게 증언할 리 없습니다. 그럼에도 취조관에 대한 질문은 길게 계속됩니다. 임의성 판단에는 터무니없이 긴 세월이 허비됩니다.

자백조서 중 대부분이 임의성이 없다고 되어 일부무죄가 선고된 고야산高野山 방화 사건에서는 임의성 판단에 4년의 세월이 허비되었습니다. 12명 전원의 무죄가 확정된 시부시志布志 사건에서는 그중 6명의 자백의 임의성을 다투어 3년 8개월의 심리 대부분이 임의성 판단에 들어갔습니다.

임의성 판단에 이렇게까지 비생산적인 시간과 노력이 쓰이는 것은 취조가 밀실에서 이루어지기 때문입니다. 취조의 전 과정을 녹음, 녹화하기만 하면 임의성 판단은 빨리 할 수 있습니다. '취조 전 과정의 가시화(녹음, 녹화)'는 '임의성 전투'의 특효약입니다.

들면 '객관적인 사실과 부합하는 정도', 즉 '객관적인 사실'을 확정하고 자백과 부합하는 정도를 판단할 때에 과학은 유일무이한 역할을 수행합니다.

그러나 과학적 증거 중에는 과학을 가장하면서도 과학적 진실에 기반을 두지 않는 것도 있습니다. 불확실한 근거에 기초하거나 판단과정이 불명료한 '과학적 증거'가 재판의 장에 나옵니다. 그것을 밝히는 것이야말로 재판관의 중대한 임무가 됩니다.

② 원죄의 원인이 되는 과학적 증거―그 패턴

많은 사례에서 과학적 증거가 원죄를 밝혀내는 것이 아니라 역으로 원죄를 만드는 원인이 되어버립니다. 법정에서 과학적 증거가 무죄의 증거가 아니라 유죄의 증거로 이용되는 경우가 그것입니다. 이 책에서 검토한 아시카가 사건에서도 옛 DNA 감정이 유죄의 결정적인 과학적 증거가 되었습니다.

과학적 증거가 원죄를 만드는 구조에는 일정한 패턴이 있습니다. 예를 들면 피고인이 자백한 범행의 모습과 행태가 해부감정 결과와 모순되지 않는다, 피고인의 체액이 범행 시에 피해자의 신체나 옷에 묻은 혈액형이나 유전자와 모순되지 않는다, 현장에 남겨진 지문이 피고인의 지문과 일치한다, 피해자의 신체에서 채취된 음모가 피고인의 음모와 유사하다, 범행을 암시하는 문서의 필적과 피고인의 필적이 유사하다, 이와 같은 과학적 증거가 유죄의 결정적인 근거가 됩니다.

문제는 법정에 제출된 과학적 증거의 과학으로서의 가치가 엄격하게 검증되는지 여부입니다. 원죄를 만들어내는 것은 '과학' 그 자체가 아닙니다. 어디까지나 과학적 증거에 대한 과신에 원인이 있습니다. 과학적 증거는 그 과학이라는 껍데기를 우선 벗겨내고, 거기에 더해 다른 과학적 진실과 부합하는 정도, 판단과정의 합리성 및 그 적용 영역이 엄격하게 검증되어야만 합니다.

다음에서 그 오류의 패턴을 살펴봅시다.

• 과학적 증거와 모순되지 않는 사실의 평가

과거의 원죄 재판 사례를 살펴보면, 해부감정이나 혈액형이나 유전자가 자백과 '모순되지 않는다'는 점을 들어 자백의 신용성을 인정하는 근거로 삼았습니다.

아시카가 사건에서도 목을 조른 흔적에 대해 "(피고인과 피해자) 모두 움직이고 있었기 때문에… (목을 조른 흔적이) 벗어났어도 다르다고 하기에는 충분하지 않다", 나아가 정액이나 타액이 묻은 상황에 관해 "자백 내용이 정액이 묻은 상황이나 타액이 묻은 상황과 맞지 않다고 해서 곧바로 자백이 의심스럽다고는 할 수 없고,… 피고인의 자백과 모순된다고는 할 수 없다"고 판단했습니다.

자백과 과학적 증거가 '모순되지 않는' 것은 그 자백을 '믿을 수 있다'는 것을 뒷받침하는 걸까요? 그것은 '믿을 수 있는' 방향으로도 '믿을 수 없는' 방향으로도 작용할 수 있습니다.

아시카가 사건을 포함한 많은 원죄 사건에서 재판소는 자백과 '모순되지 않는다'는 것을 들어 마치 그 과학적 증거가 자백을 '믿어도 좋은' 증거라고 평가했습니다.

이것들은 과학적 증거의 적용 영역을 오인한 예라고 할 수 있습니다.

• 자료의 존재 · 부존재의 합리성

원죄 사례 중에는 범행현장에 있었던 점이 움직일 수 없는 명확한 사실이라고 하여, '발자국', '지문'이 일치하는 것이 범행의 결정적인 증거가 되는 경우가 적지 않습니다. 특히 피고인의 변명을 무너뜨리는 유력한 증거가 되고 유죄의 증거가 되기도 합니다.

그러나 현장에 남은 발자국이나 지문이 있었으나 범행 장소에 더 가까운 곳에서 발자국이나 지문이 채취되지 않았다는 점을 설명할 수 없어서는 유죄의 증거로서 가지는 가치는 적을 것입니다. 더욱이 범행이 이루어진 같은 날, 같은 시간대에 이루어진 흔적인지, 그 사이에 생긴 자연현상 등인지를 검증하지 않고는 올바른 평가를 할 수 없습니다.

침입한 입구에는 피고인의 지문과 DNA가 묻어 있는데 피고인이 실내의 피해자를 살해하기 위해 10회 이상 내리쳤다는 삽에 지문이나 DNA가 전혀 묻어 있지 않은 경우는 어떨까요?

현관 앞에서 피고인의 발자국을 채취했다 하더라도 범행일 전후에 큰비가 내렸는지를 검증하지 않고서는 범행과 어떻게 연결되는지가 명확하지 않습니다.

이와 같이 발자국이나 지문이 채취되어도 그 밖의 상황을 검증한 후에 그 상호관련성에 관해 합리적인 이유를 밝혀내야만 합니다.

• 기준 및 자료의 적정성

채취된 음모가 비슷한 것이 자백을 지지하는 중요한 증거가 된 원죄 사건도 있습니다.

그러나 채취된 음모가 비슷했다고 해도 그 비슷함의 기준이 애매했고, 심지어 과학적 감정 자료인 모발을 '바꿔치기'한 적까지 있습니다. 필적이 비슷한 점에 대해서도 같은 위험이 있을 것입니다. 그 기준이나 자료가 적정한 것인지를 엄격하게 검증하지 않을 수 없습니다.

• 과학적 증거의 이용 가능성

과학적 증거는 검찰관이 수집하는 것은 쉬우나, 피고인이나 변호인이 수집하는 것은 매우 어렵습니다. 거의 일방적으로 검찰관이 이용할 수 있는 과학력의 압도적인 차이가 자백진술에 마치 과학적 뒷받침이 있는 것처럼 치장을 합니다. 피고인도 변호인도 이에 맞서서 과학을 이용할 수 있는 기회가 부족하고 정보마저 제한됩니다.

법정에 제출된 과학은 결론만 이해할 수 있는 것이 되어서는 안 됩니다.

그 자료로 사용된 것이 확실한 것인지, 사용된 전문적 지식은 그 분야에서 확실한 것이었는지, 적용은 올바르게 이루어졌는지, 판단과정은 합리적인지, 그 타당한 영역은 명확하게 한정되었는지, 사후적으로 검증 가능하여 '과학'으로서 흔들리지 않는 것인지, 다양한 각도에서 시험해볼 필요가 있습니다.

가고시마 현 부부 살인사건 ①

'10회 이상 내리쳤다는 삽에 지문이나 DNA가 전혀 묻어 있지 않은' 사건과 '음모陰毛가 유사한 것이 자백을 지지하는 중요한 증거가 된 원죄 사건'은, 실은 둘 다 '가고시마鹿兒島 현 부부 살인사건'으로 불리는 사건입니다.

혼동하기 쉽기 때문에 이 책에서는 전자를 '가고시마 부부 살해사건', 후자를 '다카쿠마高隈 사건'이라고 부릅니다.

'가고시마 부부 살해사건'은 2010년 12월 10일 가고시마 현 지방재판소에서 무죄판결이 선고된 사건입니다. 이 사건에서 검찰관은 범행현장인 피해자 집의 유리 파편이나 장롱에서 피고인의 지문이 검출되었으므로 피고인이 본건 범인이라고 주장했습니다. 피해자 집에서 피고인의 지문이 나왔다고 들으면, 보통은 그것만으로 '피고인이 범인이 틀림없다'는 판단으로 기울겠지요.

그러나 이 사건의 재판부(재판관과 재판원)는 지문의 존재에 대해 '피고인이 과거에 피해자 집에 출입한 적이 있다'는 점은 증명할 수 있어도 '피고인이 피해자 집에서 범행을 저질렀다'는 점까지 증명할 수는 없다고 했습니다. 거기에 더해 범행에 사용된 삽에 피고인의 지문 등의 흔적이 전혀 없었던 점이나, 수사관이 현장을 제대로 보존하지 못했던 점, 검찰관이 설명한 범행 스토리가 부자연스러운 점 등도 음미한 뒤에 '의심스러울 때에는 피고인의 이익으로'의 철칙을 관철하였습니다.

이 사건은 검찰관이 항소한 후 피고인이 병사했기 때문에 항소심의 판단 없이 재판이 종결되었습니다. 검찰관의 항소라는 문제에 관해서는 다시 다른 칼럼에서 소개하겠습니다.

재판관은 과학자를 가장해서는 안 됩니다. 또한 과학에 정통한 태도를 취해서도 안 됩니다. 그런 의미에서 '전문가인 척하는 재판관'이어서는 안 되고, 어디까지나 이해력이 부족한 민중의 한 사람으로서 과학적 증거를 음미해야 합니다.

③ 형사재판에서 과학적 증거의 의미
형사재판에서 검찰관이 주장하는 범죄사실에 '합리적 의심'이 남으면 무죄가 되어야 한다는 것은 이미 언급했습니다.

이와 같은 형사재판의 기본원칙에 비추어 보면, 범행을 부정하려고 할 때 과학적 증거는 매우 중요합니다. 형사재판에서 무죄의 증거란, 유죄 증거를 채취한 절차나 내용에 불확실한 부분이 남아 있다는 점을 보여주기만 해도 충분합니다.

해부소견이나 혈액형, 유전자, 지문, 모발, 필적과 관련된 과학적 감정이 하나라도 모순된다면 그것만으로 무죄의 증거가 됩니다. 실제로 DNA라는 과학적 증거가 결정적인 근거가 된 아시카가 사건에서는, 낡은 DNA 감정이 최신 DNA 감정에 의해 뒤집힘으로써 무고함이 입증되었습니다.

④ 재판관의 '자유심증'의 한계
그런데 과학적 증거가 던진 '합리적 의심'에 재판관의 심증 형성이 구속되는 걸까요? "과학적 증거라 하더라도 재판관에게는 '참고의견'에 지나지 않는다"는 견해도 재판관 사이에서는 여전히 유력한 견해인 듯합니다. 증거의 평가는 재판관의 '자유심증'에 맡겨져 있고 과학적 증거도 그 하나의 도구에 지나지 않는다는 입장에서 아주 자연스럽게 그렇게 생각하고 있습니다.

예를 들면 이 책에서 검토한 진술심리학감정은 예전부터 '거짓자백'을 꿰뚫어보는 것으로서 법정에 제출되어왔습니다.

그러나 재판소는 "…그 방법은 그 나름으로 납득할 수 있고, 허위자백의 위험성을 극명하게 보여주고 있다.… 자백에 다다른 사실 경과를 정확히 따라가며… 자백의 신용성 판단의 검증에 매우 유익한 관점을 제공하는 것이

가고시마 현 부부 살인사건 ②

'가고시마 현 부부 살인사건'으로 불리는 사건의 하나인 '다카쿠마 사건'은 1심도 2심도 유죄였습니다. 최고재판소가 유죄판결을 파기환송해서 항소심에서 무죄가 확정된 사건입니다. 유죄판결은 '자백'과 이것을 지지하는 객관적 증거를 결정적인 근거로 삼았습니다. 최고재판소는 '그 증거가치를 둘러싼 숱한 의문'을 지적했습니다.

예를 들면 피해자의 사체에서 채취한 음모입니다. 유죄판결은 이것이 피고인의 음모와 유사하다는 감정서를 믿었습니다. 피고인으로부터 채취한 음모는 수사본부의 수중에서 일부가 분실되었다가 나중에 발견된 것이라고 제출되었습니다. 그러나 그것은 음모가 아니라 머리카락이었습니다. 바꿔치기된 음모에 대한 의문은 남아 있었습니다. 그런데도 원심은 유죄를 선고했습니다. 최고재판소는 증거 관리가 엉성했다면, 감정에 사용된 음모가 정말로 피해자의 사체에 남아 있던 것인지 의심스럽다며 감정서의 증거가치를 부정했습니다. 환송심에서, 증인 선서를 마친 당시의 보관책임자는 이 음모를, 자신이 가고시마 현에서 도쿄의 경찰청 과학경찰연구소까지 침대특급 '하야부사'를 타고 가지고 갔기 때문에 섞일 리가 없고, 하물며 바꿔치기될 리도 없다고 증언했습니다. 그러나 보관책임자가 탔다는 '하야부사'는 그날 폭우 탓에 운행되지 않았습니다.

다카쿠마 사건은 '가고시마 현 부부 살인사건'이라는 이름으로 여러 해 동안 사법연수소 형사변호과목의 도입 사례로 채택되었습니다. 또한 자백의 신용성에 관한 형사재판 교재에도 자주 등장합니다. 그러나 그 후에도 '거짓자백'을 발견하지 못하고 유죄판결을 선고한 사건은 끊이지 않고 있습니다. 이 책에서 다루고 있는 네 원죄 사건은, 전부 다카쿠마 사건의 무죄판결 확정 후에 일어난 사건입니다.

당신은 과오로부터 배우지 않는 전문가 집단을 신뢰할 수 있습니까?

다. 그러나 실제로… 이와 같은 분석 공식이 그대로 적용될 것인지 여부는 극히 의심스럽다", "감정의 판단에는 찬동하기 어렵다"(나바리名張 사건), "감정의견서는 검찰관이 적절히 지적한 바와 같이 진술자가 자기의 형사책임을 면하거나 또는 경감시키기 위해 허위의 진술을 할 가능성이 있다는 점에 대한 이해가 불충분한 데다, 근거 이론인 아르네 트란켈Arne Trankell의 이론은 진술자가 질문자에 영합하여 허위의 진술을 할 가능성이 있다는 점을 지적하고 있으나, 그것이 진술을 평가하는 데에 유의해야 할 사항이라 하더라도, 이것을 두고 곧바로 진술의 진위를 전부 밝힐 수 있는 법칙이라고도 할 수 없다. 결국 감정의견서의 본질은 일정한 논리를 전제로 한 공범자들의 진술의 신용성에 관한 견해를 개진하는 의견, 주장에 지나지 않는다고 할 것이고, 확정판결의 사실인정에 합리적인 의심을 생기게 하기에는 충분하지 않다"(후쿠오카福岡 사건)고 판단했습니다.

이와 같이 재판관은 진술심리감정을 자신들의 '자유심증'의 영역을 침범하는 것으로 보아 되도록 배척하려고 하는 게 아닌가, 그런 생각까지 듭니다.

그러나 재판관의 '자유로운 판단'이란 '건전한 사회상식'에 기초한 '합리적'인 것이어야만 합니다. 적어도 적정한 과학적 증거가 던지는 '합리적인 의심'에 대해 아무런 증거도 없이 '건전한 사회상식'에서 벗어나는 '불합리'한 것이라고 치부해버려도 되는 건 아닙니다.

또한 변호인 측과 검찰 측 양쪽의 과학적 증거의 결론이 다를 경우 무엇이 그 차이를 만들어낸 것인지를 과학적으로 검증할 필요가 있습니다.

하물며 적정한 과학적 증거를 유죄 방향의 증거로는 적극적으로 이용하는 한편 무죄 방향의 증거로는 소극적으로 이용하는 골라먹기식 '이중잣대'를 휘둘러서는 안 됩니다.

적정한 과학적 증거가 던진 의문은 '합리적인 의문'이 되고, 재판관은 이 '합리적인 의문'에 응답해야 합니다.

재판관의 '자유심증'은 적정한 과학적 증거에 따르는 것이어야 합니다. 그런 의미에서 과학적 증거는 재판관의 심증 형성을 억제하는 '기준'으로 작용하게 됩니다.

결론적으로 재판관이 유죄 방향으로 과학을 이용하는 경우에는 매우 엄격한 태도로 임할 필요가 있습니다. 역으로 유죄를 의심하는 방향으로 과학을 이용하는 경우에는 그 의심을 완전히 배제할 수 없으면 합리적인 의심이 남게 됩니다. 이것이 재판관의 '자유심증'의 한계이며 형사재판의 기본원칙에 가장 충실한 태도라고 할 수 있을 것입니다.

(3) 원죄 바로잡기

① 원죄를 두려워하라

실제 법정에서는 많은 재판이 유죄, 무죄를 다투지 않고 사실 인정에 이렇다 할 어려움 없이 끝납니다. 본격적인 다툼이 벌어지는 법정은 100건 중에 몇 건 되지 않을 정도입니다. 매일 반복되는 형사재판은 큰 풍파도 없고, 조사하는 증인이라고 해봐야 피고인의 친족과 같은 정상증인을 벗어나지 않습니다.

물론 다툼이 없는 재판이라고 해서 오류가 없을 리는 없습니다. 이 책에서 다룬 도야마히미 사건은 마지막까지 법정에서 유죄, 무죄를 다투지 않았습니다.

확실히 우리는 아주 오래전부터 '무고의 불처벌'(무고한 자를 처벌해서는 안 된다)이라는 말을 해왔습니다. 직업재판관이라면 몸에 배어 있고, 그렇다고 자부하고 있을 것입니다. 그러나 실제 재판에서 재판관은 '진범을 놓칠 가능성'도 고려해야 합니다. 무고한 자를 처벌해서는 안 되는가 아니면 진범을 놓칠 것인가라는 딜레마에 시달리는 현장의 재판관은 고뇌합니다. 이러한 사정 속에서 '진범을 놓치는 것'도 '무고한 자를 처벌해서는 안 되는 것'도 '부정의'로서 가치가 같다는 견해도 뿌리 깊게 존재합니다.[7]

그러나 '무고의 처벌'은 아무런 잘못도 없는 피고인에게 고통을 주는 것일 뿐만 아니라 영원히 진범을 놓치는 것이기도 합니다. 그런 의미에서 '이중의 부정의'입니다. 또한 국가가 '새로운 부정의'에 가담하는 것이라고 할 수도 있습니다.[8]

원죄에 의해 '진실의 규명'은 왜곡되어, 재판소는 무고한 피고인에게 유죄를 선고하고 세상 사람들은 잘못해서 피고인에게 형벌을 부과하고 피해자는 죄를 짓지도 않은 피고인을 증오하게 됩니다.

'무고한 자를 처벌하는 것'은 '진범을 놓치는 것'보다 훨씬 더 '부정의'해서, 결코 똑같은 가치가 아닙니다.

② 원죄를 바로잡는 방책

'부정의'는 그뿐만이 아닙니다. 재판소가 자신의 잘못을 스스로 바로잡지 않는 것도 '부정의'입니다.

이 책이 검토한 네 원죄 사건은 마침 DNA 감정이 이루어졌고 마침 진범이 발견된 사건이었습니다. 그렇다면 이런 '우연한 사정'이 없는 사건은 어떨까요? 그 사건에는 '부정의'가 없을까요? 지금도 원죄에 울며 고독의 늪에서 '무언의 절규'를 반복하는 원죄 피해자를 구제하지 않는 것은 사법이 저지르는 최대의 '부정의'일 것입니다.

네 사건에 대해 잘못된 재판을 한 '장본인'인 재판소는 공개된 검증을 하지 않습니다. '개별 사건에 대해서는 회답하지 않는다'는 자세를 유지하고 있습니다. 이것이야말로 '부정의'에 '부정의'를 거듭하는 것입니다.

그렇기는 하지만, 검증이 불가능한 이유가 있습니다. 그것은 개별 사건의 판단이, 담당한 각 개인 재판관의 '자유심증'이라고 여겨져서 마치 성역처럼 취급되고 있기 때문입니다. 개별 사건에서 '합리적인 의문'의 유무는 개개의 재판관이 결정하며 개개의 재판관에게만 허락되는 권한이다, 이런 자세를 좋다고 여긴다면, 재판관의 '자유심증'을 역사적으로 검증한다는 것은 영원히 불가능합니다.

재판관의 '자유심증'에는 파고들어서는 안 된다는, 이러한 지배적이고 전통적인 견해를 바꿀 필요가 있습니다.

그렇지 않으면 형사재판의 과오를 검증한다는 것은 불가능합니다. '과거의 과오'로부터 배울 수도 없습니다.

최근 원죄 사건이 드러난 것을 계기로 많은 재판관들이 '이후에는 신중에 신중을 기해서 자백을 평가해야 한다'는 '준비자세'를 말하고 있습니다. 그러나 모든 재판관은 몸과 마음을 다해서 재판을 합니다. 원죄를 시사하는 증거가 수사단계에서 수집되어도 변호인 측에 공개, 제공되지 않고, 재판소에 제출되지 않으면 올바른 재판을 할 수 없습니다. 변하지 않으면 안 되는 것은 재판관의 '준비자세'가 아니라 우리의 이러한 형사재판 시스템입니다.

원죄에 의한 피해는 상상을 초월합니다. 인간은 마음으로 고통을 느낍니다. 원죄는 사회 전체로 하여금 죄를 짓지도 않은 사람에게 부끄러워해 마땅한 범죄를 인정하도록 만들고, 그 사람을 가차없이 가혹하게 대우하도록 몰아갑니다. 사람을 고립과 절망의 바닥으로 밀어넣고 인간의 존엄성을 남김없이 짓밟습니다. 더욱이 그것을 법과 정의의 이름으로, 재판소라는 사회에서 가장 높은 곳으로부터, 마치 끔찍한 '벌레'를 다루듯이 합니다. 그리하여 원죄 피해자는 인생도 목숨도 빼앗겨버립니다.

재판소가 자신이 저지른 '부정의'를 사후적으로 검증하는 실효성 있는 수단을 마련하지 않는 것만큼 '부정의'한 것도 없습니다.

사람에게 유죄를 선고하는 판결은, 얼마만큼의 세월이 지나도 여전히, 역사적 검증을 견디고, 필요한 변경을 할 수 있는 것이 아니어선 안 됩니다.

6. 현재의 형사절차에 관련된 법률은 어떤 것이 있는가

여기까지의 검토로 재판에는 한계와 개별성이 있어 '자백'이 거짓인지 진실인지 반드시 확실히 판정할 수 있는 것은 아니라는 것을 보았습니다.

'거짓자백'을 확실히 발견하면 좋겠지만, 이는 간단하지 않습니다. 처음부터 '자백'이 증거가 되지 않도록 할 수는 없는 걸까요? 법률에서 제동을 걸어 원죄를 미연에 방지할 수는 없는 걸까요? 대용감옥에서의 신병구속을 중단하고 모든 증거를 개시開示(피고인 측에 공개하고 제공하는 것)하는 원칙을 취할 수는 없는 걸까요? 그렇게 법률로 정해버린다면 재판관이 '자백'이 거짓인지 진실인지를 잘못 보아 원죄를 만들 가능성을 더 낮출 수 있을 것입니다.

현재의 법률이 우리를 원죄로부터 어떻게 지키고자 하는지, 다음에서 살펴봅니다.

(1) 일본국헌법

우선 일본국헌법 규정을 살펴봅니다. 일본국헌법은 1947년(쇼와 22년) 5월 3일 시행되었습니다. '국민주권주의', '절대적 평화주의', '기본적 인권의 보장'의 세 가지를 국가가 지켜야 하는 최고 이념이자 가치로 하고 있습니다. 형사재판에 관해 우리를 지키기 위한 규정은 '기본적 인권의 보장'에 해당하는 규정 안에 다수 있습니다(헌법 제31~40조).

헌법이 스스로 형사절차의 규정을 직접 정하고 있는 국가는 드뭅니다. 헌법의 대단한 의지가 느껴집니다. 그것은 또한 이와 같은 규정이 필요하게 된 과거가 있다는 사실을 말해줍니다.

패전敗戰까지 일본에는 우리의 인생이나 목숨을 국가가 유린하는 법률(예를 들면 치안유지법 등)이 있었습니다. 이것을 추종해온 것이 형사재판입니다. 수사관에 의한 고문이 반복되었습니다. 재판소는 수사관이 고문에 의해 획득한 자백을 당연한 것처럼 유죄의 증거로 삼아 징역을 부과하고 사형을 선고했습니다. 수사관의 고문에 의해 목숨을 빼앗긴 사람들도 있습니다. 고문에 의한 자백을 결정적인 근거로 사형을 선고받아 집행당한 사람들도 있습니다. 하나뿐인 인생이 수사나 재판에 의해 철저히 짓밟힌 사람들도 많이 있습니다. 고문과 자백의존의 재판은 국가의 뜻에 따르지 않는 사람들만이 아니라, 관헌에 단지 수상하다고 찍혔을 뿐인 사람들의 목숨과 인생도 빼앗아 갔습니다.

일본국헌법은 이 점에 대한 역사적 반성에 입각하여 수사와 재판의 과오로부터 우리를 지키기 위해서, 필요한 규정을 스스로 만들었던 것입니다.

예를 들면,

제31조 누구라도 법률에서 정하는 절차에 의하지 아니하고는 그 생명 또는 자유를 빼앗거나 또는 그 밖의 형벌을 과해서는 아니 된다.

제32조 누구라도 재판소에서 재판받을 권리를 빼앗기지 아니한다.

제33조 누구라도 현행범으로 체포된 경우를 제외하고는 권한이 있는 사법관헌이 발급하고, 또한 이유 가 되는 범죄를 명시한 영장에 의하지 아니하면 체포되지 아니한다.

제34조 누구라도 이유를 직접 고지받고, 또한 직접 변호인에게 의뢰할 권리를 부여받지 아니하면 억류 또는 구금되지 아니한다.

제36조 공무원에 의한 고문과 잔학한 형벌은 이를 절대 금한다.

제38조 제1항 누구라도 자기에게 불이익한 진술을 강요당하지 아니한다.

제2항 강제, 고문이나 협박에 의한 자백 또는 부당한 장기간의 억류나 구금 후의 자백은 이를 증거로 삼을 수 없다.

제3항 누구라도 자기에게 불이익한 유일한 증거가 본인의 자백인 경우에는 유죄가 되거나 형벌을 과해서는 아니 된다.

제39조 누구라도 실행 시에 적법했던 행위 또는 이미 무죄로 된 행위에 대해서는

형사상의 책임을 묻지 아니한다.

라는 조문이 그것입니다.

헌법은 우선 '사람'이 아닌 '법'에 의한 절차인 재판을 요구합니다(제31조). 그리고 이 헌법규정에 따라 조직되어 구성된 새로운 재판소에서 헌법이 정한 법의 이념에 따라 재판을 받는 권리를 보장했습니다(제32조). 다음으로 재판소의 역할로서 관헌에 의한 신병구속을 억제하도록 정하고 있습니다(제33조). 나아가 신병구속의 조건으로 변호인선임권을 보장하고 있습니다(제34조). 물론 고문이나 잔학한 형벌을 금지하고 진술의 강요를 배제할 권리를 인정했습니다(제36조, 제38조 제1항). 강제, 고문, 협박 등에 의해 이루어진 자백, 장기간의 신병구속 후의 자백은 증거로 할 수 없으며, 그리고 자백만으로는 유죄로 할 수 없다고 정했습니다(제38조 제2항, 제3항). 게다가 같은 혐의로 두 번, 세 번 형사재판에 회부해서는 안 된다고 하고 있습니다(제39조).

이들 규정은 수사기관 및 재판소의 권한을 제한하고 금지하는 규정입니다. 이에 의해서 우리의 안전이 보장되는 규정이기도 합니다. 헌법은 이와 같이 정함으로써 '거짓자백'을 만들어내는 요인을 철저히 배제하고, '거짓자백'이 만에 하나 형사재판에 제출되어도 그것을 증거로 유죄판결이 내려지지 않도록 했습니다.

형사재판을 둘러싼 이와 같은 법의 이념은 세계 각국의 법제도에 공통적으로 보입니다.

헌법은 말할 것도 없이 '국가의 최고법규'(제98조)입니다. 이 헌법이 가리키는 이념은 모두 법률이나 경찰, 검찰청, 재판소 등에 의해서 실천되어야 합니다. 그러므로 만일 법률이, 경찰이, 검찰청이, 재판소가 이를 소홀히 하거나 위반한다면 헌법은 그것을 헌법 위반으로 바로잡고 무효로 할 수 있습니다. 이것을 '위헌심사권'(제81조)이라고 부릅니다.

당신이 법률이 정한 절차나 헌법이 정한 재판소의 재판에 의하지 않고 생명이나 자유를 빼앗긴다면, 그 처분은 헌법 위반입니다. 또한 강제나 고문 등에 의해 획득된 자백이 형사재판에서 유죄의 증거가 된다면, 그 재판은 헌법 위반입니다. 나아가 법률 자체가 이러한 헌법 위반을 허용하고 있다면, 그 법률도 또한 헌법 위반입니다. 헌법은 이러한 이념과 현실의 괴리를 시정하는 역할도 재판소, 특히 최고재판소에 맡겼습니다.

이와 같이 재판소는 헌법이 정한 법의 이념을 실현하기 위해서 유일무이한 권한을 가지고 있습니다. 재판이라고 하는 것이 참으로 헌법이 정한 법의 이상에 따르고 있는지 여부는 시대를 넘어 계속 검증해야만 하는 것입니다. 헌법은 정해진 법의 이상을 존중하고 옹호할 의무를 천황, 국무대신, 국회의원, 재판관, 검찰관, 경찰관 등 모든 공무원의 의무로 부과했습니다(제99조). 우리도 또한, 이제부터 이루어질 재판도 이미 이루어진 재판도 주목하고 감시할 필요가 있습니다. 재판이 헌법이 정한 법의 이상에 충실한지 여부를 계속 물어야만 합니다.

김인회의 한국 이야기 15

한국도 일본과 비슷하게 헌법에 형사절차에 관한 조항을 많이 두고 있습니다. 군부독재와 권위주의 시절 국가폭력에 의한 피해를 반성하면서 이러한 조항을 두었습니다. 이러한 헌법 조항은 단순한 선언이 아니라 수사와 재판을 할 때 경찰, 검찰, 법원이 반드시 지켜야 할 규정들입니다. 그리고 일반 시민들이 국가권력에 맞서서 당당히 주장할 수 있는 것들입니다. 이를 두고 헌법적 형사소송법이라고도 부릅니다. 헌법이 직접 적용된다는 뜻입니다. 일본과 유사하지만 약간 차이가 있으므로, 이를 소개합니다.

제12조 ① 모든 국민은 신체의 자유를 가진다. 누구든지 법률에 의하지 아니하고는 체포·구속·압수·수색 또는 심문을 받지 아니하며, 법률과 적법한 절

차에 의하지 아니하고는 처벌·보안처분 또는 강제노역을 받지 아니한다.

② 모든 국민은 고문을 받지 아니하며, 형사상 자기에게 불리한 진술을 강요당하지 아니한다.

③ 체포·구속·압수 또는 수색을 할 때에는 적법한 절차에 따라 검사의 신청에 의하여 법관이 발부한 영장을 제시하여야 한다. 다만, 현행 범인인 경우와 장기 3년 이상의 형에 해당하는 죄를 범하고 도피 또는 증거인멸의 염려가 있을 때에는 사후에 영장을 청구할 수 있다.

④ 누구든지 체포 또는 구속을 당한 때에는 즉시 변호인의 조력을 받을 권리를 가진다. 다만, 형사피고인이 스스로 변호인을 구할 수 없을 때에는 법률이 정하는 바에 의하여 국가가 변호인을 붙인다.

⑤ 누구든지 체포 또는 구속의 이유와 변호인의 조력을 받을 권리가 있음을 고지받지 아니하고는 체포 또는 구속을 당하지 아니한다. 체포 또는 구속을 당한 자의 가족 등 법률이 정하는 자에게는 그 이유와 일시·장소가 지체 없이 통지되어야 한다.

⑥ 누구든지 체포 또는 구속을 당한 때에는 적부의 심사를 법원에 청구할 권리를 가진다.

⑦ 피고인의 자백이 고문·폭행·협박·구속의 부당한 장기화 또는 기망 기타의 방법에 의하여 자의로 진술된 것이 아니라고 인정될 때 또는 정식 재판에 있어서 피고인의 자백이 그에게 불리한 유일한 증거일 때에는 이를 유죄의 증거로 삼거나 이를 이유로 처벌할 수 없다.

제13조 ① 모든 국민은 행위 시의 법률에 의하여 범죄를 구성하지 아니하는 행위로 소추되지 아니하며, 동일한 범죄에 대하여 거듭 처벌받지 아니한다.

② 모든 국민은 소급입법에 의하여 참정권의 제한을 받거나 재산권을 박탈당하지 아니한다.

③ 모든 국민은 자기의 행위가 아닌 친족의 행위로 인하여 불이익한 처우를 받지 아니한다.

제27조 ① 모든 국민은 헌법과 법률이 정한 법관에 의하여 법률에 의한 재판을 받을 권리를 가진다.

② 군인 또는 군무원이 아닌 국민은 대한민국의 영역 안에서는 중대한 군사상 기밀·초병·초소·유독음식물공급·포로·군용물에 관한 죄 중 법률이 정한

경우와 비상계엄이 선포된 경우를 제외하고는 군사법원의 재판을 받지 아니한다.

③ 모든 국민은 신속한 재판을 받을 권리를 가진다. 형사피고인은 상당한 이유가 없는 한 지체 없이 공개재판을 받을 권리를 가진다.

④ 형사피고인은 유죄의 판결이 확정될 때까지는 무죄로 추정된다.

⑤ 형사피해자는 법률이 정하는 바에 의하여 당해 사건의 재판절차에서 진술할 수 있다.

제28조 형사피의자 또는 형사피고인으로서 구금되었던 자가 법률이 정하는 불기소처분을 받거나 무죄판결을 받은 때에는 법률이 정하는 바에 의하여 국가에 정당한 보상을 청구할 수 있다.

제30조 타인의 범죄행위로 인하여 생명·신체에 대한 피해를 받은 국민은 법률이 정하는 바에 의하여 국가로부터 구조를 받을 수 있다.

한편, 한국은 일본과 달리 헌법재판소를 두고 있습니다. 헌법재판소는 특히 법률이 헌법에 위반되는지 여부를 심사합니다. 즉, 위헌심사권이 대법원이 아닌 헌법재판소에 있습니다. 헌법재판소는 헌법위반 여부만을 심사하는 기관이므로 더 충실하게 헌법을 수호하는 역할을 할 수 있습니다.

(2) 헌법에 기초한 법률

다음으로 헌법에 기초한 법률인 형법, 형사소송법 및 형사소송규칙, 형사시설법을 살펴봅니다.

① 형법(광의)

형법이란 범죄와 형벌을 규정하고 있는 법률입니다. 형법을 입안하는 것은 국회의 역할입니다. 범죄사실을 인정하고 형법을 적용하는 것은 사법의 역할입니다. 그리고 현실에서 형벌을 집행하는 것은 행정의 역할입니다.

일반적으로 '형법'이란 살인죄나 강도죄 등이 규정되어 있는 형법전[9]만이 아니라 각종 법률에 규정되어 있는 형벌법규를 포함합니다(예를 들면 각성제 사범 등).

형법전은 1907년에 만들어진 오래된 법률입니다. 전후 몇 개의 조문(황실에 대한 죄나 간통죄 등)이 삭제되고, 1995년에는 구어체(현대어화)로 되었으나, 내용은 제정된 당시와 거의 달라지지 않았습니다. 그 외에 이제까지 대단히 많은 형벌 법규가 입법되었습니다.

형사재판에서 문제가 되는 범죄는 모두 이 형법에 규정된 범죄이어야 합니다. 재판관이나 재판원이라 할지라도 그 이외의 '범죄'를 자기 멋대로 만들거나, 피고인을 유죄로 할 수는 없습니다. 또한 무엇을 의미하는지 모를 불명확한 문언으로 법률을 규정하는 것은 허용되지 않습니다. 나아가 행위 시에 '적법'했던 행위에 관해 이후에 법률을 만들어 '그것은 범죄에 해당한다'고 해서 처벌할 수는 없습니다. 이것을 '죄형법정주의'라고 부릅니다.

형법은 자주 '극약'에 비유됩니다. 부작용이 크기 때문입니다. 재판소가 일단 '범인'이라고 인정하면, 설령 그것이 오판이었다 해도 그 사람을 강제로 형무소에 수용합니다.

형벌의 종류는 무거운 순으로 사형, 무기징역, 무기금고, 유기징역, 유기금고, 벌금, 구류, 과료 등이 있습니다. 원죄가 일어난 경우 이와 같은 형벌에 의해서 예외 없이 인생이 엉망이 됩니다. 또한 사람이 사형될 수도 있습니다. 그러므로 형법을 적용하고 피고인에 형벌을 내릴 때에는, 우선 그 절차를 적정히 하고 '범죄의 증명'을 엄격히 할 것이 요구됩니다.

2009년 5월부터 재판원 제도가 시작되었습니다. 사형 또는 무기징역, 무기금고에 해당하는 범죄사실(살인, 강도치사, 강도강간, 현주건조물방화 등) 및 고의의 범죄행위에 의해 피해자를 사망시킨 범죄사실(상해치사, 위험운전치사, 보호책임자유기치사 등)이 재판원 재판의 대상이 됩니다.

② 형사소송법 및 형사소송규칙

형사소송법이란 형사절차를 정한 법률입니다. 형사절차는 수사관이 수사하고 검찰관이 피의자를 기소하며 재판관, 재판원이 피고인이 유죄인지 무죄인지를 판단하고 유죄라면 어떤 형에 처할지를 결정하는 것입니다. 이러한 일련의 절차를 형사소송법이 정하고 있습니다. 또한 원죄가 발견된 경우는 다시 바로잡는 재판, 즉 재심에 의해 오판유죄를 바로잡도록 정하고 있습니다.

이 법률은 전후에 만들어진 법률입니다. 형사소송법은 GHQ(연합국총사령부)의 조언으로 만들어졌기 때문에 미국 형사절차의 영향을 받았습니다. 그렇지만 전부가 미국식 절차는 아니고, 일본의 전통적인 사고방식의 색채가 짙게 남아 있습니다.

형사절차에서는 형사소송법과 나란히 형사소송규칙도 큰 역할을 합니다. 형사소송규칙이란 최고재판소가 제정한 형사재판의 규칙입니다. 법률은 아니지만 형사절차에서 실무의 지침이 됩니다.

형사소송법도 형사소송규칙도 헌법의 이념을 구현해야만 합니다.

· 임의수사의 원칙

수사는 원칙적으로 임의로 해야 합니다. 그러나 임의수사만으로는 수사를 철저히 하는 것이 곤란합니다. 그래서 강제력을 수반하는 수사도 인정되고 있습니다(이하 강제처분이라고 합니다). 예를 들면 피의자의 체포나 증거물의 수색·압수와 같은 처분이 그것입니다.

· 영장주의의 원칙

강제처분을 수사관이 하고 싶은 대로 허용해버리면 피의자의 인권을 부당하게 침해하는 사태가 벌어집니다. 그래서 이 강제처분을 하는 경우에는 반드시 재판관이 발부한 영장이 필요하게 되었습니다. 재판관은 수사관이 인권을 침해하지 않는지 확인해야 합니다. 수사관이 강제처분을 하고 싶을 때에는 재판소에 영장을 청구하고, 재판관이 영장을 발부해도 좋을지 판단합니다.

　예를 들면 피의자를 체포하는 경우에는 그 사건마다 '체포의 이유'를 설명하고 '체포의 필요가 있음을 인정할 만한 자료'를 제시하여 청구해야만 합니다. 절도의 혐의로 체포할 때에는 그 절도에 관해, 또한 살인의 혐의로 체포할 때에는 그 살인에 관해, 각각 체포의 이유와 필요성을 인정할 자료가 요구됩니다. 절도 사건의 체포영장을, 살인사건의 체포에 돌려 쓰는 것은 허용되지 않습니다.

• 신병구속의 기간 제한

체포장에 의한 신병구속은 3일(72시간)을 넘길 수 없습니다. 검찰관은 '유치의 필요'가 있는 때에는 재판소에 구류를 청구할 수 있습니다. 재판관은 피의자에게 '죄를 범했다고 의심하기에 충분하고 상당한 이유'가 있는 경우로, '주거부정', '죄증인멸의 우려', '도망의 우려' 중 하나 이상의 사정이 있는 경우에 한해 구류장을 발부합니다. 구류기간은 최대 10일간입니다. 그렇지만 '어쩔 수 없는 사유'가 있는 경우에는 구류기간을 10일간 연장할 수 있게 되어 있습니다. 구류의 장소는 '구류해야 할 형사시설'(제64조)로 한정되어 있습니다. 이에 관해서는 후술하는 형사시설법이 정하고 있습니다.

• 묵비권 및 변호인선임권과 접견교통권

피의자로 신병이 구속된 경우에도 자기에게 불이익한 것을 말하지 않을 권리, 즉 묵비권이 보장되고 있습니다. 따라서 묵비를 이유로 불이익한 취급을 하는 것은 금지됩니다. 또한 '피고인 또는 피의자는 언제라도 변호인을 선임할 수 있다'(제30조)고 변호인을 선임할 권리를 보장하고 있습니다. 게다가 입회인 없이 변호인과 접견하고 서류나 물건을 전하거나 받을 수 있다고 규정되어 있습니다(제39조). 이 접견교통권은 비밀을 보호할 수 있게 보장합니다. 피의자가 변호인과 접견할 권리는 자기의 주장을 변호인에게 이해시키고 이후의 변호 방침을 결정하는 데에 매우 중요한 권리입니다. 가족이나 회사 동료 등과 연락을 취할 필요도 있을 것입니다.

이 변호인과의 접견교통권은 예외적으로 검찰관 및 경찰관이 그 일시, 장소를 지정할 수 있도록 정해져 있습니다. '수사상 필요한 때에는… 접견 및 수수에 관해 그 일시, 장소 및 시간을 지정할 수 있다'(제39조 제3항)라는 규정이 그것입니다. '단, 그 지정은 피의자가 방어 준비를 할 권리를 부당히 제한해서는 안 된다'고 하여 형사소송법은 그 지정에 의해 접견교통을 저해해서는 안 된다고 합니다.

재판소는 변호인 이외의 사람과의 구류 중의 접견에 대해 '도망의 우려'나 '죄증인멸의 우려'가 있는 경우에 한해서 제한할 수 있다고 합니다.

• 공판절차

검찰관이 피의자를 기소한 경우 형사재판이 시작됩니다. 이것을 공판이라고 부릅니다. 소추되면 피의자는 피고인이 됩니다. 현재는 재판원 재판의 도입에 의해 일부 사건의 형사재판에 시민이 참가하게 되었습니다.

형사재판이란 증거에 의해서 과거의 '범죄사실'을 인정하고, 유죄라면 어떠한 죄목에 해당하며 어느 정도의 형에 처할지를 결정하는 것입니다. 여기에서 말하는 '범죄사실'은 미리 광의의 형법에 정해진 것이어야 합니다.

• 증거에 관한 법칙

증거에는 법정의 자백뿐만 아니라 수사단계의 자백조서도 포함됩니다. 수사단계의 진술조서, 그중에서도 자백조서를 그대로 증거로 하는 것은 위험하다고 생각하기 때문에 여러 가지 증거 제한이 마련되어 있습니다. 특히 '거짓 자백'이 증거가 되지 않도록 법칙으로 정해놓은 제한이 다음 세 가지입니다.

데이터로 보는 치안 악화의 환상

독자 여러분은 매일같이 흉악사건이 보도되는 뉴스를 보고 '일본의 치안은 나빠질 뿐이다'라고 느끼지 않으셨습니까? 실은 일본의 범죄건수는 감소 경향을 보이고 있습니다. 2011년판 범죄백서에 의하면 형법범의 인지건수는 1996년부터 매년 전후 최다를 갱신했으나, 2003년부터 감소로 돌아서서 2010년에는 227만 1309건(전년 대비 12만 8393건, 5.4% 감소)이 되었습니다.

아래의 그래프는 1946년부터 2010년에 걸친 형법범의 인지건수·검거인원·검거율의 추이·인지사건수의 추이를 정리한 것입니다. 인지건수를 나타내는 그래프를 보면, 2003년 이후로는 상당한 감소 경향을 보이고 있음을 알 수 있습니다.

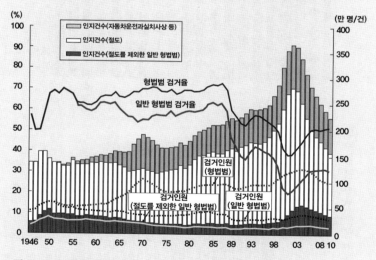

그림 1-1-1 형법범 인지건수 · 검거인원 · 검거율의 추이

주: 1. 경찰청 통계에 의함
　　 2. 1955년 이전은 14세 미만의 소년촉법행위를 포함
　　 3. 1965년 이전의 일반 형법범은 업무상과실범을 제외한 형법범임

다음 그래프는 1991년부터 2010년에 걸친 살인사건의 인지건수 · 검거건수 · 검거율 추이입니다. 살인사건의 건수는 변화가 없다가 감소 경향을 보이고 있습니다.

소년사건에서도 건수에 그다지 큰 변동은 없고 최근에는 감소 경향을 보입니다.

① 살인(1991~2010년)

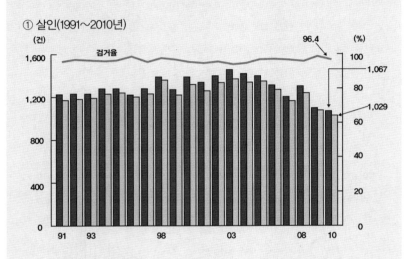

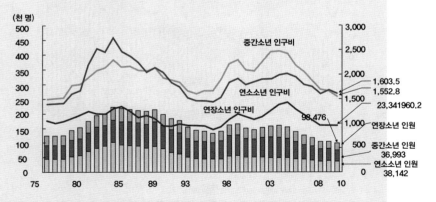

그림 3-1-2-1 범죄소년의 검찰청 신규수리인원 · 인구비례의 추이(연령층별)

주: 1. 검찰통계연보 및 총무성 인구자료에 의함
   2. 수형 시의 연령에 의함
   3. 일반 형법범 및 도로교통법위반을 제외한 특별법범에 한정
   4. 인구비는 각 연령층의 10만 명당 검찰청 신규수형인원임

이와 같이 데이터로 보는 한 '일본의 치안은 나빠질 뿐이다'라는 것은 환상이라고 할 수 있습니다. 뉴스가 버라이어티쇼화하고, 같은 사건이 반복되며, 많은 시간을 할애하여 센세이션하게 보도하는 탓에 우리가 '항상 흉악사건이 일어나고 있다'는 착각을 하게 되는 것은 아닐까요?

치안의 악화나 범죄의 흉악화를 이유로 형벌 강화를 위한 법 개정이 주장되는 경우가 있지만, 감각이나 분위기가 아닌 정확한 통계상의 숫자에 입각해서 논의하는 것이 중요합니다.

김인회의 한국 이야기 16

한국의 치안 상황도 비슷합니다. 원래 사회가 복잡해지고 고도화, 도시화되면 범죄는 증가하는 경향이 있습니다. 그런데 다음 페이지의 〈표 1〉에서 알 수 있듯이, 한국도 전체 범죄의 수가 최근 정체 혹은 감소 추세에 있습니다. 앞에서 살펴본 대로 구속자수가 줄어들었음에도 불구하고 전체 범죄건수가 줄어들었으므로 구속자수의 감소와 치안 상황은 관련이 없다는 점을 확인할 수 있습니다.

그런데 이렇게 범죄가 정체 혹은 줄어드는 추세는 구치소와 교도소 등 수용시설에 수용되는 인원이 현격하게 감소했음에도 불구하고 나타나는 현상입니다. 범죄자의 수용은 줄어들었는데 범죄는 정체 혹은 줄어들고 있습니다. 피의자 · 피고인의 인권을 보호하면서 범죄를 줄일 수 있다는 것을 보여줍니다.

〈표 2〉는 수용시설 수용자 현황입니다. 수용자수는 10년 동안 1만 5,000명 정도 줄어들었습니다. 더 이전과 비교하면 약 2만 명이 줄었습니다. 이 정도면 500명 규모의 교도소 30~40개를 더 짓지 않아도 될 만큼의 효과가 있는 것입니다.

〈표 1〉 한국의 전체사건수, 기소사건수 및 공판사건수 추이

연도	전체사건수	기소사건수	공판사건수
2002	2,414,841	1,342,482	166,423
2003	2,437,128	1,298,812	159,039
2004	2,602,171	1,370,339	155,609
2005	2,373,846	1,145,597	128,338
2006	2,402,972	1,094,113	137,790
2007	2,548,883	1,217,284	155,704
2008	2,736,064	1,316,987	166,641
2009	2,820,395	1,196,776	172,353
2010	2,398,984	1,014,849	160,407
2011	2,259,500	917,335	182,436
2012	2,316,969	902,552	196,484

(자료: 대검찰청, 검찰연감)

〈표 2〉 수용시설 수용자 현황

연도	수용인원	기결구금자	미결구금자	교도관 대비 평균 수용인원
2002	61,084	38,173	22,911	5.0
2003	58,945	37,692	21,253	4.7
2004	57,184	36,546	20,638	4.5
2005	52,403	35,110	17,293	4.1
2006	46,721	31,905	14,816	3.4
2007	46,313	31,086	15,227	3.2
2008	46,684	32,316	14,368	3.2
2009	49,467	33,179	16,288	3.4
2010	47,471	32,652	14,819	3.1
2011	45,845	31,644	14,201	3.0
2012	45,488	31,302	14,186	2.9
2013	47,924	32,278	15,646	3.1

(자료: 법무부, 법무연감)

한편 제1심 형사공판사건 사형 및 무기징역 인원수는 감소 추세입니다. 10년 전보다 사형은 3분의 1, 무기징역은 5분의 1 정도 줄었습니다.

〈표 3〉 제1심 형사공판사건 사형 및 무기징역 인원수

연도	사형	무기징역
2002	7	118
2003	5	102
2004	8	79
2005	6	94
2006	6	56
2007	0	96
2008	3	58
2009	6	70
2010	5	70
2011	1	32
2012	2	23
2013	2	27

(자료: 대법원, 사법연감)

사정이 이러함에도 뉴스에는 연일 잔혹범죄가 보도됩니다. 잔혹한 사건은 사람의 감정을 움직입니다. 사회가 곧 무너질 것 같은 위험을 조장합니다. 그러나 실제로 우리의 치안 상황은 그렇게 나빠지지 않고 있습니다. 잔혹범죄에 대해서는 엄격하게 수사하고 처벌해야 하겠지만 일부의 사건을 가지고 국가 전체의 형사정책을 정할 수는 없습니다.

전문법칙

첫 번째로 수사단계의 조서에 대해서는 '전문傳聞법칙'이 있습니다. '간접적으로 전해들은' 것은 증거로 할 수 없다는 법칙입니다. '간접적으로 전해들은' 증거에는 오류가 포함되어 있을 위험이 크기 때문입니다. 따라서 법정 바깥에서 이루어진 진술이나 서면은 원칙적으로 증거로 할 수 없게 되어 있습니다. 그러나 이 전문법칙을 형식적으로 관철하면, 진술자가 죽은 경우 등에는 그 진술이 아무리 중요하다 하더라도 증거로 할 수 없어 곤란하기 때문에 몇 가지 예외를 인정하고 있습니다.

자백법칙

두 번째로 자백에 대해서는 '자백법칙'이 있습니다. 고문이나 협박 등으로 '강요'당한 자백은 일절 증거로 해서는 안 된다는 법칙입니다. 이것을 자백의 임의성이라고 합니다.

보강법칙

세 번째로는 마찬가지로 자백에 대해 '보강법칙'이 있습니다. 자백만으로 유죄판결을 내려서는 안 된다는 법칙입니다. 자백만으로 유죄판결을 내리게 되면 사건의 해결에 바쁜 수사관은 자백 획득, 자백 추궁에 치우쳐버릴 것입니다. 또한 과거 원죄의 다수는 자백만을 증거로 한 것이었습니다. 그래서 유죄판결을 내릴 때에는 자백 이외에 그 자백을 보강하는 고유의 증거가 필요하다고 합니다. 이 증거를 보강증거라고 부릅니다.

　※ 재판원 제도가 실시되기에 이르러 형사소송법 및 형사소송규칙의 규정이 대폭 개정되었습니다. 그러나 형사재판의 증거 법칙에는 일절 손을 대지 않았습니다. 따라서 재판원 재판에서도 위의 증거 법칙이 적용됩니다.

• 상소 및 재심

'거짓자백'을 증거로 원죄를 만들어서는 안 됩니다. 그러나 재판은 인간이 하는 것이기 때문에 어떻게 해도 잘못을 범하여 원죄를 만들어낼 수 있습니다.

　이와 같은 경우 피고인은 상급의 재판소에 상소할 수 있습니다. 항소심, 나아가 상고심의 판단을 구할 권리가 있습니다.

유죄가 확정되어도 재판을 다시 바로잡아달라고 청구할 수 있습니다. 이것을 재심이라고 합니다. 재심이 개시되기 위해서는 '무죄를 선고해야 할 명백한 증거'가 필요하다고 되어 있습니다. 아시카가 사건도, 도야마히미 사건도 이 재심이라는 절차에 의해 무죄판결이 내려졌습니다.

③ 형사시설법

형사시설법(형사수용시설 및 피수용자 등의 처우에 관한 법률)이란 구치소나 형무소 등에 수감된 사람의 처우를 정한 법률입니다. 형사시설 내 처우의 형태, 물품의 대여, 금품의 취급, 의료, 종교상의 행위, 규율, 형무작업 등에 관해 규정하고 있습니다. 이를테면 형벌의 실시에 관계된 법률입니다. 2005년 이전에는 메이지明治 시대에 만들어진 감옥법이 적용되었습니다. 헌법의 보장에 걸맞지 않은 채로 60년 가까이 방치돼온 것입니다. 형사시설법은 이것을 전면적으로 개정한 것이지만, 그 폐단은 적잖이 남아 있습니다.

구치소란 아직 형이 확정되지 않은 사람이 들어가는 시설입니다. 형무소란 유죄가 확정된 사람이 들어가는 시설입니다. 사형수는 죽는 것이 형벌이기 때문에 예외적으로 형이 집행될 때까지 구치소에서 생활하게 되어 있습니다.

이미 언급한 것처럼 체포되어 구류된 사람은 '구류해야 할 형사시설'인 구치소에 유치되게 됩니다. 다만 형사시설법에서는 형사시설에 수용하는 것을 대신해서 경찰의 유치시설(경찰유치장)에 유치할 수 있다고 하고 있습니다.

7. 법의 이상과 현실의 간격

이제까지 헌법이나 법률이 '거짓자백'을 배제하기 위해 여러 가지 규정을 마련하고 있음을 확인했습니다. 그러나 이러한 법의 이상과 이 책에서 검토한 네 원죄 사건을 포함한 실제의 사건처리 사이에는 큰 간격이 있습니다. 어찌하여 법의 이상과 현실에 이와 같은 간격이 있는 걸까요. 다음에서 실제의 수사나 재판의 현실을 비판적으로 살펴보겠습니다.

●더 깊이 알고 싶은 사람을 위해서●

위헌이 의심되는 현행 형사소송법의 증거법 규정

일본국헌법 제37조 제2항이 규정하는 반대신문권의 보장. 혹은 이것을 대체할 '특신特信정황'의 요구에 대한 신형사소송법의 태도는 극히 불충분하여 위헌의 의심을 지울 수 없다. 제322조의 자백조서 등에 대해서도 '특신정황'이 존재하지 않는 한, 이것을 증거로 하는 것은 헌법 위반이 될 것이다. 피고인에게 변호인이 반대심문을 할 수 없기 때문이다. 그러나 제322조 제1항은 검찰관 등이 작성한 자백조서 중에서 '그 진술이 피고인에게 불이익한 사실의 승인을 내용으로 하는 것일 때'에는 '임의로 이루어진 것이 아니라는 의심이 있다고 인정되는 때에는 이것을 증거로 할 수 없다'고 하는 데에 그치며, '특히 신용할 수 있는 정황하에서 행하여진 것일 때'라는 요건을 덧붙이지 않는다. 그것은 '피고인의 공판준비 또는 공판기일에서의 진술을 녹취한 서면'의 경우에도 마찬가지로, 제322조 제2항이 요구하는 것은 '그 진술이 임의로 이루어진 것이라고 인정되는 때에 한하여 이것을 증거로 할 수 있다'는 것뿐이며, '특히 신용할 수 있는 정황하에서 행하여진 것일 때'라는 요건은 덧붙어 있지 않다. 판례에서도 '특신정황'을 추가로 요구하는 것과 같은 해석 운용은 해오지 않았다. 제322조에 대해서도 위헌의 의심을 지울 수 없다.

(1) 영장주의의 형해화와 별건체포 · 구류

수사관이 사정에 따라 언제 어디서든지 체포나 구류를 할 수 있게 된다면, 우리의 생활은 항상 위협받게 됩니다. 그 때문에 헌법은 수사권력의 일탈을 억제하기 위해 체포나 구류에는 재판관의 영장이 필요하다고 했습니다.

그러나 현실에서는 아무리 경미한 혹은 증거가 희박한 사안이라 해도, 수사관이 체포장을 청구하면 거의 틀림없이 체포장이 발행되고 구류도 인정됩니다. 이른바 사법의 견제는 뒷전으로 밀려나 있는 상태입니다.

또한 체포장에는 체포의 이유가 되는 범죄사실(이것을 '피의사실'이라고 합니다)이 기재되고 체포는 그 피의사실에 한해 인정됩니다. 그러나 현실에서는 절도 혐의로 체포된 사람이 체포장에 기재되어 있지 않은 살인에 대해 취조를 받는 경우가 있습니다. 이와 같은 위법한 수사가 수사상의 사정에 의해 일상화되었다고 할 수 있습니다.

경찰이 본래 수사하려고 하는 중대한 범죄(이것을 '본건'이라고 합니다)에 대해 체포영장을 받지 않고, 전혀 다른 경미한 범죄(이것을 '별건'이라고 합니다)에 대해 취득한 체포영장을 이용해 취조하는 것을 '별건체포'라고 부릅니다. 별건으로 구류되면 '별건구류'입니다.

이와 같은 위반행위가 이루어진다 해도, 재판소는 스스로 이것을 조사해서 제한할 수가 없습니다.

영장주의에 따라 법의 이념이 요구하는 재판관의 통제는 기능부전에 빠져 있습니다.

(2) 장기의 신병구속과 취조수인의무

헌법은 부당한 장기간의 억류나 구금 후의 자백은 증거로 할 수 없다고 정하고 있습니다.

그러나 실제로 재판관은 가장 긴 10일의 구류를 인정하며, 나아가 10일의 연장은 마치 정해져 있는 것처럼 허가하고 있습니다. 체포에서 구류까지의 3일을 포함하면 23일의 신병구속을 당연하다는 듯이 인정하는 것이 현실입니다. 덧붙여, 부인하면 기소 후에도 구류를 붙이고, 나아가 보석은 허가되지 않고 몇 달이고 몇 년이고 신병이 구속됩니다.

'23일'이란 대단히 긴 시간이라고 생각하지만, 실무상 '부당한 장기간'으로 여겨지지 않습니다.

별건체포되면 그 후 본건에서 다시 23일에 걸쳐 신병을 구속당할 위험이 현실화됩니다. 이 기간은 전부 취조에 쓸 수 있습니다. 피의자는 아침부터 밤까지 수사관에게 취조받습니다. 이렇게 해서 일본에서는 신병구속이 끝없이 계속됩니다. 지금까지의 사건 중에는 100일이 넘도록 취조받은 경우도 있습니다. 무심코 자신이 짓지도 않은 죄를 인정하게 되기도 합니다.

물론 피의자·피고인에게는 묵비권이 있기 때문에 말하고 싶지 않은 것은 말할 필요가 없습니다. 그러나 판례실무는 체포·구류된 사람은 수사관의 취조를 거부할 수 없다고 합니다. 이를 '취조수인의무'라고 부릅니다. 그러므로 죄를 짓지도 않은 피의자는 23일간, 혹은 별건체포·구류되면 몇 달이고 취조를 거부할 수 없는 상황에 놓입니다. 이와 같은 상태로 구속해두고 '묵비권이 보장된다'고 말할 수 있을까요?

(3) 밀실취조와 대용감옥

문제는 그것만이 아닙니다. 일본에서는 수사관의 취조는 밀실에서 이루어지게 되어 있습니다. 여러 외국과 같이 취조당할 때 변호인의 입회를 요구할 수 없습니다. 그러므로 체포·구류되면 23일, 별건체포·구류되면 몇 달 동안이나, 죄를 짓지도 않은 피의자는 혼자서 수사관 여러 명과 대치하지 않으면 안 됩니다.

2010년 9월에 무죄가 확정된 무라키 아쓰코村木厚子 씨는 "…취조라는 것은 링에 아마추어 복서와 프로 복서가 올라가 시합을 하는데, 심판도 없고 세컨드도 붙지 않는 식이라는 생각이 들었습니다"[10]라고 말합니다.

당연히 피의자는 23일 동안 변호인과 접견할 수 있습니다. 헌법은 변호인을 선임할 권리를 정하고, 형사소송법은 피의자가 변호인과 접견할 권리를 보장하고 있습니다.

그러나 현실에서는 변호인과 접견할 수 있다 해도 극히 단시간에 지나지 않습니다. 친족과의 접견은 무죄를 주장하거나 묵비하고 있는 경우에는 제한됩니다. 나아가 부인하고 있으면 기소되기 전에는 보석되지 않고, 기소 후에도 거의 보석되지 않습니다. 이와 같이 피의자는 수사기관 앞에 유치되어 고립무원 속에서 마치 자신의 알몸을 내보이라는 듯이 강요당합니다.

구류 중에는 형사시설(구치소)에 유치되게 되어 있습니다. 그러나 현실에서는 재판소는 취조가 필요한 모든 피의자를 경찰서 내의 유치장(대용감옥)에 유치시킵니다. 즉 24시간 내내 경찰의 지배와 감시하에 격리됩니다. 잘 때에도, 화장실에 갈 때에도, 어떤 것을 생각할 때에도, 불안에 시달릴 때에도, 절망에 빠질 때에도 말입니다.

체포되면 경찰의 지배와 감시하에서 심신이 함께 피폐해져가는 이상한 시간이 한없이 계속됩니다.

23일 동안 밀실에서 아침부터 밤까지 취조를 받고, 나아가 24시간 경찰의 지배와 감시하에 놓입니다. 이와 같은 제도는 소위 '선진국'으로 불리는 나라들 중에는 일본밖에 없습니다. 이처럼 장기간 신병구속을 해서 피의자를 취조하고, 자백을 획득해서 한 건 해결하는 식의 구조는 '인질사법'이라고 불립니다. 물론 국제적인 비판을 받고 있습니다.

예를 들면 2008년 10월 30일자 국제연합규약인권위원회의 「최종견해」는

당사자주의의 이상과 현실

다음과 같이 일본의 '인질사법'을 비판하고 있습니다.

"위원회는, 형사수용시설 및 피수용자 등의 처우에 관한 법률에서는 경찰에서 정식으로 수사와 유치의 기능이 분리되고 있음에도 불구하고, 대체수용 제도(대용감옥)에서는 수사의 편의를 위해 피의자를 최장 23일 동안 경찰의 유치시설에 유치할 수 있고, 보석의 가능성이 없다는 점 및 특히 체포 후 최초 72시간은 변호사와의 접견이 제한되어 있어 자백을 얻을 목적으로 장

기에 걸친 취조나 취조의 남용이 이루어질 위험성이 증가하는 점에 대한 염려를 재차 표명한다."(제18항목)

"위원회는, 경찰 내부규범에서 정하고 있는 피의자 취조에 대한 시간제한이 불충분하다는 점, 진실을 밝히도록 피의자를 설득한다고 하는 취조의 기능을 저해한다는 이유로 취조에 변호인의 입회가 인정되지 않는 점, 그리고 취조의 전자적 감시 방법이 산발적이고 선택적으로 이루어져 종종 피의자의 자백을 기록하는 것에만 한정되어 있는 점 등을 염려하며 유의한다."(제19항목)

이상과 같은 수사단계의 가혹한 취조 중에 피의자의 '거짓자백'이 계속 생겨나고 있습니다.

> ### 김인회의 한국이야기 17
> 한국에는 변호인의 피의자신문 참여권이 보장되어 있습니다. 한국의 헌법재판소는 "불구속 피의자나 피고인의 경우 형사소송법상 특별한 명문의 규정이 없더라도 스스로 선임한 변호인의 조력을 받기 위하여 변호인을 옆에 두고 조언과 상담을 구하는 것은 수사절차의 개시에서부터 재판절차의 종료에 이르기까지 언제나 가능하다"(2004.9.23. 선고 2000헌마138 결정)고 판시하여 피의자신문 시 변호인의 참여권을 인정했습니다. 이에 따라 형사소송법은 "검사 또는 사법경찰관은 피의자 또는 그 변호인·법정대리인·배우자·직계친족·형제자매의 신청에 따라 변호인을 피의자와 접견하게 하거나 정당한 사유가 없는 한 피의자에 대한 신문에 참여하게 하여야 한다"고 하여 입법으로 변호인의 피의자신문 참여권을 보장하고 있습니다. 물론 변호인의 피의자신문 참여권만으로 피의자의 방어권을 보장하고 위법수사를 예방하기에 충분한 것이라고는 할 수 없지만, 중요한 역할을 하는 것은 틀림없습니다.

(4) 작문조서와 전문법칙의 형해화

이와 같은 '인질사법'으로 얻은 '거짓자백'은 어떻게 법정에 제출되는 걸까요? 이 점을 생각해봅시다.

피의자가 진술한 내용은 서면에 기록됩니다. 피의자 자신이 아닌 피의자를 취조한 수사관이 가다듬어 서면으로 만듭니다. 수사관은 피의자가 말한 내용을 그대로 기술하지 않습니다. 그 내용은 수사관이 작문한 것임에도 불구하고, 마치 피의자 자신이 그와 같이 말한 것처럼 일인칭으로 쓰입니다. 이 것을 '독백체'라고 했습니다(제2장 60쪽). 즉 조서는 수사관의 저작물입니다.

무라키 씨는 다음과 같이 말하고 있습니다.

"아무리 설명해도, 결국 검사가 쓰고 싶은 것밖에 써주지 않습니다. 아무리 상세하게 말해도, 그것이 조서가 되지는 않습니다. 말한 것 중에서 검사가 취하고 싶은 부분만 집어내서 조서가 됩니다. 거기서부터 얼마나 고칠 것인가 하는 교섭이 시작됩니다. 그래서 아무리 대화를 해도 자신이 말하고 싶은 것과는 동떨어진 것밖에 되지 않습니다. 열심히 교섭해서 이럭저럭 '적어도 거짓말은 아닌' 곳까지 겨우 도달하는, 그런 느낌이었습니다", "… (검사에 대해) '제가 이렇게 말했습니까? 이것은 저와 전혀 인격이 다른 사람의 조서입니다'라고 항의했습니다", "…완성된 조서에 사인하려고 하자, 엔도遠藤 검사는 그 전에 상사에게 보여주러 갔습니다.… 이토록 일대일로 맞붙어 만들어진 조서인데 현장의 검사는 어째서 일일이 상사의 결재를 받지 않으면 안 되는지, 라고 생각했습니다."[11]

피의자는 이와 같은 작문조서를 읽어주는 것을 듣고 거기에 서명한 것에 지나지 않습니다. 이렇게 작문조서가 피의자의 '진술조서'가 되는 것입니다. 그 내용에 피의자의 자백이 포함된 때에는 '자백조서'가 되어버립니다.

증거에 관한 법칙 중에는 전문법칙이라는 것이 있습니다. 전문법칙에 의하면 작문된 '자백조서'는 법정 바깥의 진술을 기록한 것이기 때문에 증거로 할 수 없습니다.

　그러나 형사소송법은 "피고인이 작성한 진술서 또는 피고인의 진술을 녹취한 서면에 피고인의 서명 또는 날인이 있는 것은 그 진술이 피고인에게 불이익한 사실의 승인을 내용으로 하는 것일 때에… 이것을 증거로 할 수 있다"(제322조 제1항)라고 규정하여 전문법칙의 예외를 인정하고 있습니다. 이 예외를 폭넓게 인정함으로써 '자백조서'를 증거로 채택하게 되어 있습니다. 또한 검찰관이 작성한 피고인에 불이익한 증인조서도 '전문법칙의 예외'로서 간단하게 증거로 채택하는 것이 재판실무로 되어 있습니다.

(5) 자백법칙, 보강법칙의 기능부전

헌법도 형사소송법도 자백법칙을 정하고 있습니다. 이는 임의성 없는 자백은 처음부터 증거로 할 수 없다는 원칙입니다.

　그러나 여기에서도 재판소의 견제는 기능부전에 빠져 있습니다. 재판실무에 의하면, 묵비권이 고지되지 않은 자백, 심야 취조에 의한 자백, 불법구류에 의한 자백도 '임의'로 여겨집니다. 이와 같은 사정이 있어도 오히려 재판관은 그 자백을 '무리하게 강요'한 것은 아니라고 판단합니다. 나아가 변호인이 피의자를 접견했다는 점, 유치장 밖에서 지원자가 구호를 반복해 외쳤다는 점 등을 근거로 피의자가 '정신적인 지원'을 받았다고 하여 그 사이에 만들어진 피의자의 자백(조서)이 '임의'라고 판단한 경우도 있습니다.

　헌법 및 형사소송법에서는 보강법칙을 규정하고 있습니다. 자백 이외의 증거, 즉 자백을 보강할 독립한 증거가 없는 경우에는 유죄판결의 증거로는 할 수 없다는 법칙입니다.

　예를 들면 '절도를 했다'는 피고인의 수사단계의 자백이 있고, 한편으로 '피고인이 절도를 하고 있는 것을 보았다'고 한 증인의 목격증언이 있다면, 그 목격증언에 의해 피고인의 자백이 보강된다고 할 수 있을 것입니다. 그러나 '(범인은 모르지만) 절도의 피해를 입었다'는 피해자의 증언은 피고인과 절도범인의 연결이 명백하지 않습니다. 그럼에도 불구하고 재판실무는 이와 같은 개연성이 희박한 증거도 보강증거로 할 수 있으며 헌법이 규정한 보강법칙을 위반하지 않는다고 합니다.

더욱이 법정에서 자백한 경우는 보강증거 없이 유죄판결을 내려도 헌법을 위반하지 않는다는 것이 재판소의 견해입니다.

일반적인 사건에서는 자백 이외의 증거가 어떤 형태로든 있는 것이 보통입니다. 그 관련성을 넓고도 약하게 파악한다면, 보강법칙은 있으나마나일 것입니다.

덧붙여 재판실무에 의하면 공범이 자백한 경우 그 자백은 다른 공범의 유죄증거로 사용할 수 있게 되어 있습니다. 그래서 피고인이 자백하지 않고 일관되게 부인해도, 공범이 자백하면 그 공범의 자백만으로 부인하고 있는 피고인이 유죄판결을 받게 됩니다.

이와 같이 법률이 재판관에게 '위험한 증거'인 자백을 확인하도록 요구하고 있음에도 불구하고, 자백법칙도 보강법칙도 충분히 기능하고 있지 않습니다.

(6) 검찰관 상소

형사소송법에서 피고인은 상소할 권리가 인정됩니다. 검찰관도 상소할 권리를 가지고 있을까요? 헌법은 "무죄로 된 행위에는 형사상의 책임을 묻지 아니한다"(제39조)고 정하고 있습니다. 경찰, 검찰, 재판소가 최선을 다해서 유죄를 구했지만 무죄판결이 났습니다. 그렇다면 이제 무죄방면해도 된다는 생각이 듭니다. 그러나 재판의 실무는 일단 무죄가 나와도, 검찰관이 상소해서 계속 유죄를 구할 수 있게 되어 있습니다.

이 때문에 제1심에서 무죄가 되었으나 제2심에서 사형이 선고된 경우가 있습니다. 실제로 나바리名張 사건에서는 이렇게 되어 최종적으로 사형이 확정되어버렸습니다. 이 사건의 쟁점 중의 하나가 되었던 것은, 역시 자백의 신용성 평가였습니다.

제1심의 재판관은 "(피고인의) 자백에는 많은 의문이 존재하고, 또… 증거물에 대해서도 의문이 있어 본건 단죄의 자료가 될 수 없다", "…본건은 피고인의 범행으로 인정하기에 충분한 증거가 없으므로 피고인에 대해… 무죄를 선고하는 것으로 한다"라며 피고인의 자백에 관해 '합리적인 의문'이 있다는 점을 지적했습니다.

이에 대해 검찰관이 상소했습니다. 제2심의 재판관은 증인의 증언이나 과학적 증거를 검토하여 "본건은 피고인의 소위 자백조서까지 갈 것도 없이 피고인의 범행이었다고 단정하는 데에 하등 지장이 없다고 사료된다"고 했고, 자백의 신용성에 대해서도 "(피고인의) 각 진술도 논리 정연하여 전후에 모순 당착하는 점이 없고 다른 증거와도 잘 부합하며 충분히 믿기에 족하다고 인정된다"고 판단했습니다.

이와 같이 재판관의 '자유심증'의 개별성에 따라 자백의 신용성 평가에서 완전히 반대의 결론이 나왔습니다.

제1심에서 무죄가 되어도 제2심에서 유죄가 되면, 피고인은 앞으로 1회의 재판(최고재판소의 심리)에 모든 희망을 걸 수밖에 없습니다. 검찰관 상소를 인정함으로써 3심제는 실질적으로는 2심제가 된다고 할 수 있습니다.

검찰관 상소에 의해 재판이 장기화됩니다.

일단 재판소가 '합리적인 의문'을 제시하고 원죄의 가능성을 지적했다 해도, 그 '합리적인 의문'을 다시 한번 뒤엎을 기회를 주는 것이 검찰관 상소입니다. 헌법의 이념에 걸맞지 않다고 생각하는데, 어떠십니까?

(7) 사후의 검증이 불가능한 판결이유

'거짓자백'에 의해 유죄를 받는 것은 있어서는 안 될 일이지만, 우리는 언제 어디서든 잘못을 범할 가능성이 있습니다. 따라서 형사소송법에는 유죄가 확정된 후에도 재판을 한 번 더 다시 하는 재심이라는 제도가 있습니다.

재판원 재판과 검찰관 상소

218쪽 칼럼에서 소개한 가고시마 고령부부 살해사건에서는, 2010년 12월 10일 가고시마 지방재판소에서 무죄판결이 선고되었습니다. 검찰관이 사형을 구형한 피고인에 대해 무죄판결이 나온 것은 재판원 재판에서 처음 있는 일이었습니다.

이 재판에서는 일반 시민인 재판원이 40일간이나 심리에 참가하여 전문가인 재판관과 함께 진지하고 신중하게 증거를 검토하여 무죄의 결론을 내렸습니다.

그러나 검찰관은 무죄판결에 불복하여 항소했습니다. 항소심에는 재판원 제도가 채택되어 있지 않기 때문에 전문가인 재판관만이 심리를 했습니다.

형사사법의 세계에 시민의 건전한 감각을 받아들이는 것을 지향해서 도입된 재판원 재판에서 시민을 포함한 재판부가 무죄라는 결론을 내렸음에도, 이를 검찰관이 항소해서 직업재판관만으로 구성된 항소심에서 역전되어 유죄가 되어버려서는, 무엇을 위한 재판원 제도인지 알 수 없게 됩니다.

시민참가형 형사재판을 하고 있는 여러 외국을 살펴보면, 배심陪審제를 채용한 미국이나 영국, 참심參審제를 채용한 유럽 여러 나라 가운데 어느 나라에서도 기본적으로 검찰관 상소를 인정하지 않습니다.

2012년 1월 현재 재판원 재판에서는 무죄로 판단되었음에도 항소심에서 역전되어 유죄판결이 된 사건이 이미 2건 있습니다.

재판원 제도의 도입에 따라 그 모순이 선명해진 검찰관 상소. 좀더 소리 높여 그 폐지를 논의해야 하지 않을까요?

재판관의 '자유심증' 그 자체의 속마음을 검증할 수는 없지만, 그 판단과정을 판결문에 명기하면 합리성을 더듬어감으로써 검증할 수가 있습니다. 그리고 최신 과학이나 새로운 증거, 논리학이나 심리학의 발전에 의해 그 과오를 바로잡을 수도 있습니다.

법률은 판결의 이유를 기재하도록 요구하고 있습니다. 이 기재해야 할 이유란, 확실히 뒷날의 역사적인 검증을 견딜 수 있을 정도로 구체적인 판단과정을 제시해야만 합니다. 법의 이념은 재판의 판결에 오류가 있다는 것을 포함하고 있습니다. 그것은 바르게 시정될 것을 예정하고 있습니다. 그것이 재심 제도입니다.

그러나 재판실무에 의하면 판결문에는 재판관의 판단과정을 구체적으로 명기할 필요는 없고 최소한으로 '증거의 표목'을 들면 되도록 하고 있습니다. 즉 유죄판결에 이용한 증거를 열거하면 족하다고 합니다.

'증거의 표목'이란 예를 들면 다음과 같은 것입니다.

- 피고인의 공판진술
- 피고인의 검찰관조서 및 경찰관조서
- 증인 A의 검찰관조서 및 경찰관조서
- 피해신고서
- 실황조사조서
- 압수되어 있는 식칼 1개

이와 같이 판결문에 기재되어 있는 '증거의 표목'만 보아서는, 재판관이 어떤 증거와 어떤 증거에 근거해서 '유죄'라는 판단을 내렸는지, 어떤 판단과정을 거쳐 '유죄'라는 결론을 이끌어냈는지 잘 알 수 없습니다. 이는 재판원 제도에서도 마찬가지입니다.[12]

이 때문에 '거짓자백'을 유죄의 증거로 들고 있어도 재판관이 어떻게 그

'거짓자백'을 '진짜 자백'이라고 착각했는지, 바로잡으려면 어떻게 해야 좋은 지가 판결문에는 나타나지 않습니다.

　이와 같은 유죄판결을 재심에서 무너뜨리기 위해서는 그 유죄판결을 근저 로부터 뒤흔들 정도의 무고함을 증명할 사실이나 증거가 요구됩니다. 이 책 이 검토한 아시카가 사건이나 도야마히미 사건에서도 무죄를 이끌어낸 것 은, DNA 감정이나 진범이라는 무고함을 증명한 사실이나 증거가 나타났기 때문일 뿐입니다. 그러나 모든 사건에서 DNA 감정을 할 수 있는 것은 아니 고, 진범이 나타날 수 있는 것도 아닙니다. 이와 같은 것은 '기적적인 우연'이 라고 할 수 있을 것입니다. 게다가 이러한 기적적인 사례에서는 법의 이념도 바람직한 재판상도 필요 없고, 재판관도 검찰관도 변호인에게도 특별한 훈 련이 필요하지 않을 것입니다. 이러한 기적적인 우연이 없는 사건에서 우리 는 어떻게 재판하고, 그것을 어떻게 검증하고, 이를 위해 판결이유를 어떻게 기재하면 좋을지를 찾아야 합니다.

(8) 일본 형사절차의 '원죄의 구조'

헌법을 정점으로 한 법의 이념은, 형사재판에 관련되는 우리의 기본적 인권 을 지키기 위해 수많은 규정을 두고 있습니다. 그것은 '거짓자백'을 만들지 않게 하기 위해서, '거짓자백'에 의해 원죄 피해를 만들어내지 않기 위해서, 인류가 역사적 예지의 성과로 얻은 것입니다. 그 법칙에 따라 수사관에게 금 지하고, 재판관에게 명령하고, 우리에게 권한으로 이를 부여했습니다.

　그러나 수사나 재판의 현실과 법의 이상 사이에 간격이 있음을 알 수 있었 습니다. 재판실무는 유감스럽게도 '거짓자백'의 견제라는 중책을 완수할 수 없었습니다. 재판관의 '자유심증'에는 한계와 개별성이 있고, 나아가 이를 바 로잡아야 할 다양한 시스템은 원활히 기능하지 않았습니다.

　처음부터 불공정한 대용감옥에서의 장기간 신병구속이 관례화되어 거기에서 자백조서가 작성됩니다. 그 과정을 볼 수는 없습니다. 자유심증의 전제가 되는 증거개시조차 불충분합니다. 수사본부는 수집한 증거 전부를 검찰관에게마저 알리지 않습니다. 변호인은 검찰관의 수중에 있는 증거에조차 접근할 수 없습니다. 재판관은 검찰관이 유죄입증을 위해서 고루 갖춘 증거밖에 볼 수 없습니다.

이와 같은 재판실무를 반영하여 일본의 형사재판 유죄율은 99.9%가 되었습니다. 이 숫자는 검찰관이 기소하면 거의 전부가 유죄가 된다는 사실을 보여줍니다. 일본에서 피고인이 유죄인지 무죄인지를 결정하는 것은, 실질적으로는 재판관이 아니라 수사본부를 움직이는 경찰조직이며 이를 받아서 소추하는 검찰이라고 할 수 있습니다. 취조라는 명목으로 자백을 추궁하고 거기에서 만들어진 작문의 자백조서를 재판소가 추인하는 일본형 자백의존이라는 현상에서 '원죄의 구조'를 발견할 수 있다고 생각합니다.

앞에서도 제시한 국제연합규약인권위원회의 「최종견해」는 다음과 같이 지적하고 있습니다.

"위원회는 주로 자백에 근거한 유죄율이 매우 높다는 점에 재차 염려를 표명한다. 이 염려는 이러한 유죄판결 중에 사형이 포함되어 있다는 점에서 더욱 우려스럽다."(제19항목)

> ### 김인회의 한국이야기 18
> 한국의 유죄율도 일본과 유사합니다. 2002년까지는 99% 이상을 기록하고 있었습니다. 2003년이 되어서야 98%대로 떨어졌습니다. 무죄율이 1.07%가 된 것입니다. 1%대의 무죄율은 2008년까지 이어졌다가 2009년이 되어 2%대로 되고 현재도 그 정도의 수준을 유지하고 있습니다. 일본에 비하여 무죄율이 조금 높지만, 이것이 의미있는 수준은 아닙니다. 이 정도면 사실상 재판을 법관이 아닌 검사가 하는 것이라고 해도 과언이 아닐 것입니다. 법원의 철저한 심리가 필요합니다.

경이로운 유죄율

'일본의 형사재판의 유죄율은 99.9%'라는 숫자는, 독자 여러분의 눈에는 어떻게 비치십니까?

예를 들면 '독일 84%, 영국 68%, 중국 98%'(『록인온재팬』 2011년 2월 증간호 『SIGHT』지에서)라는 숫자와 비교할 때, 99.9%라는 숫자는 두드려져 보입니다.

그러나 각국의 유죄율을 숫자만으로 단순히 비교할 수는 없습니다. '비율'이기 때문에 분자와 분모가 있습니다. 분자는 유죄판결이 확정된 사건(사람)의 수이지만, 문제는 분모 쪽입니다. 예를 들면 피의자·피고인이 무죄를 주장한 사건의 수만이 분모인 나라가 있고 체포된 인원 전체의 수가 분모인 나라도 있습니다.

일본의 경우는 '검찰관에 의해서 기소된 사건'이 분모입니다. 피의자에 대한 기소 여부는 전부 검찰관이 결정합니다. 범인일 가능성이 농후해도 검찰관이 '이것은 조금 증거가 부족하다'고 생각하는 사건은 기소하지 않을 수 있고, 역으로 틀림없이 범인이라고 알고 있는 사건이라 해도 '이번에는 너그럽게 봐주겠다'며 기소하지 않는(기소유예라고 합니다) 경우도 있습니다. 경찰에서 송치된 자를 검찰관이 기소하는 비율은 40% 정도입니다.

요컨대 검찰관이 '틀림없이 유죄'라고 확신한 사건만이 재판의 대상이 되고, 그 99.9%가 유죄가 되고 있는 것입니다.

기소 여부에 관해 검찰관에게 이와 같은 '재량'을 인정하는 것은, 재판관보다 앞서서 검찰관이 재판을 하는 것과 같습니다.

차츰 '검찰관이 유죄라고 하고 있기 때문에 틀림없을 것이다'라는 믿음이 매스컴을 통해서 세간에 퍼집니다. 재판관이라 해도 마찬가지입니다. 그 믿음이 '거짓자백'을 발견할 눈을 흐리게 하고, 원죄를 만들어내는 요인도 되고 있는 것은 아닐까요?

8. 일본 형사절차의 역사 – 자백조서를 중심으로

우리 사회에서 실제로 행해지고 있는 형사재판이 법의 이념과 간격이 있다는 몹시 충격적인 현실을 접했습니다. 그 원인은 어디에 있는지, 그것이 어떻게 나타나게 되었는지가 다음의 과제입니다.

여기에서는 그 과제를 역사적으로 연구함으로써 무엇이 어떻게 '법의 이념과 현실의 간격'을 만들어냈는지 그 원인과 경과를 탐구해보겠습니다.

아래에서는 자백 및 자백조서의 취급을 중심으로, 일본의 형사절차의 역사를 펼쳐봄으로써 일본의 '원죄의 구조'의 원인을 생각해봅시다.

(1) 자백획득과 고문

메이지 시대 초기까지는 일본에서 가혹한 고문이 공식적으로 사용되었습니다. 고문은 자백을 얻기 위한 합법적인 수단이었습니다. 당시에는 유죄로 하기 위한 유일한 증거가 자백이었습니다. 현재의 형사재판과 같이 자백 이외의 물증 등은 유죄의 증거로 할 수 없었습니다. 따라서 그 자백을 얻기 위해 고문을 허용했습니다. 고문에 의한 자백이기 때문에 고통에 끝내 견디지 못하고 '거짓자백'을 해버리는 경우가 많았다고 생각됩니다. 그러한 자백이라도 자신의 입으로 인정한 이상, 그것만으로 전부 유죄의 증거가 된 것입니다.

이 고문을 폐지한 직접적인 계기가 된 것은, 법전 편찬을 위해 프랑스에서 초빙된 외국인, 법학자 부아소나드Gustave Emile Boissonade의 의견 개진이었다고 합니다. 메이지 8년(1876년) 4월 어느 날 그는 강의를 하러 외출하는 도중 재판소 안에서 흘러나오는 비명을 들었습니다. 쭈뼛쭈뼛 다가간 그는 거기서 고문을 하고 있는 현장을 목격했습니다. 그는 곧바로 정부에 고문 폐지의 의견서를 써서 제출했습니다. 당시의 '선진국'에서는 그와 같은 고문이 폐지되었기 때문입니다.

정부는 이 의견서를 계기로 고문 폐지를 검토하고 메이지 9년(1877년)에 '증거에 따라 재판한다'는 취지의 포고를 했습니다. 이 '증거'에는 자백도 포함되어 있었습니다. 일본에서 고문이 '법제도'로 폐지되기 위해서는 메이지 12년(1880년) 10월까지 기다릴 수밖에 없었습니다.

'증거에 따라 재판한다'고 해도 그 증거 중에는 자백도 포함되어 있었기 때문에 자백의 추궁은 없어지지 않았습니다. 그렇다면 공적 제도로서의 고문이 폐지된 후에 자백조서는 어떻게 취급되었던 걸까요. 다음에서 그것을 살펴봅시다.

(2) 자백조서와 조서재판

① 자백조서의 원형

당시의 형사재판은 '증거에 따라 재판한다'고 해도 현재의 시스템과는 상당히 달랐습니다. 유죄나 무죄를 내리는 재판(공판) 전에 '예심'이라는 것이 마련되어 있었기 때문입니다.

예심이란 실제로 유죄/무죄를 결정하는 공판 전에 직업재판관이 '예비조사'를 하는 것입니다(이를 예심판사라고 합니다). 예심은 밀실에서 행해지며, 검찰관이 기소한 사건에 대해 예심판사가 피고인이나 증인을 신문하는 것입니다. 또한 예심판사는 사실의 발견을 위해 증거를 수집하고, 구류 등을 강제적으로 집행할 권한을 가지고 있었습니다(이하 강제처분권이라고 합니다). 그에 비해 검찰관은 피의자에 대한 기소 여부를 결정할 권한밖에 가지고 있지 않았습니다. 정말로 예심판사는 강대한 권한을 가지고 있었던 것입니다.

신문조서

예심판사는 밀실 안에서 피고인을 미주알고주알 신문합니다. 피고인은 예심판사의 신문에 대답할 의무가 있었습니다. 그리고 예심판사가 피고인을 신문한 뒤에 작성된 조서는 '신문조서'라고 불리며 이후의 공판에서 유력한 증거가 되었습니다. 만약 예심에서 피고인이 자백하면 자백조서로서 압도적인 증거가 됩니다.

청취서

그것에 비해 경찰관이나 검찰관이 작성한 조서는, 가령 그것이 자백조서라고 해도 원칙적으로 증거로 할 수 없었습니다. 피고인을 신문할 권리는 예심판사의 전권이었기 때문입니다. 이렇게 경찰관이나 검찰관이 작성한 조서는 '청취서'로 불리며 예심판사가 정식으로 작성한 신문증서와 명확히 구별되었습니다. 원래 판례에 의하면 경찰관이나 검찰관은 기본적으로 피의자를 신문할 권리가 없었지만, 피의자가 승낙해서 임의로 진술한 경우 그 진술을 적어둔 청취서는 예외적으로 증거로 할 수 있었습니다.

일문일답식

신문조서와 청취서는 법적 근거뿐만 아니라 형식도 상당히 달랐습니다. 신문조서는 예심판사의 질문과 그것에 대한 대답이 명확히 구별되는 일문일답식으로 작성되었습니다. 예를 들면 이런 식입니다.

> 문: 이제까지 형벌에 처해진 적이 있는가.
> 답: 작년에 당 재판소에서 신문지조례 위반으로 100엔의 벌금형을 받았습니다.
> 문: 올해 9월 중에 그들과 협의한 전말을 말해보라.
> 답: 10월경 동지를 서른 명 정도 모아서 폭동을 일으킬 것을 상담했습니다.

이것에 비해서 청취서는 어디까지나 법률에 의해 인정되지 않는 비공식적인 조서였기 때문에 신문조서와 같이 일문일답식으로 작성하는 것은 허용되지 않았습니다. 이 때문에 일인칭의 이야기 형식(독백체)으로 작성되었습니다. 예를 들면 이런 식이었습니다.

　이번 계획에 대해서는 이전에 말씀드린 사실과 일부 다른 점이 있기 때문에 오늘은 사실을 말씀드리겠습니다. 올해 9월경 우리가 모의한 때에 갑甲은 그 장소에 있었습니다. 저는 처음부터 그를 한 패에 끌어들이려고 생각하고 있었습니다.

　이와 같이 신문조서인지 청취서인지에 따라 취급이 전혀 달랐던 것입니다.

② 조서재판

예심판사가 '예비조사'를 끝내고 검찰관의 기소가 유효하다고 판단하면, 유죄/무죄를 결정하는 형사재판이 시작됩니다.

　공판도 현재의 공판과는 상당히 달랐습니다. 재판관이 사전에 피고인의 조서를 읽어두고 그 조서를 전제로 피고인에게 미주알고주알 캐묻는 방법으로 이루어졌기 때문입니다. 검찰관도 재판관과 같은 높이의 법단에 앉아 있었습니다.

　청취서는 임의로 작성된 경우에는 증거로 할 수 있다고 되어 있었으나, '임의'인지 여부는 재판관이 판단하게 되어 있었습니다. 전문증거도 증거로 인정되었습니다. 증거로 할 수 있는지, 증거를 어떻게 평가할지의 판단은 재판관의 '자유재량'으로 되어 있었습니다.

　재판의 방식이 이와 같았기 때문에 신문조서든 청취서든 피고인이 자백한 조서가 증거로 포함되어 있으면, 재판관은 미리 그 자백조서를 읽고 피고인에게 질문하게 됩니다. 만약 공판에서 자백을 철회한 때에는 그 이유를 또한 미주알고주알 캐물었을 것입니다. 정말로 조서에 의존한 재판이었습니다.

　메이지, 다이쇼大正, 쇼와昭和를 거쳐 패전과 전후 초기까지도, 일본의 형사재판은 기본적으로 이와 같은 형태였습니다.

(3) 고문이나 신병구속에 의한 자백청취서

법률상 정식 조서는 예심판사가 작성한 신문조서였고, 비공식적인 조서는 검찰관 및 경찰관이 작성한 청취서였습니다. 그러나 수사관이 피의자를 취조할 때 청취서를 작성하는 관행이 정착되고 비공식적인 청취서, 특히 자백을 포함한 청취서는 실무상 큰 영향력을 가지고 있었습니다. 그것은 재판관에게 대단히 편리한 도구였습니다. '임의'라고 판단하기만 하면 형사재판의 증거로 삼아 망설이지 않고 유죄로 할 수 있었기 때문입니다. 재판관이 청취서를 '임의'라고 함으로써 유죄의 증거로 하는 것은 재판의 관례적 원칙으로 널리 행해졌습니다.

① 인권유린문제

이 청취서 작성의 과정에서 수사관의 '인권유린문제'가 도마 위에 올랐습니다. 일반 시민에 대한 경찰의 '인권유린문제', 정부 고관이나 정치가에 대한 검찰의 '인권유린문제'라고 칭해졌습니다. 이렇게 하여 수사관이 법률을 남용해서 멋대로 신병을 구속하거나, 심야까지 계속해서 취조하거나, 자백을 얻기 위해 고문을 이용하는 것 등이 문제가 되었습니다. 변호인이 그와 같이 해서 얻어진 자백조서는 '임의'가 아니라고 주장해도, 재판관은 '임의가 아니라는 것을 보여주는 증거는 없다'고 판단해서 유죄판결을 내렸습니다.

인권유린문제의 사회화

이와 같은 '인권유린문제'에 대해 변호사협회 등이 전국적인 캠페인을 펼치며 그 해결에 몰두하게 되었습니다.

또한 '인권유린문제'는 당시의 제국의회에서도 종종 언급되어 원죄에 우는 사람이 상당하다는 것이 국회의원 사이에서도 인식되었습니다. 국회의원들은 '인권유린문제'의 해결을 위해 제국의회에서 여러 번 결의를 가결하였습니다.

예를 들면 1914년(다이쇼 3년) 제31회 제국의회 예산위원회 제1분과회의 '결의'나, 1937년(쇼와 12년) 제70회 제국의회 중의원의 '인권유린 근절에 관한 결의' 등이 그것입니다. 나아가 국회의원들은 '인권유린문제'를 해결하기 위해서 입법화에도 몰두했습니다. 제국의회에서 「범죄수사에 관한 법률안」(다이쇼 3년), 「인권보호에 관한 법률안」(다이쇼 5년, 7년, 8년, 9년), 「형법 중 개정법률안」(다이쇼 3년, 4년, 9년, 10년)을 몇 번이나 제출했습니다. 그러나 전부 심의를 마치지 못하여 법률로 성립되지 않았습니다.

위 법률안에는 자백조서가 가진 위험성이 인식되어 주로 다음 두 가지가 포함되었습니다. 첫째는 피의자의 취조에 아는 사람이나 변호사의 입회를 인정할 것, 둘째는 형사재판의 증거는 유죄/무죄를 결정하는 재판관이 직접 청취한 것에 한하고 신문조서나 청취서는 일절 증거로 할 수 없게 할 것입니다.

다이쇼 형사소송법

그러나 위의 '인권유린문제'에 관한 논의로 어지러운 가운데 공포된 다이쇼 형사소송법(구 형소법, 1922년[다이쇼 11년])에서도 이와 같은 요구는 실현되지 않았습니다. 그런데도 구 형소법은 다음과 같이 규정하여 청취서는 '임의성'이 인정되어도 원칙적으로 증거로 할 수 없게 되었습니다.

제343조

제1항 피고인 기타의 자의 진술을 녹취한 서류가 법령에 의하여 작성된 신문조서가 아닌 것은 좌의 경우에 한하여 그것을 증거로 할 수 있다.

일. 진술자가 사망한 때

이. 질병 기타의 사유를 원인으로 진술자를 신문할 수 없는 때

삼. 소송관계인의 이의가 없는 때

제2항 구區 재판소의 사건에 대해서는 전항이 규정하는 제한이 요구되지 않는다.

이와 같이 '법령에 의하여 작성된 신문조서가 아닌 것'인 청취서가 증거로 이용될 수 있는 것은, '진술자가 사망이나 질병 등으로 신문이 불가능한 경우'나 '피고인이나 변호인의 이의가 없는 경우'에 한해서였습니다(경미한 사건을 취급하는 구 재판소 사건 등에는 이와 같은 제한이 없었습니다).

② 구 형소법 시대의 증거능력 · 검찰관의 권한

편리한 도구인 '임의성', '자유재량'

이와 같이 구 형소법이, 검찰관이나 경찰관이 작성한 자백조서(청취서)는 '임의성'이 인정되는 것만으로는 원칙적으로 증거로 할 수 없다고 명문으로 규정하고 있던 점은 특기할 만한 것입니다.

실제로 수사관 측에서 다음과 같은 불만을 토로하고 있었기 때문입니다. "적어도 국가가 수사기관을 인정하고, 소송법상 임의의 수사에 대해서는 그 목적을 달성하기 위해 필요한 취조를 할 수 있다는 취지로 규정하며…, 광범위한 수사권의 활동을 인정하고 있음에도 불구하고, 일면 이 규정에 의해 그 국가기관이 임의 취조를 하여 작성한 서류에 대하여 증거력을 제한하는 것은 실로 이해할 수 없다고 생각한다", "장래에는 이러한 제한을 철폐하고, 일반적으로 증거력을 인정하여 단지 그 서류 등을 증거로 채택할 것인지는 모두 재판관의 자유재량에 위임하는 것으로 개정하는 것이 타당하다고 믿는다."[13] 이처럼 구 형소법이 규정한 엄격한 규정을 폐지하고, 증거로 할 수 있을지는 재판관의 '자유재량'으로 해야 한다는 것이 수사관의 주장이었습니다.

검찰관에게 강제처분권 부여

'인권유린문제'의 고조를 배경으로 사법성(검찰관료) 측도 반성을 강요받게 됩니다.[14] 그리고 '인권유린문제'의 원인으로 경찰관의 수사기술의 미숙함, 교양의 결여, '정당의 앞잡이'로 변한 점 등을 찾았습니다. 또한 수사관에게 강제처분권(이것이 예심판사의 독점적인 권한이었음은 이미 언급하였습니다)이 주어지지 않기 때문에 필요한 취조를 할 수 없으며, 만일 필요한 취조를 하려고 하면 '인권유린'이라는 비난을 뒤집어쓰는 '제도의 결함'도 원인으로 여겨졌습니다.

이와 같은 원인 분석을 바탕으로 '인권유린문제'의 해결책으로 제안된 것은 과학적 수사의 추진, 경찰관의 인격이나 교양의 향상, 그리고 수사관 특히 검찰관에게 강제처분권을 부여하는 것이었습니다.

검찰관에게 강제처분권을 부여하는 것에 대해서는 제국의회나 논문 등에서 격론이 벌어졌습니다. 그렇지 않아도 '인권유린문제'를 일으켜온 검찰관에게 강제처분권을 부여하면, '인권유린'이 더 일어날 것이 불을 보듯 뻔하게 생각되었기 때문입니다.

다음과 같은 의원의 주장도 그것을 단적으로 표현하고 있습니다. "검사에게 유치권(강제처분권의 하나)을 부여하자고 주장하는 것은 말도 안 됩니다. 단지 검사의 인권유린을 합법화할 뿐입니다. 이것이 합법화된 경우에 과연 형식상으로는 법률위반이 아닐지 모르지만, 우리 국민이 받을 인권유린의 피해라는 것은 마찬가지입니다. 오히려 위법을 군이 저질러서까지 오늘날과 같은 인권유린을 할 검사이기 때문에 이에 법률상의 권력을 부여한다면 무슨 짓을 할지 모릅니다."[15]

일본은 이와 같은 '인권유린문제'의 미해결이라는 난제를 품은 채 전쟁으로 돌진해가게 됩니다.

(4) 전시체제에 의한 바람직한 형사재판의 붕괴

전시체제가 계속됨에 따라 치안유지법이 점점 더 맹위를 떨치고, 사상의 단속이 강화되어갔습니다. 이에 맞추어 사상범을 담당하는 검찰관과 경찰관(사상계 검사와 특고特高경찰이라고 불립니다)에 의한 포위망을 확대시켰습니다. 사상범 취조에서는 고문에 의한 자백을 집요하게 강요했습니다. 공범을 줄줄이 엮어내는 식으로 체포하기 위해서도 잔학한 고문을 많이 사용했습니다. 사상범에 대한 수사관의 '인권유린'은 점점 더 심해져서, 자백을 얻기 위해 공공연히, 목숨까지도 빼앗는 고문을 했습니다.

① 전향에 의한 사죄추구형의 자백 획득

고문 등 폭력적인 방법뿐만 아니라 인격지배적인 방법도 이용되었습니다. 소위 '전향' 정책이 그것입니다. 기소나 고문을 배경으로 피의자의 심리를 압박하고 지배해서 그 양심을 왜곡하며, 피의자에게 자신의 사상이 틀렸음을 자백이라는 형식으로 인정시키고 사죄시키면서 일정 기간 그 반성의 언동이 계속됨을 확인해서 기소를 유예하는 것이었습니다. 말하자면 '사죄추구형'의 자백 획득입니다.

이미 살펴본 것처럼 검찰관에게 강제처분권을 부여하는 데에 강력한 반대가 있었지만, 전시하의 특수한 사정을 배경으로 일부 사건에 대해서는 검찰관의 강제처분권을 인정하게 되었습니다. 국방보안법이나 개정 치안유지법이 그것입니다.

② 정세 불안과 치안 강화

나아가 전시체제가 계속되어 대부분의 청년 내지 장년의 남성이 징집되자 국내에는 여성, 노인, 아동이 대부분이 되었습니다. 사회 불안으로 정세가 불안해져서 국내 치안을 강화해야 한다는 어리석은 주장이 점점 더 과열되었습니다.

이와 같은 잘못된 시류에 편승해서 전시에 범죄를 저지른 사람은 '비국민'이다, '비국민'은 간이·신속하고 철저하게 처벌할 필요가 있다, 이렇게 선전되었습니다.

과연 범죄를 저질렀는지 여부를 확인하는 재판에서 피의자·피고인의 인권보다 현재의 전쟁으로 야기된 이유 없는 정세 불안에 대한 대응을 우선해야 한다고 되었습니다.

③ 전시형사특별법

그렇게 해서 제정된 전시형사특별법(1942년)은, 어떤 조서라 해도 형사재판의 증거로 할 수 있게 했습니다. 검찰관이든 경찰관이든 자백조서를 만들어내기만 하면, 이 법률에 의해서 재판관은 그 자백조서에 따라 간이·신속하게 유죄판결을 내릴 수 있었습니다.

나아가 유죄판결을 철저히 간이·신속하게 하기 위해 판결문에는 '증거의 표목'만 써도 괜찮은 것으로 했습니다. 그때까지의 판결문에는 예를 들면 'A에 대한 살인의 사실은 피고인의 ○○라는 공판정 진술, 증인 A의 ○○라는 진술…에 의해 이를 인정한다'는 것과 같이 어떤 증거에 근거해 어떤 사실을 인정했는지 재판관 자신의 판단과정을 상세히 써야만 했습니다. 전시 중에는 판결서에 이와 같이 기재하라고 하는 것이 간이·신속한 재판을 방해한다는 이유로 생략되었습니다.

한편 전쟁이 한창인 때에 만들어진 전시형사특별법에서도, 검찰관의 강제처분권이 인정되지 않았던 점에 주의해야 합니다.

그렇다고 해도, 수사단계의 자백조서를 전부 형사재판의 증거로 삼은 것은 재판을 포기한 것이나 다름없었습니다. 수사관이 온갖 수단을 철저히 이용해서 획득한 '자백'만으로 유죄판결을 썼기 때문입니다. 재판은 수사단계에서 만들어진 자백조서를 단지 재판관이 추인하는 곳으로 변했습니다. '전시체제'의 형사재판이란 바로 이름만 재판일 뿐 그 실질은 재판과는 먼 국가를 위한 범죄 인정 시스템이었던 것입니다.

김인회의 한국이야기 19

일본의 패전 전은 한국의 식민지 시대에 해당합니다. 일본은 조선을 식민지로 지배하면서 최소의 비용으로 최대의 치안을 목표로 합니다. 이에 따라 원래 판사의 권한이었던 강제처분권을 검사에게 넘기고 경찰에게까지 넘겨버렸습니다. 즉, 경찰이 처음에는 14일, 나중에는 10일 동안 영장 없이도 조선인을 잡아 가둘 수 있게 만들었습니다. 여기에 더해 '범죄즉결례'를 만들어 3개월 이하의 형, 벌금형은 경찰이 알아서 선고할 수 있게 만들었습니다. 더구나 당시 일본인들은 조선인이 법적 관념이 없고 일본인보다 열등하다고 하여 매로 다스려야 한다고 비하했습니다. 그래서 1912년부터 '조선 태형령'을 도입합니다. 사람을 때리는 형벌이었습니다. 일본에서는 일찌감치 없어진 형벌입니다. 이 형벌을 조선인들이 얼마나 무서워했는가는 소설가 김동인의 작품 중에 〈태형〉이라는 단편소설이 있는 것을 보면 알 수 있습니다. 이렇게 식민지 조선에서는 경찰이 사람을 잡아 가두고 재판을 한 다음, 직접 사람을 때려서 형을 집행하는 시스템이 마련되었습니다. 수사와 재판, 형의 집행을 모두 경찰이 담당한 것이었지요. 근대 형사절차 도입 이래 가장 후진적인 제도였습니다. 제국주의와 식민지의 관계를 여기에서도 확인할 수 있습니다. 아직도 남아 있는 후진적인 형사절차를 청산하기 위해서는 식민지 시대에 대한 반성이 반드시 필요합니다.

(5) 전후 '전시체제'의 온존

1947년(쇼와 22년) 5월 3일, 일본국헌법이 시행되었습니다. 이미 소개한 대로 전쟁 전의 '인권유린문제'의 반성에 입각한 헌법이었습니다. 당연히 이 신헌법에 대응한 새로운 형사소송법이 만들어져야 할 터였지만, 신형사소송법은 일본국헌법이 시행될 때에 맞추어 만들어지지 않았습니다. 그래서 임시방편으로 「일본국헌법의 시행에 수반하는 형사소송법의 응급적 조치에 관한 법률」(이하 응급조치법)이 시행되었습니다(쇼와 22년 5월 3일 시행, 쇼와 24년 1월 1일 실효).

① 신형사소송법의 제정까지

응급조치법

이 응급조치법은 "형사소송법은 일본국헌법…의 제정의 취지에 적합하도록 해석해야 한다"(제2조)고 명시했습니다. 전쟁 전의 구 형사소송법을 '헌법의 이념'에 입각하여 해석해야만 하게 되었습니다.

그러나 이 응급조치법에서도 이때 이미 폐지된 전시형사특별법과 마찬가지로 수사단계의 조서를 증거로 채용할 수 있게 되었습니다. 판결문도 '증거의 표목'을 적는 것만으로 족하게 되었습니다. 소위 '전시체제'의 형사절차를 온존한 것입니다. 한편으로 자백의 보강법칙을 명문화했습니다. 그러나 전시형사특별법의 규정을 온존함으로써 그 후의 법과 실무에 헤아릴 수 없는 커다란 왜곡을 남겼습니다.

신형사소송법의 왜곡

1949년(쇼와 24년) 1월 1일, 드디어 신형사소송법(현행 형사소송법)이 시행되었습니다. 일본에서 처음으로 미국법을 모방한 형사절차법이었으며, 국내의 학파는 일반적으로 '인권보장에 두터운' 법률로 평가했습니다.

이 현행 형소법은 헌법의 요청을 구현한 듯한 조문을 다수 포함하고 있었습니다. 그러나 이 형소법도 실은 응급적인 특례법으로 제정된 것이었습니다. 이 형소법은 점령 종료 후 '국력의 회복'을 기다려서 전면적으로 개정하겠다는 조건을 전제로 입안, 제정되었습니다.[16] 그리고 전면개정 때에는 무엇보다 국민을 위한 재판을 지향해서 배심제도를 도입할 것도 예정되어 있었습니다.[17]

그러나 그 후 현행 형소법은 지금까지 개정되지 않았습니다. 60년이 넘게 지난 지금도, 이러한 의미의 전면적인 개정은 이루어지지 않았습니다. 따라서 현행 형소법은 현재에도 여전히 응급적인 특례법 그대로라고 말할 수 있을 것입니다. 여담이지만, 마찬가지로 제정된 전후특례법이 아직까지 개정되지 않고 방치된 법률이 여러 개 남아 있습니다. 심지어 국권의 발동이나 인권보장의 근간에 관계된 법제도에서 그렇습니다. 예를 들면 「판사보의 직권의 특례 등에 관한 법률」(1948년 7월 12일, 법률 제146호), 의료법에서의 정신과 특례 등이 그것입니다.

재판실무의 왜곡

법률 운용 담당자들의 개혁도 불철저하게 끝났습니다. 전쟁 전의 법체제에 익숙하고 친숙한 법률가들이 전후에도 영향력을 행사했기 때문입니다.

전쟁 전 치안유지법 등에 의해 인권침해를 거듭하던 재판관들은 반성도 목욕재계도 하지 않고 손바닥을 뒤집듯 쉽게 전후에도 신헌법하에서 계속해서 피고인을 재판했습니다. 군국주의 사상에 물들어 인권유린의 선두를 달리다 공직에서 추방된 검사들도 많은 수가 다시 검찰관으로 복귀했습니다. 예를 들면 전쟁 전 '인권유린'의 최선두에서 활약하던 사상검사 이케다 가쓰池田克는 전후 '헌법의 옹호자'인 최고재판소 재판관이 되었습니다.

② 지금도 계속되는 형사사법의 왜곡

헌법의 이념과 현실의 간격

이와 같은 응급특별법으로서의 형소법이나 전쟁 전의 실무에 익숙하고 친숙한 담당자 아래에서는 일본국헌법의 새로운 이념을 실현할 수가 없었습니다. 전후 일본의 형사절차는 처음부터 법의 이상과 현실에 차원이 다른 간격이 생겼다고 할 수 있을 것입니다.

자백 의존의 형사사법

이렇게 전쟁 전부터 이어져온 형사절차는 전후의 형사절차에도 계속하여 계승되었습니다. 극단적으로 자백에 의존한 형사절차가 그것입니다. 더구나 단순히 자백을 받아내는 것만이 아니었습니다. 수사관이 피의자에게 진심으로 사죄할 것을 요구하고, 반성을 강요하는 '사죄추구형'의 자백 획득입니다. 이렇게 얻은 자백은 마치 피의자가 말한 것처럼 일인칭의 독백체로 작문되어왔습니다. 수사관이 다소 격렬한 취조를 해도, 재판관의 '자유재량'에 의해 그 자백은 기본적으로 '임의'라고 판단되었습니다. 그리고 '임의'인 이상 자백의 내용도 믿을 수 있다고 했습니다.

간이 · 신속한 형사사법

전후에 계승된 것은 그것만이 아닙니다. 놀랍게도 현행 형소법은 '전시체제'의 형사절차를 계승했기 때문입니다. 전후 초기의 응급조치법은 수사관이 작성한 조서를 증거로 할 수 있고, 판결문에는 '증거의 표목'을 기재하면 충분하다고 했습니다. 새 형소법도 이 '전시체제'의 형사절차를 계승했습니다. 이렇게 전후에도 수사관이 작성한 자백조서를 일정한 요건하에서 증거로 할 수 있었습니다. 또한 여전히 판결문에는 '증거의 표목'만 기재해도 되었습니다.

검찰관의 권한 확대

문제는 그것만이 아닙니다. 전후 검찰관의 권한이 비약적으로 확대된 것도 간과할 수 없습니다. 검찰관 등에게 강제처분권이 전면적으로 부여되었기 때문입니다. 전쟁 전에는 국회에서 반대가 심하여 '전시체제'임에도 부분적으로만 실현되었습니다. 그것이 헌법에 따라서 '인권보장에 두터워야' 할 새 형소법에서는 전면적으로 풀린 것입니다.

　어떻게 그런 일이 일어난 걸까요? 그 이유는 전후 혼란기의 특수한 사정을 배경으로 "군비 철폐에 수반하는 군 경비력의 흠결을 보강하여 치안 유지에 만전을 기하는 동시에 각종 악질 범죄에 검사로 하여금 철저히 대응케 하여

도의의 선양 및 민생의 안정을 도모하기 위해서 검찰기구를 정비한다"[18]고 했기 때문입니다. 즉 패전에 수반한 미증유의 혼란 중에 생겨난 치안의 악화에 대처하기 위해서는 검찰에 의지할 수밖에 없게 되었던 것입니다. 이와 같이 검찰관은 전후 혼란기의 특수한 사정에 의해 강대한 권한을 가지게 되었습니다.

신병구속의 장기화

검찰관은 원래 '피의자를 피고인석에 앉힐지 여부를 결정'하는 강대한 기소의 권한을 가지고 있었으나, 전후 더욱 강력한 권한인 강제처분권이 전면적으로 부여되었습니다. 그리고 치안 유지를 목적으로 하는 수사관의 권한 강화에 맞추어 전쟁 전에는 갱신을 인정하지 않아 10일간이었던 피의자의 구류기간을 다시 10일간 연장하는 갱신을 인정했습니다.

검찰관조서의 특별 취급

아울러 위와 같이 수사관이 작성한 자백조서를 형사재판의 증거로 할 수 있게 되었습니다.

특히 검찰관이 작성한 조서가 형사재판의 유력한 증거가 된 것도 간과할 수 없습니다. GHQ는 당초 경찰관이나 검찰관의 수사서류는 증거로 사용할 수 없다고 주장했습니다. 그러나 일본 측의 열성적인 설득이 계속되어 검찰관이 작성한 조서는 특별한 지위를 점하는 것이 되었습니다.[19] 이렇게 검찰관이 작성한 피의자에게 불리한 자백조서는 쉽게 증거로 할 수 있게 되었습니다.

당사자주의의 결함

전후 형사재판에서는 당사자주의가 채택되었습니다. 당사자주의란 변호인 측과 검찰 측이 대등하고 공평하게 사실을 다투는 형식을 말합니다. 이제까지 살펴본 형사재판의 법과 실무로 인하여 당사자인 변호인과 검찰관의 힘의 차이는 압도적인 것이 되었습니다.

그렇지만 수사관의 견제를 위해 현행 형소법이 아무것도 준비하지 않은 것은 아닙니다. 수사관을 견제하는 역할이 재판소에 맡겨졌기 때문입니다. 재판소가 수사관을 견제해야 한다는 것입니다. 그러나 재판소가 그 역할을 충분히 할 수 없었던 것은 앞에서 살펴본 바와 같습니다. 전후 혼란기라는 특수한 사정을 배경으로 검찰관에게 압도적인 권한 강화가 인정된 점에 비추어 보면, 그 권한에 대해 적절한 때에 실효적으로 개입하는 것은 처음부터 곤란한 것이었습니다.

환상인 인권보장

이와 같이 '전후 형사절차는 인권보장에 투철하다'는 국내의 일반적인 평가는 전적으로 '환상'에 지나지 않았습니다. 전후의 형사절차에는 전쟁 전부터 계속돼온 재판관의 압도적인 '자유재량'과 '전시체제'의 형사절차, 그리고 전후 혼란기의 특수한 사정이 뒤섞이게 되었기 때문입니다. 수사관이 '취조'라는 명목으로 자백을 추궁하고, 거기에서 얻은 작문의 자백조서를 재판소가 추인하는 '원죄의 구조'가 잇달아 확대·강화되어온 것입니다.

지금 '검찰'에 요구되는 것은

오사카 지검 특수부 검사에 의한 증거위조 사건은 우리에게 엄청난 충격을 주었습니다. 검찰관이 '증거 은닉'뿐만 아니라 '증거 날조'까지 해서 무고한 사람을 유죄로 만들려고 한다. 이런 일이 버젓이 통한다면 이미 형사재판은 엉망인 것입니다. '검찰 따위 없애버려라'는 목소리가 높아진 것이 무리도 아닙니다.

어려운 관문인 사법시험에 합격하고, 변호사도 재판관도 아니라 스스로 지망해서 검찰관이 된 그때의 신참 검사의 패기는 어땠을까요? 진범을 엄벌하고, 피해자와 함께 울고, 정의를 실현하자고 강하게 결의하지 않았을까요. '실제로는 무고하다 해도, 내가 기소한 사람은 무슨 일이 있어도 유죄로 하자'고는 생각하지 않았을 것입니다.

전후에도 아직 '관료의식'이 뿌리 깊은 일본에 미국이나 영국의 당사자주의 구조에 기반한 새로운 형사소송법이 들어왔습니다. 동시에 검찰관에게는 혼란기의 치안 유지를 위해서 강력한 수사권한이 부여되었습니다.

검찰관은 강대한 권력을 무기로 기소 여부를 결정합니다. 외부의 견제는 받지 않습니다. 일단 법정에 서면 검찰관은 형사재판의 일방 당사자로서 피고인의 유죄 입증에 전력을 다합니다. '유죄=승리, 무죄=패배'라는 승부근성이 몸에 깊게 뱁니다. 그리고 결국 정의감에 불타오르던 신참 검사들 중에서 '무슨 일이 있어도 유죄로' 만들기 위해 증거를 위조하는 사람이 나타났습니다.

최고검찰청은 이러한 사태를 맞아 2011년 9월 「검찰의 이념」이라는 기본규정을 정했습니다. 그 첫머리에는 "검찰의 직원이 어떤 상황에서도 지향해야 할 방향을 잃지 않고 사명감을 가지고 직무에 임하는 동시에 검찰의 활동 전반을 적정하게 하여 국민의 신뢰라는 기반이 계속 유지될 수 있도록 검찰의 정신 및 기본자세를 제시하는 것이다"라고 하고 있습니다.

그러나 이것이 검사 한 사람 한 사람이 자세를 바로하면 되는 문제일까요? 증거를 위조한 검사의 발밑에는 일본 검찰이 안고 있는 역사 · 제도 · 구조적 결함이 깊이 뿌리내리고 있는 것은 아닐까요.

일본의 검찰청법에는 검찰의 조직이나 직제밖에 규정되어 있지 않습니다. 그릇의 디자인만을 정하고 내용물인 요리에 대해서는 개개 검사의 도덕성에 말하자면 통째로 넘긴 것입니다. 이번 「검찰의 이념」도 이를 극복하지 못했습니다.

검찰관의 직업윤리나 행동지침은 물론 위법한 취조나 증거은닉·날조의 금지 규정이나 위반자에 대한 벌칙, 나아가 검찰 조직을 외부에서 견제하는 감독 시스템 등을 법률로 규정하여 제도화할 필요가 있습니다.

증거를 숨기고 위조까지 해서 원죄를 만드는 데에 몰입하는 방식은, 동시에 진범을 놓치고 멋대로 날뛰게 하고 만연하게 합니다. 신참 검사의 정의에 대한 생각을 받아들여 문자 그대로 '공익의 대표자'(검찰청법 제4조)로 키우기 위해 지금이야말로 입법에 의한 대담한 개혁이 요구됩니다.

김인회의 한국 이야기 20

증거를 위조한 일본과 같은 사례는 아니지만, 한국도 원죄 사건을 만들 뻔한 사건이 있었습니다. 특히 이 사건은 검찰이 원고에게 결정적으로 유리한 증거가 있었음에도 불구하고 이를 법원에 증거로 제출하지 않고 무리하게 유죄판결을 받으려고 한 사건입니다. 사건의 개요는 다음과 같습니다.

A(피고인)는 1994년부터 1995년 초까지 발생한 네 차례의 연쇄 강도강간 사건의 용의자가 되어 구속되어 재판을 받았습니다. 이 재판은 1심에서 징역 20년형을 선고받았으나 2심에서는 무죄, 대법원은 검사의 상고를 기각하여 무죄판결이 확정되었습니다(제1차 재판). 그런데 A의 불행은 여기서 끝나지 않았습니다. A는 다시 1996년 중반에 발생한 네 차례의 연쇄 강도강간 사건의 용의자가 되어 다시 구속되어 재판을 받았습니다. 이 사건 역시 1심에서 15년형을 선고받았으나 2심은 무죄, 대법원 역시 검사 상고기각으로 무죄판결을 확정지었습니다(제2차 재판).

A는 수사기관의 불법행위를 이유로 국가배상을 청구했습니다. 이 사건에서 문제가 된 것은 제2차 재판 사건입니다. 특히 이 사건은 애초에 기소되지 않았어야 할 사건입니다.

이 사건에서 피해자들은 범인의 인상착의에 대해 각각 다른 진술을 하고 있었습니다. 피해자 1(워낙 피해자가 많아 피해자 특정을 위해 번호를 붙입니다)은 범행 당일 범인의 키는 170~175센티미터 정도이고, 뚱뚱한 편에 얼굴은 둥글고 미남형이며, 짧은 곱슬머리에 반부츠형 군청색 신발을 신고 있었고 상의는 어두운 색 티, 하의는 어두운 색 긴 면바지인 디스코형 통바지를 입고 있었다고 진술했습니다. 피해자 2는 범행으로부터 10여 일 지난 후 경찰서에 출석하여 전과자 영상 시스템에 나온 동종 수법 전과자들의 영상 중에서 A를 범인으로 지목한 뒤, 그로부터 다시 1개월 반 정도 후 경찰 조사과정에서, 형광등에 부착되어 있는 적색 꼬마전구를 켜고 자던 중 인기척에 잠을 깨어 보니 범인이 방안에 서 있어서 범인이 적색 꼬마전구를 끌 때까지 약 5~6초간 범인의 얼굴을 보았는데, 범인은 165센티미터의 키에 땅땅한 체격을 하고 있었고, 스포츠머리에 눈이 둥글고 코가 큰 편이었으며 전라도 말씨를 썼다고 진술했습니다. 피해자 3은 A가 검거되기 전 경찰 조사과정에서, 안방 창문 밖에 설치되어 있는 가로등 불빛으로 범인의 얼굴을 보았는데, 범인은 174센티미터 정도의 키에 체격과 얼굴이 뚱뚱하고 눈이 크고 쌍까풀이 졌으며 눈썹이 짙고 이목구비가 뚜렷하며 서울 말씨를 쓰는 20대 초반의 남자였고 범행 당시에 담배를 피우고 있었다고 진술했습니다. 피해자 4도 범인의 눈이 크고 둥글며 범행 당시 담배를 피웠다고 진술했습니다. 피해자 5는 A를 범인으로 지목하면서 사건 발생 3~4일 후 오후 네 시경 범인이 동네 슈퍼마켓에 들어가서 담배를 사는 것을 보았으나 10여 미터 떨어진 공중전화부스에 가서 경찰에 신고하느라 범인을 놓쳤기 때문에 범인의 얼굴을 정확히 기억하고 있다고 진술했습니다.

그런데 A는 신장 165센티미터, 체중 80킬로그램이고, 얼굴은 약간 통통한 편으로 둥글고, 얼굴 크기에 비해 코는 작은 편이며, 눈도 큰 편이 아니고 머리카락은 직모이고, 말투에는 고향인 전라도 억양이 배어 있으며 담배를 피우지 않았습니다. 그리고 피해자 5가 보았다는 때에는 A가 남부인력직업소개소의 소개로 서초동에서 일용 잡부로 근무하고 있어서 그 장소에 나타날 수가 없었습니다.

이처럼 피해자의 목격진술이 일치하지 않는 상황만으로도 A가 범인인지를 의심해보아야 하는데, 더 심각한 상황이 발생했습니다. 경찰이 A가 범인이 아니라는 점을 과학적 수사에 의해 확인한 것입니다. 경찰은 범행 직후 피해자 3이 범인의 정액 등이 묻은 것이라면서 제출한 팬티에서 검출된 범인의 정액 및 분비물 등에 대해 감정을 했습니다. 그런데 감정 결과 위 정액 등의 혈액형은 A나 피해자의 혈액형과 다른 혈액형임이 확인되었습니다. 이에 좀 더 정확한 판별을 하기 위해 국립과학수사연구소에 유전자 감정을 의뢰하여 그 결과를 받았습니다. A와 피해자 3, 그리고 피해자 3의 남편 혈액과 팬티에 묻은 정액과 분비물을 검사한 결과, 놀랍게도 팬티에 묻은 정액은 A의 정액이 아니라는 사실이 밝혀졌습니다.

그런데 경찰은 감정 결과를 기록에 편철하지 않고 유전자 분석감정을 의뢰한 상태로 검찰로 송치했습니다. 검사는 유전자 분석감정 결과는 알지 못했지만 혈액 감정 결과를 알고 있으면서도 A를 기소했습니다. 나아가 재판 도중에 국립과학수사연구소로부터 감정 결과를 회신받고도 이를 법정에 제출하지 않았습니다. 바로 이 때문에 1심 재판부는 A를 유죄로 선고했습니다. 그것도 15년형입니다. A는 항소했고, 항소심에서는 국립과학수사연구소에 대한 사실조회를 통해 회신 결과를 확인하고, 이를 바탕으로 무죄를 선고했습니다.

이 사건은 애초에 기소되지 않았어야 할 사건이었습니다. 백보 양보하여 기소되었더라도, 국립과학수사연구소의 결과를 토대로 곧바로 무죄가 선고되었어야 할 사건입니다. 그러나 검사는 피고인에게 결정적으로 유리한 사건, 피고인의 무고함을 밝혀줄 증거를 숨겼습니다. 무고한 자의 유죄판결을 노렸던 것입니다. 이러한 일은 검사가 아니라 누구도 해서는 안 되는 일입니다. 검사가 공익의 대표자라고 하여 피고인에게 유리한 사정도 수사하여야 한다고 하지만, 이러한 일은 국가기관이라면 당연한 것입니다. 국가가 일반 시민을 속여서는 말이 안 되기 때문입니다. 이쯤 되면 원죄를 만드는 것이 과실이 아니라 고의, 최소한 미필적 고의에 의한 범죄행위임을 알 수 있습니다.

이 사건은 이 밖에도 A에 대한 수사과정에서 너무나 많은 불합리한 점이 나타났습니다. 대법원이 지적한 수사의 불합리성은 다음과 같습니다.

첫째, 피해자들의 진술이 불일치했습니다. 경찰 및 검찰이 A를 범인으로 판단하게 된 직접적인 증거는 위 피해자들의 증언이 거의 유일한 것이었습니다. 그런데 피해자들은 새벽에 갑자기 잠에서 깨어 식칼을 들고 있는 범인에게 위협을 받으면서 피해를 당하고 있던 급박한 상황에서 범인을 잠깐씩 보았을 뿐이고, 위 피해자들의 범인에 대한 인상착의 진술도 일치하지 않았습니다. 특히 피해자들이 진술한 범인의 인상착의와 A의 인상착의는 객관적으로 판단하기에 여러 부분에서 판이하게 다릅니다. 나아가 A를 범인으로 지목하게 된 경위도, 전과자들의 상반신 사진이 컴퓨터 화면에 15장씩 순차로 나타나고 그중 1명의 전면사진을 확대하여 보거나 좌우 측면의 사진을 보는 것이 가능하도록 되어 있었습니다. 하지만 그 크기나 선명도에 있어서는 범인의 동일성을 정확하게 지적하기에는 미흡한 전과자

영상 시스템을 통해 확인한 것이었습니다. 이 점에 대해 법원은 신빙성(신용성)을 인정하기 어렵다고 밝혔습니다.

둘째, A가 수사를 받으면서 보인 행동에 대한 판단에 관한 의문입니다. 검찰은 수사과정에서 A의 행동 및 성격을 관찰, 분석한 결과 A는 검사의 조사과정에서 고개를 숙이고 눈을 깜박거리며 검사의 유사사건 설명에 관한 화제에 귀를 기울이고, 스트레스를 주는 검사의 질문에 경동맥이 뛰고 손을 만지작거리는 동작을 보이며, 검사가 의자를 밀착하자 뒤로 피하는 몸짓을 보인 데다 경동맥의 반응이 더욱 커지고 얼굴이 상기되는 등 전형적인 유죄 피의자임을 강력히 시사하는 행동을 보이고 있고, 아울러 전형적인 가학적 성격의 소유자라고 판단했다고 합니다. 그런데 치료감호소장이 작성한 정신감정서는, A는 전체 지능지수가 IQ 71로 소심하고 내성적이며 꼼꼼한 성격을 가지고 있고 가학적인 성격은 가지고 있지 않으며 사고 면에서 융통성이 결여되고 판단력이 부족하다고 감정하고 있어서 전혀 다른 결론을 내리고 있었습니다. 누가 더 전문성을 가지고 있는지 조금만 생각해보았다면 A를 진범으로 몰아가지는 않았을 것입니다.

셋째, 성장배경과 전과에 대한 문제입니다. A는 시골 고향에서 중학교를 졸업한 후 숙부를 따라 상경하여 목수일을 배우거나 방화문 제작회사에서 전문적인 일을 배우다가 적성에 맞지 않아 그만두고 인력소개 사무실에 나가 일당 5만 원씩을 받으면서 상당 기간 동안 잡부로 종사해왔습니다. 그리고 이 사건이 발생할 때까지 아무런 전과 없이 생활해왔습니다. 이런 배경을 가진 사람이, 갑자기 강도짓을 일삼으며 남편 곁에서 부녀자를 강간하고, 그것도 단독범행이면서 마치 공범이 있는 양, 또한 퇴거하면서 수돗물을 틀어놓아 아직 현장에 범인이 남아 있는 것처럼 가장하고, 생리 중이므로 강간을 하지 말아달라는 피해자의 애원을 묵살한 채 강간을 자행한 교활하고도 지능적이고 가학적인 이 사건 범행을 저질렀다고 볼 수 있을까요. 객관적이고 공정한 수사가 왜 필요한지를 잘 보여주는 사례입니다.

하지만 이러한 점이 있었다고 하더라도 국립과학수사연구소의 유전자 감정 결과가 없었다면 A가 무죄를 선고받을 수 있었을까요? 제1심 판사들과 다른 판단을 항소심과 상고심 판사들이 할 수 있었다고 확신할 수는 없습니다.

A는 비록 무죄를 선고받고 국가로부터 손해배상을 받기는 했지만 본인으로서는 잊을 수 없는 참담한 경험을 했습니다. 완전히 다른 인생을 살아야 할 정도가 된 것입니다. 하지만 국가는 손해배상만 했을 뿐 다른 조치는 없습니다.

③ '일본형 원죄' 구조의 역사성

일본의 형사사법에 잠복한 '원죄의 구조'는 마치 새로운 문제로 부각된 것처럼 보이지만, 실은 전쟁 전부터 끊임없이 계속된 일본의 형사절차의 역사에서 그 근원을 찾아낼 수 있습니다.

'작문조서'는 예심 시대에 수사관이 기록한 '청취서'에서 그 뿌리를 볼 수 있었습니다. 밀실에서의 가혹한 취조로 만들어낸 '거짓자백'. 이 위험을 품은 청취서가 서서히 증거로서의 지위를 부여받고, 전시체제하에서는 결국 거침없이 유죄의 강력한 증거로 사용된 역사가 있었습니다.

전쟁 전에 인권유린문제가 논의될 때는 물론 전시에조차 주저하던 '검찰관에게 강제수사권한을 부여하는 것'이, '개인의 존중'을 소리 높여 부르짖은 일본국헌법하에서 전후 혼란기의 치안 유지라는 극히 현실적인 요청에서 전면 해금된 것에도 다시 주목해야 합니다. 시민을 형사재판에 회부하는 강대한 국가권력을 가진 검찰관이, 동시에 강제수사를 행할 권한을 가지고 증거를 수집하며 피의자를 취조하고 자백조서를 작성하는 것입니다. 그리고 행정관이면서 다른 국가기관으로부터 독립된 지위를 부여받고도 있습니다. 강력한 권력을 가진 자가 다른 사람으로부터의 견제에 의한 억제도 받지 않으면 어떻게 되는지, 그것은 이제까지의 역사가 이야기하는 대로입니다. 최근 일본을 뒤흔든 소위 '검찰 불상사'는 일어날 만해서 일어났다 해도 과언이 아닙니다.

나아가 앞에서 현재의 판결서에 많은 경우 '증거의 표목'밖에 기재되지 않아 나중에 판단의 오류가 판명되어도 그 원인을 규명하기가 어렵다는 것에 대해 언급했습니다. 현행 판결서는 재판관의 판단과정이 구체적으로 나타나지 않아서 그 당부를 역사적으로 검증할 수 없게 되어 있습니다. 이와 같은 판결서의 형식은 전시체제라는 특수사정에 기초해서 간이·신속을 취지로 인정되었으나, 지금도 그 폐해가 반성 없이 그대로 남아 있습니다.

지금의 형사사법개혁, 검찰개혁에서도 이 '원죄의 구조'는 충분히 손보지 못했습니다. 역사적인 분석 부족도 그 원인의 하나라고 생각합니다. 현행 형소법을 '국력의 회복'을 기다려 전면적으로 개정하겠다고 한 전후 초기의 '약속'도 완수하지 못한 상태입니다. '거짓자백'에 의해 원죄로 고통받는 사람을 없애기 위해서는, 지금이야말로 끊임없이 계속되는 일본 형사절차의 왜곡된 '암반'을 부수는 것이 요구된다고 하겠습니다.

1) 木谷明, 『刑事事実認定の理想と現実』, 法律文化社, 2009, 111쪽.

2) 木谷明(編), 『刑事事実認定の基本問題第2版』, 成文堂, 2010, 15쪽.

3) 木谷明, 앞의 책, 4쪽.

4) 司法研修所(編), 『自白の信用性』, 2쪽.

5) 위의 책, 84쪽.

6) 위의 책, 81쪽 이하를 요약.

7) 石井一正, 「書評 · 木谷明著『刑事裁判の心─事実認定適正化の方策』」, 『判例タイムズ』1144호, 2004, 42쪽 이하.

8) 木谷明, 앞의 책, 4쪽 이하.

9) 좁은 의미에서는 이 형법전을 형법이라고 하지만, 여기서는 넓게 보아 각종 법률 안에 들어 있는 형벌 법규를 포함하여 '형법'이라고 부르기로 합니다.

10) 法務省, 「検察の在り方検討会議第6回会議議事録」, 2011, 30쪽.

11) 村木厚子, 「独占手記 · 私は泣かない屈さない」, 『文芸春秋』2010년 10월호, 99~100쪽.

12) 재판원 재판은 판결문도 간략하고 재판원에게 비밀유지 의무가 부과되므로 종래보다 판단과정을 더 알 수 없다고 하는 쪽이 정확할지도 모릅니다.

13) 金澤次郎, 『捜査書類作成要諦』, 1935, 158~159쪽.

14) 司法省調査部, 『所謂人権蹂躙問題に就て』, 1937 참조.

15) 제70회 제국의회 중의원 제7회 예산위원회에서 立川平 위원이 한 발언.

16) 渡辺咲子, 「制定過程から見た現行刑事訴訟法の意義と問題点」, 『ジュリスト』 1370호, 2009, 46쪽.

17) 渡辺咲子, 「現行刑事訴訟法中の証拠法の制定過程と解釈—伝聞法則を中心として」, 『河上和雄先生古稀祝賀論文集』, 青林書院, 2003, 294쪽 이하.

18) 井上正仁(他編), 『刑事訴訟法制定資料全集.昭和刑事訴訟法編(1)』, 信山社出版, 2001, 12쪽 이하.

19) 松尾浩也, 「証拠法の一断面—刑訴法321条1項を中心に」, 『研修』 334호, 1976, 3쪽 이하.

제4장

재판원이 된 당신에게

재판원 선임 절차의 흐름

[20세 이상의 국민이 선거인명부에서 무작위로 선정됨]

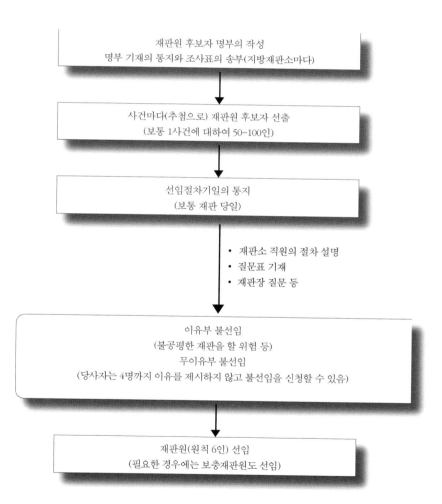

재판원 후보자 명부의 작성
명부 기재의 통지와 조사표의 송부(지방재판소마다)

사건마다(추첨으로) 재판원 후보자 선출
(보통 1사건에 대하여 50~100인)

선임절차기일의 통지
(보통 재판 당일)

- 재판소 직원의 절차 설명
- 질문표 기재
- 재판장 질문 등

이유부 불선임
(불공평한 재판을 할 위험 등)
무이유부 불선임
(당사자는 4명까지 이유를 제시하지 않고 불선임을 신청할 수 있음)

재판원(원칙 6인) 선임
(필요한 경우에는 보충재판원도 선임)

이제까지 '거짓자백'이 당신의 생각보다 쉽게 만들어진다는 점, 재판관이라는 특수한 전문성을 가진 사람도 '거짓자백'을 꿰뚫어보기 어렵다는 점을 살펴보았습니다. 또한 역사적으로도 자백은 '위험한 증거'로서 특별히 취급해왔다는 점, 그럼에도 불구하고 일본의 형사재판에서는 '전시체제'를 아직까지 유지하며 자백조서가 그대로 유죄증거로 되어버린다는 점 등을 살펴보았습니다. 이러한 점들은 당신에게 결코 남의 일이 아닙니다. 처벌하는 것도, 처벌받는 것도, 다름 아닌 바로 우리라는 사상이 민주주의의 기본이기 때문입니다.

무엇보다 현실에서 재판원 제도가 도입되었습니다. 당신도 재판원이 되어 눈앞의 피고인을 재판해야만 하는 날이 온 것입니다.

1. 재판원이 된다는 것

재판원이 참가하는 재판에서는 하나의 사건에 6명의 재판원이 선출되게 되어 있습니다. 그 외 다수의 보충재판원도 선출됩니다. 6명의 재판원은 3명의 직업재판관과 함께 재판을 담당합니다. 재판에서는 법정에서 취조한 증거만을 단서로 합니다. 증거에 기초해서 기소장에 쓰인 범죄사실을 피고인이 실제로 했는지, 했다면 어떻게 했는지, 나아가 유죄라면 어느 정도의 형을 선고할지를 판단합니다.[1)]

재판원은 법률에는 문외한이기 때문에 제도상 여러 가지 시스템이 마련되어 있습니다. 재판장이나 재판관은 알기 쉽게 평의를 정리하고, 재판원이 발언하기 쉽도록 충분한 배려를 해야 합니다.[2)] 거기에 더해 "재판원은 독립해서 그 권한을 행사한다"(재판원법 제8조)고 규정되어 있습니다.

재판원이 된 당신은 자신의 시각에서 검찰 측과 변호인 측이 제출한 증거를 우선은 피고인은 무고하다고 추정하면서 평가해야 합니다. 그중에는 자백조서나 증인의 증언 등도 포함됩니다. 모든 증거에 전력을 다해 그 의미를 탐구합니다. 피고인의 진술에는 마음을 비우고 귀를 기울이며, 최대한 머리를 사용하여 최종적으로 결론을 내야 합니다. '나는 하지 않았다'는 피고인의 마음속의 외침을 성심성의를 다해 들으며, 유죄로 하는 것에 조금이라도 의심이 든다면 '무죄'라는 결론을 이끌어내야 합니다.

형사재판의 대부분은 자백이 있는 사건입니다. 따라서 재판원이 된 당신은 많은 경우 그 자백에 '거짓의 의심은 없는지'에 대해 판단해야만 하는 입장에 놓입니다.

김인회의 한국 이야기 21

일본에 재판원 재판이 있다면 한국에는 국민참여재판이 있습니다. 일본보다는 훨씬 배심제에 가까운 제도입니다. 한국의 국민참여재판을 규율하는 법률은 '국민의 형사재판 참여에 관한 법률'입니다. 이 법률은 '사법의 민주적 정당성과 신뢰를 높이기 위하여' 국민참여재판을 시행한다고 규정합니다. 여기에서 '사법의 민주적 정당성'은 국민주권주의, 시민주권주의를 사법 분야에서 관철한다는 것을 말합니다. 국민, 시민을 위한 재판을 넘어서서 국민, 시민에 의한 재판을 의미합니다.

국민참여재판은 단독판사 관할이 아닌 합의부 사건, 즉 상대적으로 중대한 사건인 경우에 신청할 수 있습니다. 국민참여재판의 배심원은 사실의 인정, 법령의 적용, 형의 양정에 관한 의견을 제시하는 막강한 권한을 가지고 있습니다. 배심원은 만 20세 이상의 대한민국 국민 중에서 무작위로 선정됩니다. 즉, 법원은 만 20세 이상의 국민을 대상으로 한 배심원후보예정자 명부를 작성하여 그중에서 무작위추출 방식으로 배심원을 선정합니다. 법원에 출두한 배심원에 대해서는 법원과 검사, 변호인이 각각 질문을 할 수 있고, 검사와 변호인은 이유가 있을 때에는 이유부 기피를, 이유가 없을 경우에도 무이유부 기피를 할 수 있습니다. 공정한 배심원을 구성하기 위해서입니다.

재판에 참여하는 배심원은 법률에 따라 공정하게 그 직무를 수행할 것을 다짐

하는 취지의 선서를 합니다. 심리이후 증인신문, 증거물 조사 등 심리를 합니다. 심리가 끝나면 배심원은 재판장으로부터 법정에서 배심원에게 공소사실의 요지와 적용법조, 피고인과 변호인 주장의 요지, 증거능력, 그 밖에 유의할 사항에 관하여 설명받습니다. 그리고 서로 의논하여 결정을 내리는 평의에 들어갑니다.

배심원은 먼저 유무죄에 관하여 평의하고, 전원의 의견이 일치되면 그에 따라 평결합니다. 만일 일치하지 않으면, 판사의 설명을 들은 다음 다수결로 평결합니다. 유무죄 평결에는 판사는 참여할 수 없습니다. 그리고 유죄인 경우에 한하여 판사와 함께 양형에 관하여 토의하고 의견을 개진합니다. 이러한 평결과 의견에 법원이 따를 필요는 없습니다. 하지만 평결과 의견이 소송기록에 편철되고, 판결 선고 시 배심원의 평결 결과를 고지하고, 배심원의 평결과 다른 판결을 선고하는 때에는 피고인에게 그 이유를 설명하여야 할 뿐 아니라 판결서에 그 이유를 기재해야 하므로 사실상 구속력이 있다고 볼 수 있습니다.

국민참여재판은 특별한 사정이 없는 공판정의 심리는 속기하거나 녹음 또는 영상녹화합니다. 그리고 피고인에게 변호인이 없으면 국선변호인을 선정합니다. 모든 국민참여재판에는 반드시 변호인이 있어야 합니다. 배심원은 중요한 인물이므로 배심원 신변보호장치, 배심원 개인정보 공개 금지, 불이익취급 금지 등의 규정을 두어 배심원을 두텁게 보호합니다.

이상에서 살펴본 바와 같이, 한국의 국민참여재판은 일본의 재판원 재판보다는 원래의 배심제도에 가깝습니다. 하지만 여전히 적은 수의 배심원, 배심원 평결에 따르지 않아도 되는 문제, 검사가 직업법관만으로 구성된 항소심에 항소할 수 있는 문제 등이 남아 있습니다. 한국은 대법원에 국민사법참여위원회를 두고 국민참여재판의 시행 경과에 대한 분석을 통하여 국민참여재판제도의 최종적인 형태를 결정하도록 하고 있습니다. 지금까지 시행된 국민참여재판의 수는 2008년 64건, 2009년 95건, 2010년 162건, 2011년 253건으로 계속 증가하고 있습니다. 한국형 배심제인 국민참여재판이 정착할 가능성이 높다는 것을 보여주는 통계이기도 합니다.

2. '거짓자백'은 예외인가

처음부터 당신은 이렇게 생각할지도 모르겠습니다. 여기까지 읽어보니 '거짓자백'이 만들어지는 것은 충분히 이해할 수 있다. 그러나 지극히 당연하게도, 거리낄 것이 없는 인간이 체포될 리가 없다. 인간이란 기본적으로 자신을 죄인으로 만들 말은 하지 않는 존재다. 못돼먹은 수사관에 의해 '거짓자백'을 하게 되는 경우가 있을지도 모르지만, 그것은 아주 예외적이지 않을까.

이러한 생각을 가진 사람이 대다수일 거라고 생각합니다. 사람은 일상생활 속에서 보호받는 중에는 자신에게 불이익한 것을 좋다고 말할 리가 없기 때문입니다. 나아가 그 자신에게 불이익한 발언을 하여 실제로 회복하기 어려운 피해를 입을 경우에는 더욱 그렇습니다. 또한 '나라면 절대 거짓자백 따위는 하지 않는다'는 확고한 자신을 가지고 있을지도 모릅니다.

그러나 현실이 반드시 그렇다고는 할 수 없습니다. 피의자가 된 사람에게 체포는 갑자기 닥쳐옵니다. '임의동행'이라 해도 자유롭게 귀가할 수 없습니다. 체포·구류된 경우에는 기소까지 23일간의 신병구속이 기다리고 있습니다. 자백하지 않으면 기소 후에도 연이은 신병구속이 계속됩니다. 거기에서 24시간 수사관의 지배하에 놓입니다. 자백하지 않으면 사랑하는 가족, 지인, 회사 동료와도 만나지 못합니다. 제3장에서 살펴본 것처럼 형사재판실무의 나쁜 관행, '인질사법'이 지적되는 이유입니다.

그와 같은 '특이한 상황' 속에서 죄를 짓지도 않은 사람이 자백해버립니다. 이 책에서 소개한 사건 외에도 자기가 하지도 않았는데 자백하게 된 사례는 많습니다.

가부토야마甲山 사건에서 1999년 무죄가 확정된 야마다 에쓰코山田悦子 씨는, 수사관이 사람의 마음을 파괴하고 지배하는 모습을 다음과 같이 말하고 있습니다.

(체포되어 효고兵庫 현 경찰본부에) 도착한 후 저는 곧바로 지하유치장에 들어 갔습니다. 거기에서 경찰이 맨 처음에 저에게 한 일은, 알몸으로 만들어 온몸을 검사하는 것이었습니다. 인간이 어느 날 갑자기 모르는 사람에게 끌려와 알몸이 되는 것이 어떤 것인지 독자 여러분은 상상이 되십니까? 저는 그때 인간으로서의 자존심이 송두리째 뽑혀 존재 그 자체가 부정되어버리는 듯한 느낌을 받았습니다. 자신도 모르는 죄로 체포된 충격에 더하여 순식간에 알몸이 된 새로운 충격은 제 마음을 갈기갈기 찢었습니다. 이 겪어보지 못한 경험 이후에 경찰의 취조가 시작되었습니다.

무고한 피의자가 시달리는 것은 취조실에서 벌어지는 형사의 취조만이 아닙니다. 아무리 체포가 부조리하다 해도 체포된 이상 유치장은 피의자에게 살아가는 장소가 됩니다. 피의자의 유치장 생활에서는 우리가 보통 의식하지 못하는 일상생활의 전부를 경찰이 장악하고 있는 것입니다. 자유가 없는 생활공간이라는 부자연스러움 속에서 자유는, 형사의 마음에 달려 있습니다. 여성이라면 긴 머리를 묶거나 고정하는 용품을 사용하거나 생리용품을 제한 없이 사용할 수 있게 되거나 해서 유치장의 규제가 아주 조금 느슨해지면, 비참하기 짝이 없던 피의자의 생활에 형사의 '친절한 배려'가 쏟아져내리는 것처럼 되어버립니다. 어느덧 '친절한 배려'의 세계에 붙들려 이 세계가 취조실에서 꼼짝하지 못하는 피의자의 정신세계를 완전히 지배해버리게 됩니다. 적어도 저는 그랬습니다.[3]

지금도 '자신은 무고하다'고 호소하면서 무죄를 받기 위해 재판을 벌이는 사람들이 많습니다. '자백'한 사람이 무고했던 사건은 우리의 상상을 뛰어넘을 만큼 많습니다.[4] '자백'이 얼마나 '위험한 증거'인지는 원죄 사건의 역사가 보여주고 있습니다.

바로 이러한 이유 때문에 형사재판에서는 '범인 필벌'보다 '무고의 불처벌'을 절대적으로 우선해야 한다고 되어 있습니다.

그러나 실천은 그렇게 간단하지 않습니다. 당신의 눈앞에 실제로 피고인이 있고, 검찰관이 '이 사람이 죄를 범했다'는 증거를 엄청나게 들고 있기 때문

입니다. 그리고 많은 경우 '제가 했습니다'라는 피고인의 자백이 당신에게 제
시됩니다.

소수이지만 피고인이 범행을 전면적으로 부인하고 검찰관과 변호인의 주
장이 정면으로 대립하는 경우도 있습니다.

판단자인 당신 자신의 감정이 복잡하게 뒤섞이는 것도 사실 인정에 큰 영향
을 미칩니다. 재판원 경험자도 "부모의 한 사람으로서 무심코 울었다"(30대
여성), "피해자의 실제 기분을 듣고 눈물이 나왔다, 다만 흐르지 않도록 주의
했다"(60대 남성), "피해자의 감정도 잊을 수 없었지만, 직업 탓인지 피고가

가부토야마 사건

1974년 3월, 효고 현 니시노미야西宮 시의 양호시설 '가부토야마 가쿠엔甲山學園'
에서 여자원아 M양과 남자원아 S군이 행방불명되었다가 두 사람 모두 원내 정화
조에서 익사체로 발견된 사건입니다. 당시 이 학원의 보모였던 야마다 에쓰코 씨
(당시 22세)가 살인 혐의를 받았습니다. 수사관은 사건 후 3~4년에 걸쳐서 '사건
당일 밤 선생이 S군을 방에서 데리고 나갔다', 'S군을 데리고 있었다'는 취지의 원
아들의 진술을 얻어내고, 야마다 씨를 체포하여 기소로 몰고 갔습니다.

야마다 씨에게는 사건 당일 밤의 확실한 알리바이가 있었지만, 경찰은 교묘하
게 알리바이를 변형해서 거짓자백을 하게 만들었습니다. 그러나 그 자백은 제1심
판결이 "자백조서의 내용은 매우 단편적·개괄적이어서 이것을 '자백'이라고 이름
붙여도 좋을지 주저할 정도이다"라고 평가할 만큼 애매한 자백이었습니다.

그러나 검찰관은 '정신지체아에게는 거짓말을 할 능력이 없으므로 원아들의 진
술은 믿을 수 있다'는 편견에 가득 찬 주장을 시종일관 전개했습니다.

야마다 씨에게는 한 번도 유죄판결이 선고되지 않았고, 1999년에 세 번째 무죄
판결이 나와 간신히 무죄가 확정되었습니다. 21년이 걸린 엄청나게 긴 재판이었
습니다.

어째서 그렇게까지 했는지 생각했다"(40대 남성), "(피고인의 태도에) 화가 났다"(20대 남성)라는 진심을 토로했습니다.

냉정하게 생각해보면 알 수 있듯이, 그런 마음이 든다고 해서 감정대로 피고인을 유죄로 해도 좋은 것은 아닙니다. 피해가 아무리 비참하고 범행이 잔인하기 짝이 없다 해도 유죄인지 여부는 전혀 별개의 문제입니다. 피해자가 피고인이 범인이라고 진심으로 믿고 법정에서 그렇게 가리킨다 해도 틀리는 경우가 있습니다.

더욱이 사건이 중대하면 중대할수록 대중매체의 주목도 집중됩니다. 신문이나 텔레비전 등도 당신이 담당하고 있는 사건에 관해 자극적으로 보도할 것입니다. 언론의 범죄보도는 전부 수사관으로부터 얻은 정보입니다. 거기에서는 '수사본부의 판단'이 노골적으로 표현됩니다. 그와 같은 범죄보도를 보거나 들으면, 당신의 판단의 기초가 되는 심리나 정서가 자신도 모르는 사이에 기울어버립니다.

그러므로 당신은 '무고의 불처벌'을 특히 의식적으로 생각해야 합니다. 무고한 사람을 유죄로 만들지 않기 위해 당신이 그곳에 있습니다.

재판원 재판의 대상이 되는 사건은 중대사건이기 때문에 무거운 형벌이 선고됩니다. 이웃사람들이 뒤에서 손가락질을 하고, 태어나 자란 곳에서 더는 살아갈 수 없게 되는 사태가 벌어집니다. 유죄가 되어 형무소에 장기간 수용되면 인생은 망가집니다. 본인뿐만 아니라 가족도 또한 당연히 누릴 수 있는 인생의 기회를 모조리 빼앗깁니다.

재판을 다시 열고 재심이 인정되어 최종적으로 무죄를 쟁취한다 해도, 빼앗긴 인생이나 소중한 목숨은 결코 되찾을 수 없습니다. 가슴을 펴고 산다, 원하는 직업을 가진다, 가정을 꾸린다, 부모의 장례를 치른다, 이러한 인생에 없어서는 안 될 '당연한' 생활을 보낼 수 없습니다. 피고인석에 앉아 있는 시간이 길면 길수록, 그리고 수형기간이 길면 길수록, 원죄는 겨우 한 번뿐인 인생과 생명을 빼앗게 됩니다.

'예단 배제'와 재판원 재판

검찰관은 피고인을 기소할 때에 재판소에 기소장을 제출합니다. 법은 "기소장에는 재판관에게 사건에 대해 예단이 생길 우려가 있는 서류 기타 물건을 첨부하거나 또는 그 내용을 인용해서는 안 된다"고 규정하고 있습니다. 그것을 기소장 한 장만을 제출한다는 의미에서 '기소장일본—本主의'라고 합니다. 재판관이 법정에서 심리하기 전에 사건기록이나 증거를 접하여 피고인에게 선입견을 가지고, 법정에서 불공정하게 판단하는 것을 막으려는 사고('예단 배제의 원칙')에 근거한 것입니다.

그러나 재판원 제도의 도입과 함께 이 예단 배제의 원칙이 흔들리고 있습니다. 재판원 재판에서는 일반 시민인 재판원에게 부담을 주지 않도록 단기간에 집중적으로 심리를 합니다. 단기집중심리를 실현하기 위해서는 텔레비전 방송이 본방전에 면밀하게 리허설을 하는 것과 마찬가지로 사전준비가 필요하게 됩니다. 이 준비를 위한 절차를 '공판전 정리절차'라고 합니다. 여기에서는 법정에서 어떤 주장을 할지, 그것을 위해서 어떤 증거를 제출하려고 생각하는지, 검찰관과 변호인 양쪽으로부터 의견을 듣고 쟁점을 정리하며, 법정심리에 대한 시간 배분까지 결정해갑니다. 이 공판전 정리절차를 주재하는 것은 다름 아닌 재판소 자신입니다. 따라서 공판이 시작되기 전에 재판관은 사건의 쟁점은 무엇인지, 어떤 증거가 제출되었는지에 관해 대부분 알게 됩니다. 이 절차는 어디까지나 공판을 원활하게 진행시키기 위한 준비절차이며, 사건 그 자체에 대한 심증을 형성하는 것은 아니라고 합니다. 그렇지만 재판관도 인간입니다. 사전에 증거자료를 보게 되면 예외 없이 선입관을 가지게 될 것입니다.

또한 재판원 재판에 참가한 일반 시민은, 재판원에 선임되기 전에 그 사건에 관해 텔레비전이나 신문의 보도를 접합니다. 재판원도 또한 본의 아니게 '텔레비전에서 말한 저 사람이 범인이다'라는 선입관을 가져버릴 것입니다.

이처럼 재판원 재판에서 '예단 배제의 원칙'은 바람 앞의 등불입니다.

3. 재판원 제도와 배심 제도의 차이

재판원 제도와 같이 추첨으로 선발된 일반 시민이 유죄/무죄를 결정하는 제도는, 세계적으로 보아 드물지 않습니다. 예를 들면 이미 소개한 미국 등의 배심 제도가 그것입니다.

그러나 배심 제도와 재판원 제도는 비슷하지만 다릅니다. 증거를 근거로 사실을 인정하는 점에서 큰 차이가 있기 때문입니다.

자백의 평가에 관해 살펴봅시다. 제3장에서 본 것처럼 형사재판에서는 자백을 임의성과 신용성의 두 가지 관점에서 판단하게 되어 있습니다. 이 평가 방법에 관해 재판원 제도와 배심 제도의 차이를 설명합니다.

배심 제도에서는 직업재판관이 강제나 고문 등에 의해 획득된 임의성이 없는 자백을 전문가의 눈으로 음미해서 제거하고, 임의로 진술했다고 생각되는 자백만을 배심원의 판단에 접하게 합니다. '위험한 증거'인 자백을 우선은 전문가인 재판관의 눈으로 엄격히 확인하는 것입니다. 따라서 임의성 판단은 직업재판관의 역할이 됩니다.

그래서 배심원의 역할은 직업재판관의 확인을 거친 자백의 신용성을 평가하는 것입니다. 심지어 직업재판관은 배심원의 이 신용성 판단에 참견할 수 없습니다. 증거의 신용성 평가는 일반인인 배심원만의 판단에 맡겨지므로, 직업재판관이 자칫하면 빠지기 쉬운 독선적인 '자유심증'을 피하고 형사재판과 시민의 감각 사이의 간격을 좁힐 것이 기대됩니다.

더욱이 배심 제도하에서는 시민이 '위험한 증거'에 현혹되기 쉬운 점을 배려하여 증거법칙이 엄격하게 적용되어왔습니다. 이미 소개한 자백법칙, 전문법칙, 보강법칙도 그 역사적 성과입니다.

이와 같이 배심 제도에서는 직업재판관이 자백의 임의성만을 판단하고 배심원이 자백의 신용성만을 판단하는 2단계 시스템으로 되어 있으며, 증거법칙이 엄격하게 적용되고 있습니다.

이와 같은 중복되는 제도적 보장을 하고 있는 배심 제도에서도 원죄는 없어지지 않습니다. 미국에서는 DNA 감정에 의해 많은 수의 확정된 수형자가 무고하다고 판명되었습니다. 앞에서 소개한 이노센스 프로젝트입니다. 또한 배심원의 인종 및 그 구성비, 피고인의 인종에 따라 유죄판결의 비율에 차이가 있는 것이 밝혀졌습니다.

일본의 재판원 제도에서는 배심 제도와 같은 2단계의 역할 분담이 없습니다. 따라서 자백의 임의성도 신용성도 재판원이 재판관과 함께 판단합니다.

나아가 제3장에서 살펴본 것처럼 일본에서는 자백법칙, 전문법칙, 보강법칙이라는 증거법칙이 형해화되어 있습니다. 이와 같은 형사재판의 법과 실무는 재판원 재판 아래에서도 변하지 않았습니다.

이제까지 살펴본 것처럼 직업재판관도 '거짓자백'을 꿰뚫어볼 수 없었습니다. 재판원이 된 당신은 직업재판관도 찾아내기 어려운 '거짓자백'에 관한 판단에 직면합니다. 배심원은 판단할 필요가 없는 자백의 임의성도 판단해야만 합니다. 다른 나라의 배심원보다 넓은 범위에 걸쳐서 직업재판관과 함께 의논과 판단을 하게 됩니다.

4. '거짓자백'과 사형

그것만이 아닙니다. 일본에는 사형제도가 있습니다. 사형 사건은 재판원 재판의 대상이 됩니다.

2009년 내각부가 실시한 여론조사에 의하면 '경우에 따라서는 사형도 부득이하다'고 생각하는 국민이 85.6%에 이르고 있습니다. 따라서 재판원이 되는 독자 여러분들 중에는 '경우에 따라서는 사형도 부득이하다'고 생각하는 쪽이 필연적으로 많을 것으로 예상됩니다. 그러나 당신이 재판원이 된 때에 사형제도는 그대로 당신에게 되돌아옵니다. 잘못된 판단에 의해 무고한 사람을 사형에 처하는 경우도 있을 수 있기 때문입니다.

형법학자 중에서 최고재판소 재판관이 된 단도 시게미쓰團藤重光 씨는 사형 사건 재판의 무거움에 관해 다음과 같이 회상하고 있습니다.

"…그것은 어느 시골마을에서 일어났던 독살사건이었습니다. 정황증거가 꽤 갖추어져서 적어도 합리적인 의심을 넘을 정도의 심증은 충분히 있었습니다. 그런데 피고인, 변호인의 주장에 의하면, 경찰은 수사단계에서 마을의 절반 정도를 조사한 후 수상한 인물 한 사람을 찾아내어 체포했습니다. 그것이 피고인이었습니다.… 피고인이 수사단계에서 자백했는지는 잊어버렸지만, 적어도 공판에 오면서부터 계속 부인하며 절대로 자신이 아니라고 주장했습니다", "저는 재판장은 아니었지만, 심각하게 고민했습니다. 그러나 사형제도가 있는 이상 아무래도 어쩔 수가 없었습니다", "마침내 선고일이 되어 재판장이 상고기각의 판결을 선고했습니다. 그런데 우리가 퇴정할 때 방청석에 있던 피고인의 가족처럼 보이는 사람들이 등 뒤에 대고 '살인자'라는 욕을 퍼부었습니다.… 이에 저는 마음을 후비는 듯한 통렬한 타격을 받았습니다. 그 목소리는 지금까지도 귓가에 새겨지듯 남아 있어서 잊을 수가 없습니다."[5]

단도 씨는 또한 오판과 사형의 관계에 관해 다음과 같이 말하고 있습니다.

"물론 사실인정이라는 점에서 재판관은 충분한 훈련을 받는 데다 경험을 쌓아갑니다. 그러나 인간인 이상 절대로 틀리지 않는다고 단정할 수는 없습니다. 게다가 재심에 의한 구제에도 한계가 있어서 결코 절대적인 것이라고는 말할 수 없습니다",[6] "'사형에서 오판이 있던 경우에는 돌이킬 수 없지 않은가'라는 것은 오래전에 이미 진부해진 논의입니다. 저는 물론 오래전부터 이 논의는 잘 알고 있었으니 머리로는 이해하고 있던 셈이었습니다. 그렇지만 머리로만 이해한 것이지, 정말로 자기 일처럼 여기고 마음으로 이해한 것은 아니었습니다. 최고재판소에서 자신이 사형 사건을 취급하는 입장이 되어 보니 사형 사건 사실인정의 무거움이라는 것을 싫을 정도로 절실히 맛보게 된 것이었습니다."[7]

멘다 사건

1948년 12월, 구마모토 현 히토요시人吉 시의 자택에서 일가족 4명이 손도끼와 같은 둔기로 마구 찔려 2명이 사망하고 2명이 중상을 입은 사건입니다. 사건으로부터 반 년 후 피의자로 멘다 사카에(免田榮, 당시 23세) 씨가 체포되어 강도살인 등의 죄로 기소되었습니다. 경찰은 잠시도 쉬지 않고 멘다 씨를 취조하여 '거짓자백'을 얻어냈습니다. 재판에서도 멘다 씨는 당초 범행을 인정했으나, 이후 부인하여 입장을 바꾸었습니다. 그러나 결국 재판관은 '거짓자백'을 꿰뚫어보지 못하고 사형판결을 내리고 말았습니다.

멘다 씨는 사형수로 재심(재판을 다시 열어 바로잡는 것)을 여러 번 신청했습니다. 당시는 재심이 '낙타가 바늘구멍을 통과할 정도로 어렵다'고 하던 시대였습니다. 그러나 1975년에 재심의 경우에도 유죄판결을 절대시하지 않고 '의심스러울 때에는 피고인의 이익으로'의 원칙에 따라야 한다는 결정(시라토리白鳥 결정)이 내려지면서 재심의 문이 조금씩 열리기 시작했습니다. 그러한 사법의 흐름에 좇아 1980년 12월 멘다 사건의 재심 개시 결정이 확정되었습니다. 그리고 1983년 7월 멘다 씨에게 무죄판결이 내려졌습니다. 일본의 형사재판사상 처음으로 사형수가 무죄가 된 사례였습니다.

시라토리 사건은 일본과 한국에서 재심을 설명할 때 반드시 인용되는 매우 중요한 사건입니다. 그리고 그 결정도 중요하지만 결정만큼 사건도 미스터리에 쌓여 있고 또 우여곡절이 많은 사건입니다. 일본의 유명 작가 마쓰모토 세이초松本淸張가 1960년 1년 동안 연재한 논픽션에서도 다루었을 정도이니까요. 한국에도 번역된 『일본의 검은 안개』라는 책에 자세한 사건 내용이 소개되어 있습니다. 다만 마쓰모토 세이초가 이 사건을 소개할 때에는 재심판결이 나오기 전이었으므로, 재심의 경과는 소개되어 있지 않습니다.

때는 1952년 1월 21일 오후 7시 반경, 장소는 홋카이도 삿포로 시내. 자전거 두 대가 시내를 달리고 있었습니다. 그런데 갑자기 총성이 들리더니 한 대는 눈 위에 쓰러지고, 한 대는 그대로 어둠 속으로 사라졌습니다. 경찰은 신고를 받고 즉시 출동했습니다. 경찰은 피해자인 남자를 보고 경악했습니다. 그 남자는 삿포로 시 중앙경찰서 경비과장 시라토리 가즈오白鳥一雄 경위였습니다. 시라토리 경위는 당시 36세, 좌익운동 탄압을 목적으로 하는 특별고등경찰 일을 해왔습니다. 1951년경 일본공산당이 군사투쟁 방침을 채택하고 준비하자, 시라토리 경비과장은 공산당원들을 잇따라 체포하고 수감하기 시작했습니다. 공산당과의 마찰이 심각했던 것입니다.

공산당과 경찰의 마찰. 이것이 이 사건을 규정하는 결정적인 요소가 되었습니다. 사건 이틀 뒤인 23일, 공산당원에 의해 '보라, 마침내 천벌이 내렸다'라는 제목의 전단이 시내에 뿌려졌습니다. 그런데 더욱 이상한 일이 벌어졌습니다. 일본공산당 홋카이도지방위원회 무라카미 유카리村上由 위원장은 사건 발생 이튿날인 22일, 공산당과 시라토리 사건은 무관하다는 성명을 발표했습니다. 그런데 같은 인물이 23일 다시 성명을 발표했는데, 그 내용은 전날의 성명을 부정하고 '시라토리 살해는 관헌의 탄압에 저항해서 일어난 애국자의 영웅적 행동에 의한 것이며, 개인적 테러가 아니다'라고 주장하는 것이었습니다. 즉, 공산당의 개입을 공개적으로 인정한 것입니다. 광범위한 수사를 거쳐 일본공산당 삿포로위원회 위원장을 비롯한 인물들이 검거되었습니다. 그런데 수사과정은 대부분 진술에 의한 것이었을 뿐 객관적인 증거가 부족했습니다. 공산당이 아닌 우익 폭력단 쪽 관련설도 유력했으나 수사과정에서 무시되었습니다. 우익 폭력단 쪽을 조사하려고 했던 검사는 좌천되었다고 합니다.

무라카미 유카리 위원장은 같은 해 10월 1일 체포되었는데, 접견금지 상태에서 별건체포가 반복되었고, 살인죄로 기소된 것은 3년이나 지난 1955년 8월 16일이었습니다. 실행범이 아니라 살인죄의 공모공동정범으로 기소되었습니다. 무라카미의 유죄를 증명하는 증인의 진술이 나왔지만 모두 체포 후 장기간 구금된 상태에서 나온 것이었고, 그 내용도 다른 사람으로부터 들었다는 식의 전문증거가 대부분이었습니다.

이것은 정치적인 사건이었지만, 핵심적인 물증은 탄환과 권총, 자전거입니다. 그런데 탄환이 문제였습니다. 권총은 발견되지 않았습니다. 범인이 타고 갔다는 자전거 역시 발견되지 않았습니다. 시라토리 살해를 위한 훈련 목적으로 사격훈련을 했다는 진술을 바탕으로 훈련용 탄환을 수색했고, 탄환을 두 개 발견했습니다. 이 탄환을 시라토리의 몸에서 나온 탄환과 비교했습니다. 도쿄 대학 이소베 다카시磯部孝 교수의 강선 감정 결과 동일한 탄환으로 판명되었습니다. 문제가 된 탄환이 다른 권총에서 발사되었을 가능성은 1조분의 1이라는 것이었습니다.

그런데 수색해서 발견한 훈련용 탄환 중 하나는 1년 7개월이 지난 후, 다른 하나는 2년 3개월이 지난 후 발견되었습니다. 하지만 두 탄환은 녹슬지도 않았고 심지어 도금의 광택까지 남아 있었습니다. 쉽게 믿기 힘든 정황이 있었던 것입니다. 탄환을 두고는 시라토리 살인을 위한 연습용이 아니라 일본냉온 창고에서 경찰이 시험사격한 탄환이라는 설도 있었습니다. 무라카미는 일관되게 범행을 부인했습니다.

1심은 1957년 5월 7일 무기징역을, 2심은 1960년 5월 31일 징역 20년을 선고했습니다. 최고재판소는 1963년 10월 17일 상고를 기각했습니다. 무라카미와 변호인단은 이에 굴하지 않고 1965년 10월 21일 재심을 청구했습니다. 새로운 증거로 제출한 것은 탄환에 대한 새로운 감정서였습니다. 이미 본 바와 같이 산 속에서 발견된 훈련용 탄환은 흙 속에 19개월, 27개월 동안 묻혀 있었습니다. 그런데 실제로 탄환을 흙 속에 19개월, 27개월 동안 묻어놓았다가 발굴해 보니 실험 탄환은 모두 부식되어 있었습니다. 그리고 탄환의 강선이 불일치했습니다. 새로 비교현미경으로 다수의 사진을 찍은 결과 3개 탄환의 강선이 불일치한다는 것이 밝혀졌습니다. 이러한 사실은 탄환이 위조증거라는 점을 보여주는 것이었습니다. 재심 사실조사에서는 10일간에 걸쳐 5명의 과학자들이 증언했습니다. 재심에서는 새로운 사실도 밝혀졌습니다. 발견된 훈련용 탄환에 대한 강선 조사는 애초에 검사가 경시청 과학수사연구소에 의뢰했는데 이때는 강선이 불일치한다는 회신이 있었습니다. 그러자 검사는 다시 이소베 교수에게 감정을 의뢰하여 강선이 일치한다는 감정 결과를 얻었던 것입니다. 그러나 그 자료가 된 비교현미경 사진은 감정인이 직접 촬영한 것이 아니라 당시 가나가와 현에 있었던 미군 극동범죄조사연구소의 기사가 촬영한 것이었습니다.

삿포로 고등재판소와 최고재판소는 탄환의 증거가치가 감소했다는 판단을 내렸지만, 그래도 재심신청은 인정하지 않았습니다. 재심신청은 1975년 5월 20일 최고재판소의 특별항고 기각으로 마무리되었습니다. 기각의 이유는 목격자들의 증언 등 다른 증거가 있었다는 것이었습니다. 그러나 목격자들의 증언은 왜곡될 수 있음에 비하여 감정 결과, 탄환의 증거가치는 과학적인 실험 결과이므로 객관적으로 감정만 한다면 믿을 만합니다. 그럼에도 고등재판소와 최고재판소는 불완전한 목격자들의 증언을 가지고 재심신청을 기각했습니다. 이 점에서 시라토리 판결은 많은 비판을 받고 있습니다.

당신이 재판원이 된 때에는 3명의 재판관, 다른 재판원과 함께 이와 같은 최종적인 판단을 내려야 할지 모릅니다. 재판원 제도에서 처음으로 사형 판결을 내렸던 재판원은 "매일이 힘들 정도로 지극히 마음이 무거웠다, 몇 번이나 눈물을 흘리고 말았다"고 말합니다. 확실히 머리로 아는 것과 실제로 체험하는 것에는 천양지차가 있습니다.

전 재판관 하라다 구니오 씨도 "사형 판결은 정말로 가혹한 것이다", "사형 판결은 아무리 정당한 이유가 있어도 그 자체로 살인인 것에는 틀림이 없다"고 합니다.[8] 엄숙하게 법에 따라 재판하는 것처럼 보이는 현장의 재판관도, 사형 판결의 경우에는 특히 골머리를 앓는 것입니다.

사형 사건에는 '거짓자백'이 없을까요. 확실히 사형당할 것이라는 점을 알고서 '거짓자백'을 하는 사람 따위는 없을 것처럼 생각됩니다.

그러나 일본에서는 사형판결을 선고받은 사람이 나중에 무죄가 된 사건이 네 건(2011년 기준) 있습니다. 그 모든 사건에 '거짓자백'이 있었습니다.

일단 사형이 확정되었으나 1983년 7월에 무죄가 확정된 멘다 사카에 씨는 경찰관에게 가혹한 고문을 당했습니다. 자백을 받아내기 위해서였습니다. "형사들은 마침내 사냥감을 붙잡았다는 듯이 의기양양하게 '순순히 자백하지 않으면 엽총 불법소지를 점령군에 대한 반역죄로 고소한다. 너뿐만 아니라 부모형제도 총살이다'라고 말했다.… 나아지던 병이 재발하고 열로 온몸이 떨렸다. 그 상태가 범행을 숨기고 있는 양심의 가책이라고 단정한 형사들은 강제, 강요, 유도질문, 폭력을 더욱 가했다", "매일 밤의 취조에 내가 지칠 대로 지친 것에 비해서 형사 쪽은 취조조, 휴식조, 취침조로 나누어 역할을 정해 내 자백조서를 멋대로 작성해버렸다."[9]

후쿠오카 사건

신헌법이 시행되고 얼마 되지 않은 1947년 5월. 현재의 후쿠오카 시 하카타博多 구의 가고시마 본선本線 근처에서 중국인과 일본인 상인 2명이 살해된 사건입니다. 강도살인사건의 피의자로 사건 당일 처음 만났던 니시 다케오(西武雄. 당시 32세) 씨와 이시이 겐지로(石井健治郎. 당시 30세) 씨 등 모두 7명이 체포, 기소되었습니다. 두 사람은 강도살인을 저지르지 않았다고 주장했으나. 공범으로 된 사람의 '거짓자백'에 의해 두 사람에게 사형판결이 내려지고 말았습니다. 당시 재판은 전승국 측인 중국인들이 몰려와 이상한 분위기 속에서 열렸다고 합니다.

1969년 7월에 당시의 사이고西郷 법무대신이 후쿠오카 사건을 포함한 점령 시절의 사건에 관해 특사를 적극적으로 운용해서 구제를 도모할 것이라고 천명하여 두 사람은 특사를 신청했습니다. 그러나 1975년 6월. 무고함을 호소하던 니시 씨는 특사를 받지 못하고 사형이 집행되었습니다. 반면. 이시이 씨는 특사를 받아 무기징역으로 감형되었고, 1989년에는 가석방이 인정되었습니다. 같은 사건의 사형수였던 두 사람의 명암이 뚜렷이 갈라진 것입니다.

사건 관계자들은 지금은 모두 고인이 되었지만. 원죄로 인한 사형을 만들지 않는 사회를 만들기 위해 후쿠오카 사건 재판을 재검토해야 한다는 주장이 제기되고 있습니다.

이 네 사건 외에도 '거짓자백'에 의해 사형을 선고받았다고 주장하며 재판의 재개를 신청한 사람도 있습니다.

또한 '거짓자백'에 의해 사형이 집행되었음에도 불구하고 그것이 오판이라며 판결의 재검토를 구하고 있는 사건도 있습니다. 예를 들면 후쿠오카 사건에서는 공범의 '거짓자백'으로 사형판결을 선고받아 사형이 집행되었습니다.

시민이 형사재판에 관여하는 제도는 일본에만 있는 게 아닙니다. 이미 소개한 미국의 배심 제도나 프랑스·이탈리아·독일 각국의 참심 제도가 그것입니다.[10] 그러나 미국에서는 배심원의 전원일치(대부분의 주) 혹은 배심원의 동의(양형배심)가 없으면 사형이 선고되지 않도록 되어 있습니다. 나아가 배심의 공정한 판단을 보장하기 위한 여러 가지 시스템이 있습니다.[11] 프랑스·이탈리아·독일에서는 애초에 사형제도 자체가 폐지되고 없습니다.

일본의 재판원에 의한 사형제도에는, 사형제도에 상응하는 아무런 절차적 보장도 없이 다른 유죄판결과 마찬가지로 다수결로 사형 여부를 판단하게 되어 있습니다.[12]

김인회의 한국 이야기 23

한국 역시 제도적으로 사형이 폐지되지는 않았습니다. 그러나 한국은 1998년, 김대중 대통령의 집권 이후 사형을 집행하지 않고 있습니다. 벌써 17년이 넘어 사실상 사형이 폐지된 국가로 분류되고 있습니다. 잔혹범죄, 강력범죄가 발생할 때마다 사형을 집행해야 한다는 목소리가 높아지기도 합니다. 하지만 위에서 살펴본 대로 전체 치안 상태는 악화되지 않았고 사형이나 무기징역형을 선고받는 사람들의 숫자 역시 줄어들고 있기 때문에 형사정책적으로 사형 집행을 부활할 필요는 없다고 생각됩니다. 앞으로 어떤 대통령이나 법무부장관도 사형이 폐지된 국가를 다시 사형제 국가로 만드는 국제적인 불명예를 쓰지 않기를 바랍니다.

5. 자, 형사재판으로

재판원이 된 당신은 어떤 기분으로 임하겠습니까? '전부터 꼭 한번 해보고 싶었다'는 사람, '국민의 의무다'라는 사람, '하고 싶지 않았지만 선출되었다'는 사람, 다양한 생각이나 감정이 있을 것입니다. 그러나 어떤 이유라 해도 몸과 마음을 다해야만 합니다. 피고인의 목숨과 인생이 걸려 있기 때문입니다.

재판원으로 선출된 당신은 "법령에 좇아 공평성실하게 그 직무를 수행할 것을 맹세하는 취지의 선서"(재판원법 제39조 제2항)를 해야 합니다.

이 '법령' 중에는 이 책에서 소개한 헌법 외에도 여러 가지 법률이 포함됩니다. 특히 중요한 것은 헌법입니다. 헌법은 전쟁 전의 '인권유린문제'의 반성에 입각하여 '자백'의 평가에 특별한 조치를 취했기 때문입니다.

여기까지 이 책을 읽은 당신은 헌법의 이념과 실무는 다르다는 사실을 이미 알고 있을 것입니다.

당신은 피고인이나 증인에게 자유롭게 질문할 수 있습니다. 주저하지 말고 자신이 필요하다고 생각되는 점은 따져 묻고, 옳다고 생각되는 점은 말해야 합니다. 평의할 때에는 의견이 다른 재판관이나 재판원을 설득할 필요가 있습니다. 재판장이나 재판관에게 주눅 들어서는 안 됩니다. 당신과 재판관, 다른 재판원은 입장과 관계없이 의견을 달리하는 대등한 관계인 것입니다. 당신은 독립해서 '자유롭게 판단'하고, 그것을 진지하게 주고받아야 합니다.

여기까지 살펴본 것처럼 재판관의 판단은, 문자 그대로 개개 재판관의 '자유심증'에 매몰되어 있었습니다. 그것이 많은 원죄를 일으켜왔다는 점은 이미 언급했습니다. 그러므로 당신은 직업재판관의 감각이 당신의 감각과 동떨어져 있다고 느낄 경우에는, 재판관에게 그 차이를 전달해야 합니다. 재판원 제도는 '국민의 건전한 감각'을 도입할 것을 요구하고 있기 때문입니다. 이러한 점은 자백을 평가할 때 더 필요합니다.

6. 자백에 임의성이 있는가

재판원은 자백의 임의성에 대해 판단해야만 합니다. 당신이 재판하는 피고인의 자백에 임의성이 있을까요?

자신의 입으로 자백한 그 시점의 현상만을 포착하면, '임의'라고 말할 수 있을지도 모르겠습니다.

수사를 담당한 취조관은 취조할 때에 '법을 준수했다'고 증언할 것입니다. 다년간 실무에 익숙하고 친숙해진 재판관은 그 자백을 임의라고 판단할지도 모릅니다. 그렇지만 당신은 취조관이 법정에서 '위법한 취조를 했다'고 증언하는 경우는 거의 있을 수 없다고 생각할 것입니다. 여기에서도 '국민의 건전한 상식'이 요구되고 있습니다.

당신이 생각한 대로 취조관은 100명을 조사해도 1,000명을 조사해도, 전부 '법을 준수했다'고 증언할 것입니다. 이 책에서 검토한 네 사건뿐만 아니라 모든 원죄 사건에서 취조관은 '법을 준수했다'고 증언했습니다. 그렇다면 취조관이 '법을 준수했다'는 증언에 더 이상 무게를 둘 수는 없습니다. 오히려 아무 의미 없는 증언이라고까지 말할 수 있을 것입니다.

일본의 취조는 피의자를 장기간 구속한 가운데 이루어집니다. 피의자는 아침부터 저녁까지 장기간 취조를 받습니다. 신병이 구속된 사람은 수사관의 취조를 거부할 수 없다는 '취조수인의무'가 부과되는 것이 실무의 나쁜 관행입니다. 변호인의 입회도 인정되지 않습니다. 그와 같은 상황하에서 얻어진 자백이 과연 '임의'라고 말할 수 있을까요. '임의'라는 것을 취조관 이외의 누가 어떻게 보장하고 있을까요? 그 확실한 증거는 어디에서 발견할 수 있을까요?

언뜻 보면 어떤 심리적 강제도 없는 것처럼 보이는 법정의 자백에도 주의가 필요합니다. 무엇보다도 이미 몇 개월이나 계속 신병이 구속되어 있습니다. 그동안 줄곧 비일상적인 상황 속에서 죄를 계속 추궁당해왔습니다. 실제로 아시카가 사건의 S씨는 "자백을 뒤엎으면 변호인에게 야단맞을지도 모른다는 불안이 있었다", "방청석에 나를 취조했던 형사가 있다고 생각했다"고 진술하며, 법정에서도 '거짓자백'을 유지했습니다. 피고인에게 지워진 무거움, 즉 피의자라는 옷을 입고 더듬어 가야 할 길이 얼마나 길고 험한 것이었는지를 생각해야만 합니다.

재판원이 된 당신 앞에 자백의 임의성을 의심하게 하는 증거가 없을지도 모릅니다. 변호인 측이 임의성을 의심하게 하는 증거를 손에 넣는 것은 어렵기 때문입니다. 당신은 피고인의 마음속을 들여다볼 수도 없습니다. 밀실인 취조실에서 일어난 일은 피고인과 취조관밖에 모릅니다. 그러나 증거가 없다는 것이 그대로 자백이 임의라는 결론으로 되지는 않습니다.

가령 취조실의 영상이 증거로 제출되는 경우에도 곧바로 임의라고 단정하는 것은 위험합니다. 영상으로 찍히지 않은 부분에서 무슨 일이 있었는지가 훨씬 중요하기 때문입니다. 또한 영상만으로는 피의자의 마음속을 볼 수 없습니다.

이와 같이 현재의 밀실취조를 전제로 하는 한, 자백의 임의성에 대한 판단은 잘못될 위험성이 늘 따르는 것입니다.

7. 자백에 신용성이 있는가

자백의 임의성이 인정되면, 다음은 '자백을 믿을 수 있는가'라는 자백의 신용성 판단으로 옮겨갑니다.

자백이 임의로 행해진다면 자백을 믿을 수 있다고 결정합니다. 그런데 단순히 그렇게 단정해도 좋을까요? 이 책이 검토한 네 사건의 자백도 전부 임의라고 판단했으나 모두가 '거짓자백'이었습니다.

수사단계에서 얻은 자백조서가 법정에서 낭독될지도 모릅니다. 그러나 그 자백조서는 검찰관이나 경찰관이 만든 '작문조서'입니다. 그것도 교묘하게 작성된 조서입니다.

또한 재판원이 된 당신에게는 그 작문조서를 더욱 요약한 '통합수사보고서'가 배포될지도 모릅니다. 그러한 '작문조서'나 '요약조서'로 자백의 신용성을 판단할 수 있을까요.

재판장이나 재판관이 자백을 판단할 때의 체크포인트를 가르쳐줄지도 모릅니다. 이 책에서 검토한 자백의 변화, 비밀의 폭로, 객관적 사실과 부합하는 정도, 객관적 뒷받침의 결여 등이 그것입니다.

그러나 제3장에서 살펴본 것처럼 그러한 체크포인트를 제시하는 재판관 자신이 거짓자백을 꿰뚫어볼 수 없었던 것에 주의해야 합니다. 재판관이 말하는 체크포인트는 자백 평가의 '설명의 도구'이긴 하지만, 거짓자백을 꿰뚫어보는 '기준'은 아니었습니다. 제2장에서 제시한 것처럼 거짓자백은 수사본부가 수집한 증거와 검찰청이 상정한 사실에 근거하여 작성된 것입니다. 그것들이 눈앞에 보이는 객관적 증거나 사실과 부합하는 것은 당연한 것입니다.

눈앞의 피고인이 법정에서 눈물을 흘리면서 사죄할지도 모릅니다. "…제가 했습니다. 죄송합니다.…" 그 자백은 '진짜'일까요?

도야마히미 사건에서는 법정에서 사죄했음에도 불구하고 그 자백은 '거짓'이었습니다. 무고한 J씨는 유죄를 선고받고 장기간 형무소에 수용되었습니다.

지금 빼앗긴 인생을 회복하는 중이며, 고통스러운 시련 속에 있습니다.

눈앞의 피고인이 법정에서 범행을 재현할지도 모릅니다. 손짓, 몸짓으로 생생하게 범행의 모습을 재현할지도 모릅니다. 그 자백은 '진짜'일까요?

아시카가 사건에서는 S씨가 법정에서 범행을 재현했음에도 불구하고 S씨의 자백은 새빨간 '거짓'이었습니다. 수사관에 조종당하는 인형의 거동을, 그는 절망적인 슬픔 속에서 연기한 것입니다.

눈앞의 피고인이 법정에서 갑자기 자백을 철회할지도 모릅니다. "전 하지 않았습니다"라고. 그 부인은 '거짓'일까요?

아시카가 사건에서는 '나는 하지 않았다'는, 재판관이 '거짓'이라고 단정한 피고인의 호소야말로 용기가 인도한 '진짜'였습니다.

재판원이 보는 '서증'

이제까지의 일본의 형사재판은 '정밀사법'으로 불렸습니다. 진술조서, 감정서, 수사보고서, 실황조사조서라는 서증(종이에 쓰인 증거)을 산더미처럼 쌓아놓고 이 서류들을 법률전문가인 직업재판관이 구석구석 꼼꼼하게 읽고 판결을 쓰는 스타일입니다.

그런데 재판원 제도의 도입으로 이것이 완전히 변했습니다. 단기집중심리의 법정에서 재판원이 두터운 기록을 읽는 것은 불가능합니다. 의사가 쓴 감정서 등 애당초 '읽기'조차 어려운 서면도 있습니다.

그래서 재판원 재판에서는 검찰관이 몇 통이나 있는 진술조서를 요약해서 불과 몇 쪽짜리 서면으로 정리한 '통합수사보고서'를 증거로 제출합니다. 또한 컴퓨터그래픽이나 인체모형도를 사용해서 상처의 위치나 모양, 깊이 등을 모니터 화면에 비추면서 발표하기도 합니다. 일반 시민인 재판원도 잘 알 수 있도록 하는 고안된 것입니다. 이들 '알기 쉬운' 증거는 공판전 정리절차에서 변호인도 동의한 후에 검찰관이 작성한 것이지만, 원래 그대로의 살아 있는 증거에 손을 댄 '가공품'

임은 분명합니다.

　만일 도야마히미 사건과 같이 피고인이 법정에서도 '거짓자백'을 유지한 사건에서 변호인도 '거짓자백'을 눈치채지 못한다면, '거짓자백'을 간단히 정리한 매우 얄팍한 '통합수사보고서'만 법정에 제출될 것입니다. 거기에 쓰인 내용만으로는 그것이 '거짓자백'이라는 걸 꿰뚫어볼 수 없습니다.

　알기 쉬운 재판을 위한 '가공품'인 증거는, 원죄를 발견하기 어렵게 할 위험이 있습니다. 그런 의미에서도 재판원 재판의 실태를 재검토해야 하지 않을까요?

8. 의심스러울 때에는 피고인의 이익으로

재판의 마지막에 검찰관은 어떤 형에 처할지에 관해 의견을 진술합니다. 당신은 비로소 부과되는 형벌의 무거움을 알게 됩니다.

피해자나 그 유가족이 생생한, 때로는 격정적인 의견을 진술하는 경우도 있습니다.

그렇지만 검찰관이나 피해자나 유가족의 주장은 피고인이 '범인'임을 전제로 한 발언임에 주의해야 합니다. 말할 것도 없이 피고인은 진정한 '범인'이라고는 단정할 수 없습니다. '범인'인지는 피해가 얼마나 심각한지 그리고 범행이 얼마나 잔인한지와는 다른 별개의 증거에 의해 인정해야 합니다.

눈앞의 피고인의 모습은 어떻습니까? 죄를 인정하고 있음에도 불구하고 '반성의 태도가 부족하다'고 느껴질지도 모릅니다. 객관적 증거가 갖추어진 것처럼 보이는데도 범행을 부인하고 '뻔뻔한 태도를 취하고 있다'고 당신의 눈에 비칠지도 모릅니다.

그러나 법정에서 한 자백이라 해도 거짓자백일지도 모릅니다. '반성 없음'은 누명을 벗을 수 없다는 절망에 기세가 꺾인 피고인의 '포기'의 표정일지도 모릅니다. 그리고 '뻔뻔한 태도'는 피고인의 의연한 '결백의 호소'일지도 모릅니다. 재판원이 된 당신은 끝내는 본인 자신이 유죄인지 무죄인지를 결정해야만 합니다. 평의에서 유죄인지 무죄인지에 관한 의견을 요구받기 때문입니다. 양형에 관해서도 의견을 요구받습니다. '진범을 놓치는 것'을 우려하기보다 '무고한 자를 처벌해서는 안 되는 것'이라는 선택에 대해 철저히 고민해야만 합니다.

여기까지 살펴본 것처럼 지금의 재판실무가 권장하는 판단방법에는 자백의 거짓을 꿰뚫어보는 결정적인 방법이 없습니다. 자백에서 거짓을 어렵게 찾아낸 진술심리학의 방법조차 단순한 '참고의견'에 지나지 않는다는 것이 재판실무의 지배적인 사고방식입니다.

당신이 재판원이 되었을 때에 이 책을 읽으면서 '거짓자백'을 발견하려면 어떻게 하면 좋을지 생각해보십시오. 동시에 지금의 형사재판에 관한 법제도와 실무가 정말로 이대로 두어도 좋을지 생각해보십시오.

1) 재판원 제도 홍보용 팸플릿『裁判員制度ナビゲーション(改訂版)』, 2010, 14쪽 이하(이하 '팸플릿'이라고 부릅니다). 이 팸플릿은 재판원 제도 홈페이지 또는 전국의 지방재판소에서 무료로 배포하고 있습니다.

2) 위의 팸플릿, 15쪽.

3) 上野勝·山田悦子(編),『甲山事件 えん罪のつくられ方』, 現代人文社, 2008, 150~151쪽.

4) 상세하게는 설원 프로젝트의 홈페이지(http://www.setuen-project.com/)를 참조하기 바랍니다. 일본 전국의 원죄 사건이 망라되어 있고, 수시로 갱신됩니다.

5) 團藤重光,『死刑廃止論第6版』, 有斐閣, 2000, 8~9쪽.

6) 위의 책, 8쪽.

7) 위의 책, 12쪽.

8)『毎日新聞』2010년 11월 26일자 11면.

9) 免田栄,『免田栄獄中ノート—私の見送った死刑囚たち』, インパクト出版会, 2004, 43쪽.

10) 앞의 팸플릿, 86쪽.

11) 岩田太,『陪審と死刑—アメリカ陪審制度の現代的役割』, 信山社, 2009, 243쪽 이하. 그렇지만 미국에는 사형을 폐지한 주도 있습니다(2011년 3월 9일에는 일리노이 주도 사형을 폐지했습니다). 또한 마찬가지로 배심제를 채택하고 있는 영국도 사형을 폐지했습니다.

12) 다만 다수결의 평결에는 적어도 재판관 1인의 찬성이 필요합니다.

제5장

원죄를 줄이기 위하여
─제도개혁을 위한 제언

이 장에서는 원죄를 줄이기 위한 방안에 관해 살펴봅니다. 이제까지 이 책에서는 형사재판의 시스템의 오류를 지적해왔습니다. 이제부터 우리는 제도개혁에 관해 어떤 관점에서 보아야 할지, 어떤 개혁이 유효한 것일지를 생각합니다.

덧붙여 이 연구는 「원죄 방지를 위해서─형사사법 제도개혁의 제언」이라는 보고서에서 상세히 정리했습니다. 그것을 '설원 프로젝트'의 사이트에 올려두었습니다. 살펴봐주시기 바랍니다.

1. 형사재판을 우리 자신의 것으로

많은 사람들이 형사재판과 얽힐 일은 없다고 생각하고 있을 것입니다.

검찰청의 범죄처리 건수는 연간 220만 건 정도. 따라서 50년 동안 검찰청에 의해 기소·불기소가 판단된 건수는 약 1억 2,000만 건. 총인구와 거의 같은 건수입니다. 기소되어 형사재판에 이른 건수는 평균 연간 약 80만 건. 그중에 약식재판을 제외한 정식재판의 건수는 15만 건 정도. 정식재판에 한정해도 50년간 750만 건이 됩니다. 이것은 총인구의 약 15분의 1, 대부분의 사람은 평생 동안 자신 혹은 친족이나 지인 등 가까운 사람이 피고인으로 형사재판과 얽히는 경험을 하게 됩니다.

제1장은 '내'가 피고인이 되는 이야기입니다. 이 이야기를 읽은 당신은 조금 피고인이라는 처지에 가까워질 수 있었을 것입니다. 당신 자신, 당신의 가족, 당신의 연인, 당신의 친구가 짓지도 않은 범죄로 피고인이 되는, 그런 날이 올지도 모릅니다. 그렇게 느끼지 않으셨습니까?

형사재판은 사회에 없어서는 안 되는 제도입니다. 수사관, 검찰관, 변호인, 재판관 등은 소위 법률과 제도의 수족으로서 각각의 임무를 담당하고 있습니다. 그것을 형사법이나 형사소송법 등 관련된 법률과 제도가 제어하고 있습니다. 이들 법률과 제도는 결국 우리가 만들고 우리가 운영하는 것입니다. 형사재판을 수사관, 검찰관, 변호인, 재판관에게만 맡기면 된다고 해서는 안 됩니다.

사형제도는 검찰관, 법무대신, 재판관, 나아가 사형집행인이 운영하는 것이 아닙니다. 우리가 만든 법률과 제도에 근거하여, 소위 그 수족으로서 검찰관은 사형을 구형하고, 재판관은 사형 판결을 내리고, 법무대신은 사형 집행을 명령합니다. 이와 같이 우리는, 우리를 위해서, 우리의 책임으로 형사재판을 만들어 운영하고 있습니다.

우리는 형벌을 부과받는 입장에 있는 동시에 형벌을 부과하는 입장에 있습니다. 원죄로 굴러 떨어지는 입장인 동시에 원죄로 밀어 떨어뜨리는 입장이기도 합니다.

여러분과 함께 이와 같은 관점에서 이제부터 형사재판의 바람직한 모습을 생각해보려고 합니다.

2. 우리의 제언

(1) 법정에서는 수사의 모든 것이 드러나게

원죄를 벗겨내는 데에는 몇십 년의 긴 세월과 기적 같은 우연이 필요합니다. 지금의 형사재판에서는 수사단계에서 수집된 증거나 수사의 과정은 원칙적으로 드러나지 않습니다. 거기에 원죄를 만드는 원인, 원죄를 벗겨내기 곤란한 원인이 있습니다. 이 책에서 살펴본 사건 외에도 재심무죄 사건은 많습니다. 재판에서 일단 유죄를 선고받고 형에 처해진 뒤에 무죄가 된 경우입니다. 이 사건들에서 무죄의 결정적인 근거가 된 '새로운 증거'의 대부분은 수사단계에서 이미 수집되었던 증거이거나 혹은 수사과정에서 이미 일어났던 사정이었습니다. 몇십 년에 걸쳐 계속 무고함을 호소하고 운이 좋아서 이 '새로운 증거'들을 발견할 수 있었습니다. 원죄를 벗겨낼 수 있었던 사건은 이처럼 희귀한 경우입니다. 수사단계에서 수집한 모든 증거를, 수사의 모든 과정을, 재판의 초기 단계에서 개시開示했다면 애초에 유죄를 선고하지 않았을 것입니다.

아무리 유능한 재판관이라 해도 유죄를 의심할 수 있는 증거나 사정이 제시되지 않으면 무고한 사람을 처형할 위험이 있습니다. 수사단계에서 수집한 모든 증거를 개시하지 않으면, 마땅히 무죄로 해야 할 증거가 은폐될지도 모릅니다. 수사의 전 과정을 드러내지 않으면, 수사과정에서 얻어진 증거를 유죄의 증거로 평가해도 좋을지 알 수 없을 것입니다.

수사단계에서 수집된 증거와 절차를 법정에서 개시하면 안 되는 이유를 다양하게 주장합니다. 그러나 원래 수사에서 수집된 모든 증거는, 재판에서 정의를 실현하기 위한 것입니다. 재판에서 정의를 짓밟아도 될 이유가 될 수 없습니다.

그렇다면 검찰관에게 '유죄로 하기에는 의심스러운 증거'를 개시하도록 지시하면 될까요? '유죄로 하기에는 의심스러운 증거'가 없다고 믿기 때문에 검찰관은 기소하는 것입니다. '유죄로 하기에는 의심스러운 증거'는 검찰관에게 유죄로 하기에 지장 없는 증거여서, 개시의 대상이 되지 않습니다.

또한 검찰관이 보는 것은 경찰이 송치한 증거입니다. 수사본부에 피의자의 현장지문·모발·발자국이 없다면, 현장지문·모발·발자국을 수집한 기록은 의미 없는 증거입니다. 또한 피의자의 부인조서는 거짓진술이라고 평가합니다. 경찰은 이와 같은 증거를 송치하지 않습니다. 그래서 검찰관이 현장지문, 모발, 발자국 등의 수사보고서, 피의자의 부인조서 등을 보지 못하는 경우도 있습니다.

현장에 피의자·피고인의 지문, 모발, 발자국이 존재하지 않는 것이야말로 '유죄로 하기에는 의심스러운 증거'입니다. 현장에는 진범의 지문, 모발, 발자국이 있을지도 모릅니다. 부인조서에는 알리바이나 사건의 배경, 진행 경과의 차이를 뚜렷하게 드러내는 정보가 숨겨져 있습니다.

검찰관이 수사과정을 적정하게 감시하면 충분할까요? 수사의 대부분은 경찰이 합니다. 조직적이고 기능적으로, 그리고 신속하게 진행됩니다. 그래서 이를 검찰이 감시함으로써 충분히 억제할 수 있다고는 할 수 없습니다. 시간이 지나야만 평가할 수 있는 수사과정도 많이 있습니다.

원죄 사건에서는 검찰관, 재판소, 변호인 모두가 수사단계부터 존재한 무고함을 가리키는 증거를 볼 수 없었습니다. 유죄증거로 평가할 수 없는 수사과정이 있었다는 것도 알 수 없었습니다.

처음부터 피고인·변호인 측의 증거수집능력에는 큰 한계가 있습니다. 수사기관이 수집한 증거나 수사과정에서 무고함의 증거를 찾아낼 권한이 부여되지 않으면, 우연에 의지할 정도로 무력합니다. 수사본부가 수집한 전 증거를 개시하고, 수사절차의 전 과정을 드러내지 않으면, 형사재판에서 피의자·변호인은 대등하고 적정한 소송활동을 할 수 없습니다.

그러므로 형사재판의 장에서는 어떤 수사를 하고, 어떻게 취조하고, 어떤 과정을 거쳐 어떤 증거를 채취했는지, 어떻게 부인하고 자백했는지, 또한 목격증언이 있다면 어떻게 증언을 얻었는지, 목격자는 어떻게 증언에 이르렀는지 등 수사의 전 증거와 전 과정을 상세히 해명할 수 있는 제도적인 보장이 필요합니다. 법정에서 수사의 전 증거와 전 과정이 개시되지 않는 경우에는, 거기에서 유래한 증거를 유죄의 증거로 이용하는 것을 제한해야만 합니다.

○제언 1

> a. 수사단계에서 수집한 모든 증거와 수사의 전 과정을 개시하는 제도를 보장할 것
> b. 수사과정 전부가 개시되지 않는 경우에는, 그 수사과정에서 취득한 증거를 유죄 인정에 이용할 수 없도록 하는 제도를 만들 것

김인회의 한국 이야기 24

한국은 2007년부터 검사 또는 피고인이 보유하고 있는 증거를 상대방에게 열람, 등사하게 하는 증거개시 제도를 도입했습니다. 증거개시의 본래 취지는 검사가 보유하고 있는 증거를 피고인에게 제공하는 데에 있습니다. 수사기관은 증거를 수집할 권한을 갖고 있을 뿐 아니라 피고인의 유죄를 합리적 의심이 없을 정도로 증명할 책임이 있기 때문에 당연히 수많은 증거를 가지고 있습니다. 이에 비하여 피고인은 원칙적으로 수사기관의 증거와 입증에 합리적 의문만 제기하면 충분한 방어활동이 됩니다. 그리고 피고인에게는 진술거부권과 무죄 추정의 권리가 인정됩니다. 따라서 피고인에게는 증거개시의 의무를 부담지우지 않을 수도 있습니다. 하지만 피고인이 심신상실이나 현장 부재와 같이 본인이 적극적으로 입증해야 하는 주장을 하는 경우에는 피고인에게 증거가 있을 수 있기 때문에 피고인에게도 증거개시의 의무를 지우고 있습니다.

피고인이나 변호인은 검사에 대하여 증거개시를 신청할 수 있습니다. 만일 검사가 증거개시를 거부하거나 제한하는 경우에는 법원에 증거개시 허용을 신청할 수 있습니다. 검사가 피고인에게 증거개시를 요구하는 경우도 같습니다. 법원의

> 증거개시결정은 검사가 무조건 따라야 합니다. 그리고 피고인이나 변호인에게 제공하지 않은 증거는 재판에서 증거로 제출할 수 없는 것이 원칙입니다.

(2) 자백을 강제하지 않도록 하기 위하여

수집할 수 있는 객관적인 증거에는 한계가 있습니다. 범죄를 저지른 본인의 기억이나 진술에 의해서만 핵심적인 증거를 발견할 수밖에 없는 경우도 있을 것입니다. 범인밖에 알 수 없는 정보에 의해서 얻은 객관적 증거가 가장 질이 좋은 유죄증거라고 합니다. 이 자백진술을 '비밀의 폭로'라고 말했습니다. 따라서 범죄를 저질렀다고 의심되는 사람에게 그 죄를 캐묻는 것은 필요합니다. 그렇지만, 그렇다고 해서 자백 추궁을 수사본부에 맡겨서는 원죄를 만들어버립니다.

지금의 재판제도는 쉽게 자백을 증거로 채택하고, 유죄의 결정적인 근거로 할 수 있게 되어 있습니다. 이와 같은 재판제도에서는 수사는 자백을 증거로 만들어내는 것에 역점을 두고 또 편향되어갑니다.

국제연합에서도 이를 문제시하고 있습니다. 국제연합은 세계의 인권상황 감시활동을 하고 있습니다. 국제연합 인권규약조항의 준수를 추구하는 규약인권위원회는 주요 감시기관의 하나입니다. 이 규약인권위원회는 2008년 국제연합인권규약의 이행상황에 관한 일본 정부의 보고서에 대한 「최종견해」에서 일본의 대용감옥에서 벌어지는 취조와 자백을 주요 증거로 채택하는 재판실무를 비판하고 근본적인 개혁을 권고했습니다.

그러나 일본 정부는 근본적인 개혁은커녕 과도기적인 개선조차 하지 않았습니다.

일본의 수사실무에서는 피의자를 경찰유치장(대용감옥)에 유치시킨 다음 장기간에 걸쳐 연일 취조하는 것이 허용됩니다. 구 형사소송법(다이쇼형사소송법)의 시대부터 경찰유치장의 위법한 취조에 의해 수없이 많은 원죄가 만들어졌습니다. 이 고통스러운 역사적 사실에서 배울 필요가 있습니다. 이 책에서 검증한 '거짓자백'은 전부 이 경찰유치장에서 생겨난 것입니다.

지금도 취조현장에서는 피의자·피고인을 장기간에 걸쳐 강제로 대용감옥에서 신병을 구속하고, 장시간의 취조를 받을 의무가 있다고 하면서도, 변호인의 입회권조차 인정되지 않고 있습니다. 변호인뿐만 아니라 검찰관도, 재판관도, 거기에서 무슨 일이 벌어지고 있는지 알 수 없는 밀실 취조가 허용되고 있습니다. 나아가 재판에서도 그 과정을 밝히지 않아도 좋다는 것이 관례가 되어 있습니다.

국제연합은 이와 같은 밀실취조로 얻은 자백조서를 유죄 인정의 결정적인 근거로 하는 형사재판의 현 실태도 비판했습니다. 2007년 국제연합 고문금지조약의 이행상황을 감시하는 고문금지위원회는, 국제연합 고문금지조약에 근거하여 제출된 일본 정부의 보고서에 대해 「일본에 대한 국제연합 고문금지위원회의 결론 및 권고」를 결정했습니다. 그 권고에서 국제연합은 자백을 얻기 위해 밀실에서 취조하고 자백조서에 의존하여 내리는 유죄판결의 실태는, 피의자·피고인의 방어권을 현저히 침해하고 고문금지조약에서 정한 금지조항에 해당할 우려가 있다는 이유로 그 개혁을 요구했습니다.

밀실취조와 조서재판은 표리일체입니다. 조서재판은 밀실수사·취조에 의해 얻어진 자백이나 목격조서 등에 의존합니다. 수사관은 바로 조서재판이기 때문에 밀실수사·취조를 합니다. 이와 같은 밀실수사·취조와 이에 의존하는 조서재판이 이제까지 원죄를 계속 만들어왔습니다.

취조의 녹화는 밀실수사를 무너뜨릴 수 있는 가시화를 위한 하나의 수단입니다. 녹화뿐만 아니라 장기간의 신병구속과 장시간 이어지는 취조도 엄격히 제한할 필요가 있습니다. 나아가 변호인의 입회권이 보장되지 않은 상태에서는 취조의 위법을 억제할 수 없습니다. 연일 이어지는 장시간 밀실취조라는 현 실태를 전제로 하면, 녹화만으로는 가시화의 의미가 약화됩니다.

이것들을 포괄적으로 일괄하여 개혁할 필요가 있습니다.

여러 외국에서의 취조의 가시화와 변호인입회권

만일 이 책에서 다룬 네 원죄 사건에서 취조의 전 과정이 녹음·녹화되어 그 모습이 법정에서 드러났다면, 재판관은 '거짓자백'을 발견할 수 있었을지도 모릅니다. '전락자백'의 메커니즘을 심리학의 지식으로 더 깊이 분석할 수도 있었을 것입니다. 아예 처음부터 녹음·녹화라는 견제장치가 있었다면, 취조관에 의한 가혹한 추궁이 억제되어 많은 사건에서 무고한 사람이 '거짓자백'으로 전락하는 것 자체를 방지할 수 있었을 것입니다.

해외로 눈을 돌리면, 한마디로 '취조의 가시화'라고는 하지만 그 실정은 실로 제각각입니다. 이를 ① 어떤 사건을 녹화의 대상으로 하는가, ② 취조의 어느 부분을 녹화의 대상으로 하는가라는 두 가지 측면에서 볼 때, 양 측면에서 가장 가시화가 많이 진행되고 있는 곳은 영국과 뉴질랜드입니다(일본변호사연합회 편집협력, 이부스키 마코토指宿信 엮음, 『취조의 가시화로』, 日本評論社, 2011). 법률로 전면녹화가 의무화되어 있습니다. 가시화 선진국이라는 이미지의 미국 여러 주는, 사실은 중대사건에 한정해서 녹화를 하므로 ①의 측면에서의 가시화는 불충분합니다.

이웃 한국에서도 피의자 취조의 녹화와 그 절차가 법률로 정해져 있습니다. 각 검찰청 내에 전부 650개의 전자취조실이 설치되어 녹화 데이터는 대검찰청 서버에도 보존됩니다. 그런데 한국의 가시화의 배경에는 특이한 사정이 있었습니다. 일본과 같은 조서재판에 의한 폐해가 심각했던 한국에서, 판례에 의해 전문법칙이 철저해지고 검면조서(검사가 작성한 피의자신문조서)를 증거로 하는 것이 사실상 부정되었습니다. 이를 보완하기 위해 취조녹화의 필요성을 주장한 것이 다름 아닌 검찰청이었습니다.

이들 여러 외국의 실정을 배우면서 일본의 가시화를 지향하며 실현해나갈 필요가 있지만, 한 가지 중요한 점을 잊으면 안 됩니다. 고독한 피의자가 '거짓자백'으로 전락하는 것을 막기 위해 무엇보다 필요한 것은 변호인의 조력입니다. 일본에서는 변호인의 취조입회권이 제도상 전혀 보장되고 있지 않은데도 이 문제는 그다지 주목받고 있지 못합니다. 그러나 위법부당한 취조로부터 피의자를 지키는 제도를 여러 외국에서 배울 때, 구미는 물론 한국, 대만, 홍콩, 몽골에서도 변호인입회권이 인정되고 있음을 다시금 인식해야 합니다.

(3) 자백을 강제하지 않도록 하기 위한 몇 가지 장치

헌법은 피의자의 묵비권이나 진술거부권을 보장하고 있습니다. 그러나 이 권리들을 준수하도록 하는 제도가 없습니다.

지금의 취조나 재판의 실태를 전제로, 나아가 국제연합 기관의 권고에도 입각하여 우리는 다음과 같은 내용을 포함한 법률을 만들어 취조를 적정화할 필요가 있다고 생각합니다. 그리고 이러한 조건을 충족하지 못하는 피의자·피고인의 취조는 위법한 것으로서 그러한 취조에서 얻은 진술조서 및 그것에 영향을 받아 행해진 자백은 증거능력을 인정하지 않는 제도가 필요합니다.

○제언 2

a. 대용감옥을 폐지할 것

　　폐지되기 전까지의 경과조치로서, 피의자·피고인에게 대용감옥에서 구치소로 이관할 것을 청구할 수 있는 청구권을 보장할 필요가 있습니다.

b. 신병구속의 장기화 및 장시간의 취조를 금지할 것

　　신병구속의 기간 및 취조의 시간을 제한하여 이를 준수하지 않는 행위에 대한 제재를 규정할 필요가 있습니다.

c. 피의자·피고인에게 취조할 때에 변호인입회권을 보장할 것

d. 피의자·피고인에게 취조의 전 과정을 녹화하고, 녹화 기록에 접근할 권리를 제도적으로 보장할 것

e. 피의자·피고인에게 누구에게도 방해받지 않고 변호인과 접견할 수 있는 권리를 취조할 때를 포함하여 보장할 것

f. 체포 죄명에 관계없이 신속하게 변호인을 선임할 권리를 보장하기 위한 법적 원조 제도를 정비할 것

g. 피의자·피고인의 신병구속과 관련하여 작성된 진료기록을 포함한 모든 기록에 접근할 권리를 제도적으로 보장할 것

(4) 위험한 증거는 사용하지 않는다

수사기관은 스스로 범행을 상정하고 범인을 특정해서 소추합니다. 수사본부나 검찰관은 그들이 상정한 범행 형태나 모양, 범인상을 확신하고 그 근거가 되는 증거에 논리와 경험칙을 적용해서 합리성을 밝혀내어 기소합니다. 그것을 사후적으로 검증하는 것이 재판소의 역할입니다. 그 재판에서 수사본부나 검찰관이 제시한 범행 형태나 모양, 범인상을, 논리나 경험칙을 적용해서 합리성의 판단만으로 무너뜨리기에는 무리가 있습니다.

자백조서에 관해 말하자면 이렇습니다. 수사관은 수집한 증거와 논리적인 모순이 없도록, 그리고 경험칙에 비추어 합리적으로 앞뒤가 맞게 자백조서를 작성합니다. 거기에 더해 이에 합치하는 증거만을 재판소에 제출합니다. 재판관의 논리나 경험칙, 합리성 판단이 아무리 올바르다 해도, 그 진위를 분별하기에는 한계가 있습니다.

목격증인이나 피해자의 진술조서는 어떨까요? 많은 원죄 사건에서 명백한 목격증언이 있었고, 피해자는 범인을 지목하기도 했습니다. 그러나 그와 같은 진술조서는 어떻게 작성되는 걸까요? 사람의 기억은 쉽게 변용됩니다. 미리 취조실을 들여다보게 하거나, 피의자의 사진을 제시하거나, 그 밖의 편견을 만들어 범인이라고 믿게 해버립니다. 범인식별을 위한 적정한 수사절차에 관한 규칙은 없습니다. 그 절차를 공개하고 제공하여 검증하는 시스템도 없습니다. 범인식별의 기억은 일단 만들어지면 교정하기 어렵습니다. 편견에 의한 생각을 진실이라고 믿게 되고 맙니다.

검증조서나 수사보고서 등도 그렇습니다. 검증조서는 자백조서를 마무리하는 차원에서 작성됩니다. 무고한 '피의자'는 범행현장도, 범행 형태나 모양도 모릅니다. 그러므로 피의자는 수사관이 범행현장을 알려주고 현장검증에 입회하게 되어서야 비로소 범행 형태나 모양을 지시할 수 있었습니다. 그것을 수사관은 이 '피의자'가 현장과 범행 형태와 모양을 지시했다고 여기며,

나아가 논리와 경험칙에 맞는 합리성 있는 검증조서를 작성합니다. 수사보고서는 자백진술이 얼마나 다른 유죄증거와 합치하고 있는지를 강조하면서, 논리와 경험칙에 맞고 이 '피의자'를 유죄로 하는 것이 매우 합리적이라고 작성합니다.

이와 같은 증거는 기소를 검증하는 데에 유효한 재료가 아닙니다. 오히려 원죄를 야기하는 위험한 증거입니다. 이들 '조서'는 언제나 유죄로 하기에 적합한 치장을 하고 있습니다. 재판관은 이를 감별하기 어렵습니다. 재판관은 이 증거에 의해서 확실한 유죄심증을 형성합니다.

그러므로 우선은 적정한 범죄수사에 의해서 수집하고 작성한 것인지, 그 작성과정을 철저하게 검증할 필요가 있습니다. 거기에 압력이나 편견이 개입할 여지가 있었는지, 이것을 충분히 찾아낼 수 있는 제도가 필요합니다. '밀실수사'를 그 일부에 지나지 않는다고 용인하면 수사과정을 검증할 수가 없습니다.

그런데 지금의 재판실무에서는 작성자인 수사관을 심문한 결과 '적정하게 처리했습니다'라는 증언이 있으면 그 적법성을 인정해버립니다. 그 과정에서 조서작성의 규칙은 제시되지 않고 그 규칙을 지켰다는 증명도 없습니다. 수사나 조서작성의 과정이 개시되지 않으면 수사관의 그 증언이 맞는지 누가 판단할 수 있겠습니까.

이와 같은 실무의 태도는 '자백조서'에 대한 의존이며 '목격조서'에 대한 과신입니다. 검증조서에 대한 맹종이기도 합니다. 검찰관이 제출한 조서에 대해 논리와 경험칙을 적용하여 합리적으로 판단한다 해도, '슬픈 거짓말'을 가려내고 변용된 목격증언을 찾아낼 수 있다고는 생각되지 않습니다.

이대로는 형사재판의 목적을 도저히 달성할 수 없다는 것을 알 수 있습니다.

(5) 위험한 증거를 사용하지 않도록 하기 위한 몇 가지 장치

① 자백이나 목격증언의 증거능력에 관해

헌법은 검찰관의 입증이 적정한 절차를 통해 얻어진 증거에 의한 것이 아니면, 나아가 피고인의 방어권을 충분히 보장해서 얻어진 증거가 아니면, 피고인을 유죄로 할 수 없다고 규정하고 있습니다. 이와 같은 헌법의 이념은 원죄를 낳아온 과거의 역사에 대한 반성에서 생긴 것입니다. 즉 원죄를 초래한 위험한 증거의 증거능력을 제한하도록 요구하고 있습니다.

수사나 취조의 과정이 일부라도 드러나지 않은, 이를테면 '밀실'을 그대로 남겨둔 증거는 자백이든 목격증언이든 증거능력을 인정하지 않는 제도가 필요합니다. 거기에 더해 수사의 전 과정 및 모든 증거를 개시하여 증거에 의한 반대입증의 기회를 제도적으로 보장해야 합니다. 위험한 증거는 일단 재판관의 눈에 들면, 의식하든 의식하지 않든 유죄라는 완고한 예단을 형성시키고 맙니다.

도야마히미 사건의 경과를 떠올려봅시다. 재판관은 피고인의 자백조서 및 피해자의 목격조서를 보았습니다. 재판관은 이것으로 유죄라는 완고한 예단을 가지고 말았습니다. 그 후에 신발 사이즈의 모순이나 목격증언의 위험성, 그 밖에 피고인의 무고함을 보여주는 증거가 나와도 이미 돌이킬 수가 없었습니다. 이와 같은 위험한 증거를 재판에서 배제하는 제도가 없으면 잘못된 판결을 낳고 맙니다.

② 과학적 증거의 신용성에 관해

사실인정의 실제는 움직일 수 없는 확실한 사실에서 출발한 후, 관련 증거에 기초하고 경험칙이나 논리적 사고를 이용해서 거의 확실한 사실을 향해 추론을 거듭하는 것이라고 합니다. 단순히 경험칙에 합치한다고 해서 확신을 형성할 수는 없습니다. 증거에는 범죄의 흔적이나 관계자의 진술이 포함되지만, 그것만으로는 안 됩니다. 자연과학에 근거한 논리학이나 심리학이 필요합니다. 재판관은 법률의 전문가이긴 하지만, 자연과학, 논리학, 심리학의 전문성을 갖추고 있지는 않습니다. 일반인도 또한 이와 같은 전문적인 지식을 가지고 있지 않습니다. 따라서 이들 전문적인 지식도 증거로 재판소에 제출합니다.

이와 같이 증거로 제출한 전문적인 지식을 법정과학이라고 합니다. 자연과학을 포함한 법정과학이 재판관의 유죄심증에 이용될 수 있다면, 모든 법정과학에 대해 증거로서의 가치를 엄격히 음미해야 합니다. 전문가의 의견은 다른 전문가의 의견과 비교·대조함으로써 비로소 평가할 수 있습니다. 두 의견 중 어느 쪽이 더 확실한 판단과정을 거쳤는지, 그 밖의 증거와 어느 쪽이 더 잘 부합하는지, 이러한 관점에서 검토하지 않고는 과학적 증거를 적정하게 평가할 수 없습니다. 과학적 증거는 결론을 달리하는 다른 법정과학을 증거로 채용해서 양자를 비교·대조할 필요가 있습니다. 이런 방법으로 심리할 수 있기 위해서는 피고인 측에도 유죄인정에 의문을 던지는 과학적 증거를 제출할 기회를 보장하는 제도가 필요합니다.

③ 자백이나 목격증언의 신용성에 관해

자백의 신용성에 관해서는, 그 형성과정을 밝히고 추적하여 그 과정에 압력이나 심리적인 억제가 있었던 의심이 있다면 신용성을 인정할 수 없다고 해야 합니다. 목격진술에 관해서는, 예단이나 편견이 개입되었다는 의심에 대해 피고인·변호인이 실효적으로 반론할 수 있는 수단을 마련해줄 필요가 있습니다. 수사단계에서 수집한 모든 증거 및 수사의 전 과정을 개시하여 이를 증거능력을 제한하거나 신용성을 부정할 수 있는 요소로 사용할 수 있도록 개혁해야 합니다.

그렇게 하면 허위진술을 배제할 수 있을까요? 수많은 원죄 사건에서 보는 바와 같이 어떻게 해도 허위진술을 발견할 수 있는가 하는 과제는 항상 남아 있습니다.

이 책의 네 사건에서 자백 연구는 진술심리학의 진술 체험성에 관한 과학적 분석이 유용하다는 것을 보여주었습니다. 그러나 오늘날의 형사재판실무는 진술심리학의 진술 체험성에 관한 과학적인 해명을 법정과학으로 취급하는 데에 소극적입니다. 이것이 원죄를 낳는 원인 중의 하나입니다. 피고인·변호인에게 자백이나 피해자 등이 한 목격증언의 신용성을 평가하기에 적합하고 유용한 심리학의 진술 분석이라는 무기를 주고, 그 체험성에 의심이 있는 경우에 이를 따질 수 있는 기회를 보장해야 합니다.

다만 심리학의 진술 분석으로 진술조서의 체험성을 적극적으로 입증할 수 있는지에 대해서는 의문이 있습니다. 심리학의 진술 분석은 진술조서의 '진술'의 체험성에 의문을 갖게 하는 도구로서 유용하다는 점이 밝혀졌습니다. 그러나 체험성 그 자체를 증명하는 것은 아닙니다. 살아 있는 그대로의 진술을 녹화·녹음하고 그 진술자의 진술태도를 포함해서 전부를 분석 대상으로 한다면 달라질 것입니다. 그러나 전문진술인 진술조서에는 조서 작성자인 수사관의 노력이 녹아 있습니다. 이와 같은 전문진술에는 어떻게 해서든 체험성을 치장할 수 있습니다.

이와 같이 진술심리학을 법정과학으로 인정하면 유죄증거를 탄핵하는 증거로 활용할 수 있습니다. 심리학 등에 의한 과학적 분석을 이용한 방어수단을 피고인·변호인에게 보장하는 제도가 필요합니다.

○제언 3

> a. 위험한 자백을 증거에서 배제할 것
> 신병구속이 적정하게 이루어졌는지가 의심되는 경우, 범죄사실의 핵심에 관해 보강증거가 없는 경우, 피의자·피고인의 몸 상태, 장애 등에 비추어 취조를 견딜 수 있는 상태가 아닌 경우, 그 자백을 증거로 할 수 없도록 제도화해야 합니다.

b. 위험한 목격증언을 증거에서 배제할 것

　목격증언을 얻는 과정에서 예단이나 편견을 주지 않기 위한 규칙을 정하고, 그

　규칙에 따르지 않은 목격증언은 법정에서 한 것이어도 증거능력을 부정합니다.

c. 법정과학을 유죄인정에 이용하는 경우에는 그 증명력을 엄격하게 심사할 것

　전문가의 지식은 다른 과학적 지식에 근거한 견해와 비교·대조하여 음미할

　필요가 있습니다.

d. 과학적 분석을 이용한 입증방법을 피의자·피고인에게 보장할 것

　심리학에 의한 진술 분석이 유용하다는 것에 근거하여 피의자·피고인의 방어

　수단으로 이를 이용하는 것을 제도로 보장해야 합니다.

(6) 유죄판결을 언제라도 되짚어본다

재판은 과거에 발생한 1회에 불과한 범죄사실을 확인하는 작업입니다. 범죄의 흔적을 밝혀내고 관계된 사람들의 기억을 수집해서 증거로 합니다. 이러한 증거에 기초하여 예단을 배제하고 논리와 경험칙과 합리성을 도구로 신중한 판단을 반복합니다. 그러나 범죄는 재현실험을 통하여 그 진위를 확인할 수 없습니다. 범죄의 흔적을 수집한다 해도 완전한 것은 아닙니다. 수집할 수 있는 흔적은 전체의 일부에 지나지 않습니다. 사람의 기억은 정확하지 않습니다. 우리는 사물을 인식할 때, 기억할 때, 재현할 때, 다양한 조건에 의해 진실을 왜곡해버립니다. 자백이나 목격증언은 재판관에게 피할 수 없는 완고한 예단을 줍니다. 또한 논리학이나 경험칙도 시대에 따라 변합니다. 합리성도 그 기반이 되는 과학이 달라짐에 따라 뒤집힙니다. 이렇게 해서 진실이라고 믿었던 것이 나중에 오류였음을 알게 됩니다.

　따라서 언제까지나 원죄를 반복할 수밖에 없습니다. 그러나 우리는 원죄를 가능한 한 줄일 수 있습니다. 수사에서 수집한 증거는 전부 개시하는 것을 원칙으로 합니다. 그렇게 하면 유죄로 하기에 의심스러운 증거를 발견할

여러 외국의 형사절차에서 활용된 심리학

이 책에서는 목격증언의 위험성이나 '거짓자백'으로 전락할 위험에 관해 심리학의 입장에서 한 분석을 소개하고, 또 다른 원죄를 막기 위해 심리학의 전문적 지식을 '법정과학'으로 적극적으로 활용해야 한다고 주장했습니다. 그러나 일본의 수사나 형사재판에서는 좀처럼 심리학의 입장에서 하는 분석이나 제언이 받아들여지지 않습니다. 어떤 재심청구사건에서 도쿄 고등재판소의 재판장은 "하마다 감정은 본래 재판관의 자유로운 판단에 맡겨져 있는 영역(형사소송법 제318조 참조)에 정면으로 대립하는 것으로, 도대체 형사재판에서 재판소가 이와 같은 감정을 명했다고는 생각되지 않는다. 이런 의미에서 하마다 감정은 처음부터 그 '증거성'에도 의문이 있다고 하지 않을 수 없다"고 하며, 이 책 필자이자 심리학자인 하마다 스미오 교수의 심리감정을 채용하지 않았습니다(도쿄 고등재판소, 2004년 8월 26일, 『판례시보』 1897호).

여러 외국에서는 수사방법이나 형사재판절차에서 심리학의 전문적 지식을 이용하고 있습니다. 단순히 참고하는 수준이 아니라 법이나 제도에 의해 의무화되어 있습니다. 예를 들면 불행히도 아동이 피해자인 사건에서 그 아동으로부터 오류 없는 증언을 이끌어내기 위해서 영국, 미국, 캐나다, 이스라엘 등에서는 아동이나 장애가 있는 사람으로부터 정확한 이야기들 듣기 위한 면접법('사법면접'이라고 합니다)이 개발되어 있습니다. 이들 나라에서는 인지심리학의 지식을 도입한 사법면접의 방법이 가이드라인화되어 있고, 그 방법에 대한 연수가 경찰이나 복지기관 등에서 조직적으로 이루어지고 있습니다(「과학적 근거에 기초한 사정청취·취조의 고도화」, 2011년 9월 28일, 일본학술회의 심리학·교육학위원회 법과심리학분과회).

한편 영국에서는 '거짓자백'에 의한 오판이 잇달아 밝혀진 것을 계기로 1980년대에 취조의 녹음이 의무화되었고, 그와 동시에 90년대에 걸쳐 당시의 '피의자를 설득하여 자백하게 만들기'를 지향했던 취조수법이 문제시되어 '피의자로부터 정보를 수집하기 위한 면접'으로 면접기법의 고도화가 진행되었습니다. 여기에서도 심리학의 지식이 도입되어 모든 경찰관은 의무적으로 면접기법의 훈련을 받게 되었습니다.

영국에서 개발된 피의자 면접기법PEACE은 현재 오스트레일리아, 뉴질랜드, 홍콩 등에서도 사용되고 있습니다(이부스키 마코토, 「취조의 '고도화'를 둘러싸고」, 『법률시보』 2011년 8/9월 합병호).

프랑스에서는 재판의 영역에서 심리학의 활용이 추진되어 법률로 예심판사에게 심리학적 검사를 명할 권한을 부여하고 있습니다. 중죄사건에서는 반드시 정신감정과 함께 심리감정을 하고, 감정한 심리학자는 법정에 출두해서 증인으로 증언합니다. 심리감정은 피해자 증언의 신용성 평가라는 사실인정에 관련된 것에서부터 피고인 구금기간의 평가, 피해자가 받은 피해 평가 등 양형이나 정상의 판단에 관련된 것까지 폭넓게 이용되고 있습니다(시라토리 유지白取佑司, 「형사사법에서 심리감정의 가능성」, 『무라이 도시쿠니村井敏邦 선생 고희기념논문집—인권의 형사법학』, 2011년, 일본평론사).

오판을 가능한 한 없애고 국민으로부터 신뢰받을 수 있는 형사재판을 지향하는 데에 법정에서 심리학을 배제하는 앞서 말한 재판장과 같은 자세와 오판의 폐해를 교훈 삼아 심리학적 지식을 광범위하게 도입한 여러 외국의 자세 중 어느 쪽이 바람직할까요? 답은 이미 나와 있습니다.

수 있습니다. 수집과 작성 과정에 의심이 있는 증거를 유죄증거에서 배제합니다. 그렇게 하면 압력이나 심리적인 강제하에서 만들어진 증거를 배제할 수 있습니다. 사실인정에서 판단과정을 구체적으로 명시합니다. 그렇게 하면 사실인정에서 판단과정의 합리성을 검증하고, 나중에 오류를 발견할 수 있어서 신속히 정정할 수 있게 됩니다.

자유심증주의라는 표현에서 유죄의 인정은 재판관의 주관적인 판단에 맡겨져 있다는 인상을 받습니다. 자유심증주의에 의해 형성된 재판관의 심증은 재판관 개인의 내심에 숨겨져 있어 쉽게 들여다볼 수 없는 것처럼 느껴집니다. 그 과정을 들여다보며 검증할 수 있을까요?

증거에 의해 확신에 도달하는 심증 형성에 관해 존 위그모어John Henry Wigmore는 저서 『증거법 입문』의 「증명의 과학」이라는 항목에서 다음과 같이 말하고 있습니다.

"논리학과 심리학은 각기 그 역할에 따른 활동을 함으로써 증명의 과학, 즉 합리적인 데이타에서부터 확신에 도달하는 심리작용을 설명하는 과학을 구성한다. 확신이란 재판과정이든, 재판 외의 과정이든 전부 어떤 일정한 과정을 거친다. 그것은 의식적인 경우도 있고 무의식적인 경우도 있으나, 거치지 않을 수는 없다. 어떤 경우에는 이러한 과정을 거쳐 도달한 확신이 맞기도 하고, 어떤 경우에는 틀리기도 한다. 증명의 과학은 이러한 과정을 분석하여 어떤 과정이 올바른 확신을 가져오는 것인지를 보여주는 것이다."

즉 재판에서 증명은 과학이고 재판관이 확신으로 향하는 심증 형성에는 거쳐야 할 과정이 있으며, 그것은 객관적으로 분석할 수 있다는 것입니다.

재판관이 심증 형성에 의해서 도달하는 유죄의 확신이란 어떤 걸까요?

여기에서 재판의 지향점을 보여주는 최고재판소 판례를 인용합니다.

'소송상의 증명은 이른바 역사적 증명'이며, 그 목표는 '진실' 그 자체가 아닌 '진실할 고도의 개연성'이다. 즉 '일반인이라면 누구라도 의심을 품지 않을 정도로 진실인 듯하다는 확신'을 가지는 것이면 충분하다. 따라서 '역사적 증명인 소송상의 증명에 대해서는 보통 반증의 여지가 남게 된다'고 합니다(최고재판소 판례, 1948년 8월 5일, 『형사판례집』 2권 9호, 1123쪽).

재판에서 필요한 증명은 애초에 살아 있는 '진실' 그 자체를 목표로 하는 것이 아니라는 점을 이 판례는 명백히 했습니다. 재판에 의해 증명된 사실은 일반인이라면 누구라도 의심을 품지 않을 정도로 '진실인 듯하다는' 확신에 그치는 것이라고 합니다. 따라서 재판관의 유죄인정은 '보통 반증의 여지가 남게 된다'고 하고 있습니다. 즉 재판관이 증거에 따라 인정한 사실은 언제든 뒤집힐 수 있는 '진실인 듯하다는 확신'이며, '진실' 그 자체가 아니라 이른바 '가설'에 그치는 것입니다. '가설'이라 해도 그 시점에서 제시된 증거에 의해 '일반인이라면 누구라도 의심을 품지 않을 정도로' '진실인 듯하다는 확신'에 도달한 것입니다. 그러나 나중에 발견된 증거에 의해서 뒤집힐 여지를 항상 남기고 있다는 의미에서 '가설'에 그친다고 하는 것입니다.

이러한 측면에서 형사재판의 지향점을 생각해보면, 재판관의 유죄인정 판단은 '가설'로서 항상 역사적인 검증의 대상이 되어야 합니다. 그렇다면 판결문에는 검증할 수 있을 정도로 심증 형성에 이르는 과정이 구체적으로 작성되어야만 할 것입니다.

이것을 재판실무의 당연한 규칙으로 확립할 필요가 있습니다.

재판관의 자유로운 심증 형성 과정을 상고심의 재판관이 검증하고 시정한 사례가 있습니다. 치한사건에 관해 법률심(제1심이 확정한 사실을 전제로 거기에 적용한 법률의 적용방식이나 해석의 타당성을 심사하는 것-옮긴이)이라 해도, 심증 형성의 과정을 심사 대상으로 하여 논리법칙이나 경험칙 등에 반하는 증거평가가 있는 경우에는 유죄인정을 파기해야 마땅하다고 하여 제1심 및 원판결의 유죄판결을 파기하고 피고인에게 무죄를 선고한 사례입니다(최고재판소 판례, 2009년 4월 14일, 『형사판례집』 63권 4호, 331쪽).

판결서에는 재판관이 유죄심증을 형성하게 된 과정에 관해 구체적인 증거와 그 증거의 평가에 관한 기재를 의무적으로 하도록 하고, 유죄심증을 형성해가는 과정이 상소심이나 재심 등 사후 심사대상이 되어 바로잡아질 수 있도록 해야 합니다. 재심의 문을 더 확대해 유죄판결을 언제든지 검증할 수 있는 제도를 만들어야 합니다. 유죄심증의 과정에 미비한 점이 없는지, 그것이 합리적인지, 경험칙에 반하지는 않는지, 최신 과학에 어긋나지는 않는지 등을 검증해야 합니다.

○제언 4

a. 판결서에는 재판관이 유죄심증을 형성하게 된 과정에 관해 이후에 검증할 수 있을 정도로 기재할 것

b. 구체적으로는 유죄인정의 결정적인 근거가 된 개개의 증거와 그 증거의 평가에 관한 기재를 법적으로 의무화할 것

(7) 우리의 형사재판으로

여기에서는 재판원 제도과 그 개혁에 관해 서술합니다.

일본에서는 일찍이 배심 제도를 실시하던 시기가 있었습니다. 그 재판에 관한 기록이 있습니다. 활기차고 훌륭한 재판이었다는 것을 그 기록은 전하고 있습니다. 재판관의 사실인정에 뒤지지 않는, 상식적이며 인간미를 느끼게 하는 신선함이 넘치는 재판입니다. 몇 건의 배심재판에 관한 기록으로 모든 것을 말할 수는 없습니다. 그러나 배심원이 된 사람들이 보여준 폭발적인 열성과 판단과정의 정확성은 배심에 대한 꿈을 갖게 했습니다. 무엇보다 닫혀 있던 형사재판실무에 한 줄기 빛이 되었던 것입니다.

① 재판원법의 이념

그러나 유감스럽게도 현재 재판원법의 이념은 지금의 형사사법의 문제점을 건드리지 않고, 그 개선을 목표로 삼지도 않습니다. 형사사법의 개혁을 목표로 삼지 않는 이 법률의 이념은 지금의 형사재판의 실정과 이상을 충분히 표현한 것이라고는 할 수 없습니다.

재판원법 제1조는 "재판원이 재판관과 함께 형사소송절차에 관여하는 것이 사법에 대한 국민의 이해 증진과 그 신뢰 향상에 이바지할 것"이라고 규정합니다.

재판원 제도가 형사재판에 대한 '국민의 이해 증진과 그 신뢰 향상에 이바지할 것'이란 어떤 의미일까요? 이는 지금의 형사재판은 올바르게 기능하고 있지만, 그에 대한 '국민의 이해'가 부족하고 '그 신뢰'가 불충분하다는 국가의 인식을 전제로 하고 있습니다. 거기에 더해 '재판원이 재판관과 함께 형사소송절차에 관여하는 것이' 지금의 형사재판에 대한 '국민의 이해를 증진'하고 그 '신뢰의 향상에 이바지한다'고 합니다.

나아가 이 법률은 '사법에 대한 국민의 이해 증진과 그 신뢰의 향상'을 위해 만든 것이라면서 국민에게만 법적인 의무를 부과합니다. 재판소에 대한 '국민의 이해 증진과 그 신뢰의 향상'을 목적으로 한다면, 설명 책임을 지는 재판소에게 그 의무를 부과하는 것이 논리적일 것입니다. 재판소의 의무로서 국민에게 친절하고 정중하게 설명하며 재판소의 역할에 대한 이해를 넓히는 의무 등을 내세우는 것이 당연합니다.

그럼에도 이 법률은, 재판원 제도가 형사사법에 대한 국민의 이해와 신뢰의 부족을 보충한다는 목표를 내세우고 이를 위해 국민에게 법적인 의무를 부과합니다. 국민 한 사람 한 사람의 지혜나 경험을 반영함으로써 더 적절한 형사재판으로 개혁할 것을 이념으로 내세우지 않습니다.

재판원 제도는 마땅히 국민이 주역이 되는 형사재판으로 가는 가교가 되어야 할 것이었습니다. 그러나 이 법률의 문투를 보는 한 국민은 형사재판의 부속물처럼 되어 있습니다.

② 현실에서 작동하기 시작한 재판원 제도

현실에서 작동하기 시작한 재판원 제도는 관계자의 많은 노력으로 크게 허점을 보이지 않고, 언뜻 보아 순조로운 추이를 보이는 것 같습니다. 그런데도 몇 가지 문제점이 나타났습니다.

그중 하나는 피고인이 기소되고 나서 재판이 시작되기까지의 기간이 매우 길어졌다는 점입니다. 제1회 공판을 개시하기까지 6개월 이상 걸리는 재판이 많이 나타나기 시작했습니다. 다음은 검찰관의 상소를 인정했다는 점입니다. 재판원 재판에서 선고된 무죄판결에는 검찰관 상소를 인정하지 않도록 했어야 했습니다. 애써 재판원 제도에 의해 더 적정하게 이루어진 사실인정을 검찰관의 항소에 따라 직업재판관만이 심리하여 뒤집는 것을 보면, 무엇을 위한 제도인지 알 수 없습니다. 피고인이나 재판원에게 부담만 강요하는 제도가 됩니다.

그 밖에 같은 죄인데도 개개의 재판에서 선고된 형의 경중이 불규칙한 점 등이 지적되고 있습니다.

③ 평의에 임하여

여기에서 한 가지만 덧붙여두고 싶은 것이 있습니다. 그것은 재판원으로서 평의評議를 어떻게 할지, 평의에서 의견이 불일치했을 때 어떻게 하면 좋을지에 관한 것입니다.

다른 사람과 의견이 같을 때 사람은 안심합니다. 안심하기 위해 사람은 자기도 모르는 사이에 다른 사람의 의견에 동조해버립니다. 조화는 무엇보다 머물기 편한 곳입니다. 그렇지만 형사재판은 재판관이나 재판원이 안심하기 위해 이루어지는 것이 아닙니다. 또한 상식이나 다수결이 항상 진실로 안내하는 도구라고 할 수 없습니다. 때로는 그것이 진실을 왜곡해버립니다. 그러므로 평의에서는 평온하려고 예정된 조화로 나아가서는 안 됩니다. 의견의 어디가 어떻게 다른지를 우선 눈여겨볼 필요가 있습니다.

의견의 차이는 정보의 차이입니다. 인격이나 성격, 성별이나 연령, 지위나 자산이 아니라 오히려 얻은 정보의 양과 내용, 나아가 이해의 차이에 의해 발생합니다. 평의에 판단재료가 되는 정보는 증거로만 제공됩니다. 적절히 평의를 거듭하면, 의견의 불일치가 어떤 증거에 대한 어떤 해석의 차이에 의한 것인지가 구체적으로 드러납니다.

따라서 경험이나 전문적인 지식이 없다 해도, 부족한 정보와 그 해석을 보충함으로써 그 차이를 극복할 수 있습니다. 이 작업이 진정한 평의일 것입니다. 때때로 경험이나 전문적인 지식도 또한 정보의 차이로 나타납니다. 여기에서 주의해야 할 점이 있습니다. 그 차이가 재판관 특유의 실무경험 또는 실무경험으로 뒷받침된 전문적인 지식인 경우에 문제가 됩니다. 당신은 바로 직업재판관에 특유한 실무경험이나 관행적 전문성을 배제하기 위해 재판원으로서 평의에 참가하고 있습니다. 직업재판관의 실무경험이나 전문적인 지식에 재판원인 당신 쪽이 의존해버린다면, 재판원 제도는 의미가 없어져버립니다.

④ 선택배심 제도로의 전환

우리는 이와 같은 재판원 제도가 이제까지 주장해온 개혁에 더해 선택배심제로 전환되어야 한다고 생각합니다. 피고인에게 직업재판관의 재판을 선택할지, 배심 재판을 선택할지에 관한 선택권을 부여합니다. 우리는 희망하면 직업재판관이 아닌, 우리와 같은 입장에 있는 국민의 의한 배심 재판을 선택할 수 있습니다. 우리가 배심원이 되어 직업재판관으로부터 독립해서 사실인정을 하게 됩니다. 우리가 유죄인지 무죄인지를 판단하고, 재판관이 양형을 결정합니다. 배심 재판에서 무죄가 선고된 경우 검찰관 상소는 인정하지 않습니다. 이에 의해 우리 국민이 형사재판의 주역이 되며, 이제부터 형사사법의 개혁에 더 주체적으로 나설 수 있게 됩니다.

a. 현재의 재판원 제도를 선택형 배심 제도로 전환할 것
b. 배심무죄의 경우에는 검찰관 상소를 인정하지 않을 것

(8) 스스로의 책임으로

원죄는 국가가 법과 정의의 이름 아래 저지르는 가해행위입니다. 원죄에 눈을 감고 이를 방치하면 머지않아 큰 대가를 치르게 될 것입니다. 망가지는 것은 원죄 피해자의 목숨이나 인생만이 아닙니다. 형사재판, 나아가서는 국가가 국민을 처벌하는 정통성에 대한 신뢰도 권위도 잃을 것입니다. 물론 진범은 놓친 채로 말입니다.

재판 제도는 우리 사회에서 폭력이나 사람에 의한 지배를 피할 수 있는 뛰어난 유일한 시스템입니다. 힘이나 사람에 의한 지배가 아닌 공정·공평한 법에 의한 지배를 지탱하는 위대한 기둥입니다. 그 재판 제도에 대한 신뢰와 권위가 흔들리는 것은 법의 지배가 흔들리는 것입니다. 힘이나 사람에 의한 지배가 하는 대로 사회가 붕괴하는 것을 의미합니다.

형사재판을 검증하고, 원죄를 바로잡고, 원죄 피해를 복구하고, 재발방지책을 강구하는 것은 사법뿐만 아니라 우리 사회 전체의 책임입니다. 사법·행정·입법의 모든 기관도 원죄 방지와 그 피해 복구, 재발 방지를 위해 큰 걸음을 내딛을 때가 왔습니다.

원죄에 의한 피해란 어떤 걸까요?

원죄는 인간의 목숨과 인생에 대한 가해입니다. 무고한 인간을 형무소에 수용합니다. 그것이 비록 몇 년에 불과하다 해도, 그 사람의 인생 전반에 걸쳐 자유와 권리를 빼앗습니다. 단 한 번뿐인 인생에서 발전 가능성을 빼앗습니다. 교육을 받고, 취직을 하고, 일을 할 기회를 빼앗깁니다. 그 사람은 자

유를 빼앗긴 오랜 시간 동안 연애하고 결혼해서 아이를 얻고 가정을 꾸릴 기회도, 친구와 대화하고 음악이나 스포츠로 교류할 기회도 가질 수 없습니다.

무고한 사람은 원죄 탓에 일도, 인간관계도, 살 곳도, 사회적인 지위도 송두리째 잃어버립니다. 출소해서 평온한 생활을 되찾은 것처럼 보여도, 실상 대다수의 사람은 지역사회에 녹아들 수가 없습니다. 원죄로 의한 인생 피해의 깊은 상처를 안은 채로 불안한 생활을 합니다. 사형의 경우 목숨을 빼앗아버리기 때문에 그 인생은 영원히 되찾을 수 없습니다.

원죄 피해를 복구하려면 무엇이 필요할까요?

원죄 피해자는 사회의 구석으로 몰아넣어집니다. 거기에 숨어 죽은 듯이 조용히 살아갑니다. 원죄 피해자나 가족에게는 사람들의 차별이나 편견이 벽이 되어 가로막고 있습니다. 재심이나 피해 복구를 구하는 목소리조차 낼 수 없습니다. 이분들이 목소리를 낼 때까지 아무 것도 하지 않아도 될까요?

원죄 피해를 겪기 전의 원래의 사람이 되도록 이전의 인생을 되찾는 것이야말로 복구라고 생각합니다. 어떤 지원을 하면 그 사람이 가지고 태어난, 그리고 걸어온 인생과 일관되게 이어지는 새로운 인생을 살아가게 할 수 있을까요? 그것을 위한 지원책을 우리 쪽에서 준비해야만 합니다.

우선은 억울함을 풀어주는 설원 작업이 필요합니다. 그 다음으로 거기에 더해 국가의 사죄와 인간 회복을 위한 최선의 시책이 필요합니다.

설원을 위한 재심 제도는 적절히 기능하고 있을까요?

과거에는 '열리지 않는 문'이라고 할 정도로, 재심 개시는 '낙타가 바늘구멍을 통과할 정도로 어렵다'고 일컬어졌습니다. 지금도 역시 '좁은 문'입니다. 사건 발생으로부터 오랜 세월이 흘러 무죄의 증거를 발견하는 것은 매우 어렵습니다. 재판소는 무고함의 증거는 없다고 말하며 원죄임을 부정합니다.

재판소는 스스로의 과오를 적정하게 인정하고, 그것을 시정하기 위한 완벽한 기능을 갖추고 있을까요? 유감스럽게도 지금의 재판소는 그와 같은 기능을 가지고 있지 않습니다. 실무도 관행도 충분하지 않습니다. 그러므로 이 일을 재판소에만 맡겨두어서는 안 됩니다. 재판소뿐만 아니라 독립한 제3자 기관에게 철저한 원죄의 발견과 원인 규명과 재발 방지의 권한을 위임할 필요가 있습니다.

○제언 6

a. 독립된 제3자 기관에 의한 특별조사위원회를 국회 내에 설치할 것

　사형 등의 중대사건에 관해 형사재판을 재검토하는 것이 필요합니다.

b. 특별조사위원회에 재심 개시의 청구권한을 부여할 것

　위원회는 재판소에 대해 재심청구인을 대신하여 재심을 청구합니다.

c. 이미 판명된 원죄 사건에 관해 그 피해의 실태를 조사할 것

　조사 결과에 입각하여 어떤 피해복구 대책 및 사회 복귀를 위한 지원책 등이

　필요한지에 관해 국가에 제언합니다.

d. 조사 결과를 반영하여 정의를 회복하기 위한 장치를 입법화할 것

　국가 및 재판소는 이 재심청구나 권고에 입각하여 재심청구심을 시작하는 등

　적절한 조치를 취하고 필요한 시책을 강구하여 정의를 회복하기 위한 법률과

　제도를 만들어야 합니다.

여러 외국의 오판구제 시스템

사람은 잘못을 저지르는 것에서 벗어날 수 없습니다. 그러나 잘못을 저지른 후에 다시 같은 잘못을 반복하지 않기 위해 과오로부터 배울 수는 있습니다.

형사재판의 세계에서도 마찬가지입니다. 무고한 자를 처벌한 '과오', 즉 오판을 반복하지 않기 위해서는 철저한 원인 규명이 필요합니다.

캐나다에서는 캐나다 원주민 청년이 살인범이 되었다가 재심무죄가 된 '마셜 사건Marshall Case'을 계기로 왕립 사건조사위원회가 설치되어, 2년의 세월과 700만 달러의 비용을 들여 1,500쪽에 달하는 보고서를 작성하여 수많은 입법·정책 제언을 했습니다.

영국에서도 오판 원인 규명을 위해 개별 사건마다 왕립위원회가 조사, 보고해왔는데 1995년에는 원죄 피해의 구체적 구제를 위한 기관으로서 정부로부터 독립된 형사사건재심위원회(약칭 CCRC)가 설치되었습니다.

한편으로 원죄 피해의 진정한 구제를 위해서는 시민의 관점에 뿌리를 둔 민간 주도의 오판 원인 규명 및 원죄 피해 구제활동도 불가결합니다. 앞에서 소개한 '이노센스 프로젝트'는 1992년 뉴욕의 예시바 대학 벤저민 카르도소 로스쿨에서 시작된 대학 중심의 민간 운영을 바탕으로 한 원죄 구제 지원활동입니다. 이제까지 미국 전체에서 DNA 재감정으로 원죄 피해자가 구제된 대부분의 사례에는 이 프로젝트가 관여되어 있습니다. 원죄 호소를 조사하는 활동이 학생의 실무교육 프로그램에 포함되어 있다는 점도 특기할 만합니다.

그렇다면 일본은 어떨까요? 전쟁 후 사형이 확정된 뒤에 재심무죄가 된 사건이 네 건이나 있음에도, 그 원인이 규명되지 않은 채로 이 책에서 소개한 사건을 포함한 원죄 사건, 재심무죄 사건이 계속해서 반복되고 있습니다.

일본변호사연합회는 2011년 1월 「원죄원인조사규명위원회의 설치를 요구하는 의견서」를 정부에 제출했지만, 그 실현은 요원해보입니다.

우리 '설원 프로젝트'는 이 책의 독자인 여러분과 함께 시민의 관점에서 오판 원인 규명 및 원죄 피해 구제활동을 생각하고 만들어나가고 싶습니다.

후기

2008년 여름에 이 연구회를 구상하고, 2009년 3월부터 회의를 시작했습니다. 2011년 3월까지 2년 동안 20회에 달하는 회의를 거듭했습니다. 연구회의 구성원은 형사법연구자, 심리학연구자, 변호사 등입니다. 모두 원죄의 지원활동에 참여하며, 함께 힘을 합치는 동료입니다.

제재는 특징이 있는 네 건의 무죄사건으로 한정했습니다. 아시카가 사건, 도야마히미 사건, 우쓰노미야 사건, 그리고 우와지마 사건입니다. 아시카가 사건에서는 DNA 감정에 의해서 범인이 아님이 증명되었습니다. 도야마히미 사건, 우쓰노미야 사건, 우와지마 사건에서는 진범이 나타났습니다.

수사과정에서는 아주 그럴듯한 자백조서가 작성되었고, 또한 재판정에서도 그 자백이 유지되었습니다. 목격증언도 과학검증도 갖추어 자백을 객관적인 정황과 부합시켰습니다.

이 사건들을 담당한 수사관이나 재판관은 '누구라도 같은 잘못을 저질렀을 것이다'라고 말할지도 모릅니다. 그렇다면 역시 우리는 앞으로도 같은 오류를 반복하여 원죄를 만들어내게 될 것입니다.

우리 형사재판은 큰 문제를 가지고 있습니다. 피고인이 된 대부분의 사람은, 체포되면서부터 대용감옥에서 장기간에 걸쳐 신병을 구속당합니다. 수사관은 그 사이에 대부분의 시간을 밀실취조에 쓸 수 있습니다. 체포된 사람은 취조실에서 퇴거하거나 취조를 거부할 수 없습니다. 변호사의 입회를 구할 수도 없습니다. 거기에서 무슨 일이 일어나는지 아무도 모릅니다.

헌법은 자기에게 불이익한 진술의 강요를 금지하고, 부당하게 긴 신병구속

후의 자백은 증거로 할 수 없다고 규정하고 있습니다. 변호인의 입회가 없는 밀실에서 퇴거하거나 거부할 수 없는 상태에서 이루어진 취조는, 자백의 강요와 관련되어 있을 것입니다. 대용감옥을 이용한 신병구속이 장기간에 걸쳐 이루어진 경우는 재판정에서 한 자백이라 해도 증거능력이 없다고 해야 합니다.

그러나 형사재판의 실무는 대용감옥의 신병구속을 허용하고, 변호인의 입회권을 보장하지 않으며, 밀실에서 퇴거하거나 거부할 수 없는 상태의 취조를 인정하고 있습니다. 나아가 재판정에서 자백하기까지는 보석을 허용하지 않는 것이 통례입니다. 2개월, 3개월이나 계속 신병을 구속한 후의 자백에도 증거능력을 인정합니다.

이번 연구에서 무고한 사람이 '거짓자백'으로 전락하는 심리적인 과정을 알 수 있었습니다. '슬픈 거짓말'에 의한 자백에는 이야기를 시작하는 일정한 패턴이 있다는 것도 알게 되었습니다. 이러한 것은 심리학에서 확립된 통칙에 근거하여 얻어진 것입니다.

인류는 잘못된 재판을 반복하지 않도록 형사재판의 원칙을 만들었습니다. 그 원칙은 무죄추정의 원칙, 의심스러울 때에는 피고인의 이익으로, 묵비권, 무고한 사람을 자백하게 하지 않기 위한 진술거부권, 변호인입회권, 재판에서 모든 증거의 개시, 수사·취조과정의 가시화 등입니다. 또한 이 원칙들을 실효적으로 보장하고, 나아가 원죄를 신속하고 용이하게 시정할 수 있도록 하기 위해 재판관의 심증 형성을 객관화하며, 그 재판과정의 합리성을 항상 검증할 수 있는 시스템을 만들 필요가 있습니다.

이 연구의 모든 내용은 '설원 프로젝트' 사이트에 공표했습니다. 전문가와 연구자, 더 깊이 검토하고 싶은 분들이 이 연구의 전체를 읽고 비판해주신다면 고맙겠습니다.

옮긴이 후기

형사절차는 구조적으로 오판을 내포하고 있습니다. 크게는 인간 이성의 한계 때문입니다. 좀더 구체적으로는 수사와 재판을 포괄하는 형사절차의 특징 때문입니다. 형사절차는 과거의 사건을 있는 그대로 재현하는 것이 아닙니다. 형사절차는 과거의 특정 행위가 범죄에 해당하는지, 그리고 범죄에 해당한다면 어떤 형벌을 얼마나 과해야 하는지를 법률적으로 심리하는 절차입니다. 법률적으로 불필요한 내용은 모두 생략됩니다. 제한된 증거와 정보로 과거를 법률적으로 재구성하는 것이 바로 형사절차입니다. 판사나 검사, 변호인이나 경찰 등 형사절차 관계자들이 아무리 노력한다고 하더라도 오판을 피하기 힘든 이유는 여기에 있습니다. 그리고 아무리 정교한 제도를 만든다고 하더라도 오판에 대비하여 재심이라는 제도를 두어야 하는 이유도 여기에 있습니다.

따라서 형사절차에서 권력을 행사하는 사람들은 겸손하고 자제할 줄 알아야 합니다. 일반 시민의 인권을 침해한다는 당연한 사실 이외에 자신이 내리는 판단이 잘못될 가능성이 있다는 점을 솔직히 인정해야 합니다. 그리고 국가 공권력에 대한 외부의 통제와 감시가 이루어져야 합니다. 내부적인 윤리론, 의무론만으로는 완전할 수가 없습니다. 외부에서 일반 시민이 직접 외부에서 통제하고 감시할 때에만 국가 공권력은 통제될 수 있습니다. 국가 공권력을 순화시키기 위해서는 외부의 통제와 감시가 더 중요합니다.

이 책은 오판의 근본 원인을 규명하기 위한 노력의 산물입니다. 일본의 법학자와 변호사, 심리학자들이 오판의 원인을 밝혀 오판을 가능한 한 줄이려고 하는 노력의 일환으로 집필한 것입니다. 특히 자신이 짓지도 않은 범죄를 마치 자신이 한 것처럼 '거짓자백'을 한 사람들의 심리상태를 정교하게 분석한 것은 이 책의 큰 특징입니다. 그리고 '거짓자백'을 양산하는 수사와 재판

제도의 문제점도 날카롭게 지적하고 있습니다. 수사와 재판 제도의 문제를 역사의 흐름 속에서 정리하고 있는 것도 특징 중의 하나입니다.

이 책은 서주연 변호사와 제가 함께 내용을 검토하고 번역하였습니다. 이 과정에서 책의 내용을 보충하기 위해 '김인회의 한국 이야기'를 덧붙였습니다. 이로써 이 번역서가 단순한 번역서를 넘어 일본과 한국의 현실을 비교하면서 읽을 수 있는 책이 되었습니다. 번역에 대해서는 서주연 변호사와 제가 공동책임을 져야 하겠지만, '김인회의 한국 이야기'는 오롯이 제 책임입니다.

한국은 2000년대 중반 사법개혁 이후 국가 중심의 형사사법체제를 시민 중심의 형사사법체제로 개혁하고 있습니다. 피고인·변호인의 방어권을 충분히 보장하고 국가 공권력을 통제하려는 개혁을 했습니다. 아직 결과는 충분하지 않지만 올바른 방향입니다. 이러한 개혁이 내실을 갖기 위해서는 법률이나 제도도 충실히 개혁되어야 하고 법률과 제도를 운영하는 법관이나 검사, 변호사, 경찰들도 생각을 바꾸어야 합니다. 일본의 재판원 재판보다 배심제에 가까운 국민참여재판이 제대로 운영되기 위해서는 시민의 적극적인 참여가 필요합니다. 이 책은 이러한 방향의 개혁에 구체적인 지침을 줄 것으로 기대됩니다.

책의 번역은 한참 전에 마쳤지만, 책이 출간되는 데에는 이런저런 사정으로 생각보다 시간이 많이 걸렸습니다. 오랜 시간 기다려준 뿌리와이파리 정종주 대표님께 감사의 말씀을 드립니다. 개인적으로는 정 대표님과 대학교 이후 같이 작업을 한 추억을 만드는 좋은 경험이 되었습니다. 좋은 책을 소개해주고 번역하도록 격려해주신 이상근 변호사님께는 옮긴이들이 함께 감사의 말씀을 드립니다.

2015년 5월

옮긴이를 대표하여 김인회

엮은이와 글쓴이 소개

〈엮은이〉

우치다 히로후미內田博文

고베가쿠인 대학神戶學院大學 교수. 전공은 형사법학으로, 『형법학에서 역사 연구의 의의와 방법』(1997), 『한센병 검증회의 기록—검증문화의 정착을 위하여』(2006), 『요구되는 인권구제 법제의 논점』(2006), 『원죄—후쿠오카福岡 사건』(편저, 2011), 『시민과 형사법—나와 당신을 위한 살아 있는 형사법 입문 제3판』(편저, 2012), 『현대 형법 입문 제3판』(공저, 2012) 등의 책을 쓰고 엮었다.

야히로 미쓰히데八尋光秀

변호사로, 가고시마鹿児島 부부살인사건夫婦殺人事件, 오사키大崎 사건, 후쿠오카 사건 등의 형사 원죄 사건과 한센병 국가배상소송, 약해간염 소송 등의 집단소송사건을 맡았다. 『장해는 마음이 아니라 사회에 있다—정신과 이용자의 미래를 열자』(2007)를 비롯한 몇 권의 책을 썼다.

가모시다 유미鴨志田祐美

가고시마에서 '마을의사' 같은 변호사로 일하면서 원죄 변호(오사키 사건), 아동학대 문제의 근절, 범죄 피해자와 가해자의 관계 회복을 위한 활동을 벌이고 있다. 취미는 사무소에 있는 피아노 연주.

〈글쓴이〉

이즈미 다케오미泉武臣

가고시마 현 변호사회 형사변호위원회 부위원장. 원죄 오사키 사건 변호단으로 주로
증거개시활동에 나서고 있다. 그 밖에 담당했던 집단소송으로 시부시志布志 사건 국가
배상소송, 중국잔류고아 국가배상소송 등이 있다.

오바 시로大場史朗

고베가쿠인 대학 대학원 법학연구과 박사후기과정에서 형사법학을 전공하고 있다.

오하시 야스시大橋靖史

슈쿠토쿠淑德 대학 교수. 전공은 법심리학. 저서에 『행위로서의 시간』(2004), 『심리학자,
재판과 만나다』(공저, 2002) 등.

오쿠다 유이치로奥田雄一郎

교아이가쿠인共愛學園 마에바시前橋 국제대학 준교수. 전공은 청년심리학, 법심리학. 저
서에 『디스커뮤니케이션의 심리학』(공저, 2011) 등.

다카기 고타로高木光太郎

아오야마가쿠인青山學院 대학 교수. 전공은 법심리학, 인지심리학, 발달심리학. 저서에
『심리학자, 재판과 만나다』(공저, 2002), 『증언의 심리학』(공저, 2006) 등.

나가즈미 고키永住幸輝

규슈 대학 대학원 법학부 박사후기과정에서 벤덤 증거법의 재평가를 중심 주제로 형사
증거법을 연구하고 있다. 「전후 형사입법사 연표(1)~(4)」(공저), 「우쓰노미야 사건고ー그

진술증거에 대한 일고찰」, 「자백의 임의성 평가에서 차단조치에 대하여-기타가타北方 사건을 소재로」 등의 논문을 발표했다.

하마다 스미오浜田寿美男

나라奈良 여자대학 명예교수, 리쓰메이칸立命館 대학 특별초빙교수. 전공은 법심리학. 저서에 『자백의 심리학』(2001), 『자백의 연구』(2005) 등.

미야모토 히로노리宮本弘典

간토가쿠인關東學院 대학 교수. 전공은 형사법학. 저서에 『국가형벌권 정당화 전략의 역사와 지평』(2009), 『치안국가 거부 선언-'공모죄'가 다가온다』(공저, 2005) 등.

옮긴이 소개

김인회

1964년 부산에서 태어나 동래고, 서울대 법대를 졸업했다. 대학 시절 학생운동과 노동운동에 참여했다. 1993년 제35회 사법시험에 합격하여 1996년부터 변호사 활동을 시작했다. 민주사회를위한변호사모임 수석사무차장, 통일위원장, 사법위원장을 역임하고, 노무현 대통령의 참여정부 시절에는 청와대 사회조정비서관, 시민사회비서관으로 재직했으며, 대법원 산하 사법개혁위원회 전문위원, 대통령자문 사법제도개혁추진위원회 기획추진단 간사로 일했다. 서울대에서 박사과정을 마치고 2015년 현재 인하대 법학전문대학원에서 형사법과 법조윤리를 강의하고 있다. 노무현재단 상임운영위원을 역임했고, 한국미래발전연구원의 원장을 맡고 있다. 저서에 『형사소송법』, 공저로 『문재인, 김인회의 검찰을 생각한다』, 『법조윤리』, 『로스쿨 실습 과정』, 『이토록 아찔한 경성』 등이 있다.

서주연

1984년 부산에서 태어나 부산여고, 이화여대 심리학과, 부산대 법학전문대학원을 졸업했다. 제1회 변호사시험에 합격하여 법무법인 지평지성에서 소송 및 자문 업무를 수행했고, 2015년 현재 한국형사정책연구원 전문연구원으로 재직하고 있다. 한국법심리학회 회원, 한국피해자지원협회 전문수련감독자로도 활동하고 있다.

전락자백 轉落自白
–사람은 왜 짓지도 않은 죄를 자백하는가

2015년 6월 1일 초판 1쇄 찍음
2015년 6월 10일 초판 1쇄 펴냄

엮은이 우치다 히로후미 · 야히로 미쓰히데 · 가모시다 유미
옮긴이 김인회 · 서주연

펴낸이 정종주
편집주간 박윤선
편집부 여임동 장미연
마케팅 김창덕

펴낸곳 도서출판 뿌리와이파리
등록번호 제10-2201호(2001년 8월 21일)
주소 서울시 마포구 월드컵로 128-4 2층
전화 02)324-2142~3
전송 02)324-2150
전자우편 puripari@hanmail.net

디자인 공중정원: 박진범
종이 화인페이퍼
인쇄 및 제본 영신사
라미네이팅 금성산업

값 18,000원
ISBN 978-89-6462-055-7 (03300)

이 도서의 국립중앙도서관 출판시도서목록(CIP)은 e-CIP 홈페이지(http://www.nl.go.kr/ecip)와
국가자료공동목록시스템(http://www.nl.go.kr/kolisnet)에서 이용할 수 있습니다.(CIP 제어번호:
CIP2015013715)

이타적 인간의 출현

게임이론으로 푸는 인간 본성 진화의 수수께끼

최정규 지음 | 400쪽 | 12,800원

『사이언스』지가 주목한 진화적 게임이론의
세계적 연구자 최정규 교수가 쓴
'이타성의 진화'와 게임이론에 관한 최적의 안내서!

문화관광부 추천도서(사회부문)
간행물윤리위원회 청소년 권장도서(사회부문)
KBS 〈책 읽는 밤〉선정 '오늘의 책'(2009년 10월)

호모 에코노미쿠스로 표현되는 인간의 '합리성'. 경제학 교과서에서 말하듯이 우리는
모두 이기적 인간에 불과한가? 당신이 가슴에 품은 따뜻한 체온은 당신의 착각일 뿐?
현실 속 이타적 인간들은 어디에서 와서, 이기적 인간과의 경쟁의 틈바구니에서 살아
남을 수 있었는가? 경제학, 진화생물학, 정치학, 인류학, 사회심리학을 종횡으로 넘
나들며, 이익과 도덕이 충돌하는 온갖 상황에서 벌어지는 게임을 통해 이타적 인간의
승리를 그려낸 흥미로운 게임이론 이야기!

경제학을 지배해 온 기존의 '이기적인 합리적 개인' 가설을 반박하고, 진화적 게임이론의 최전
선에서 이타적 인간의 출현과 승리를 그려냈다. ─한겨레

무엇보다도 죄수의 딜레마 게임, 골목길 청소 게임, 루소의 사슴 사냥 게임, 최후통첩 게임 등
20여 개의 게임들을 통해 시종일관 흥미를 불러일으키는 것이 가장 큰 장점이다. ─문화일보

복지와 분배의 공정성을 생각하기 전에 인간 본연의 심성과 도덕적 가치의 진화는 어떻게 이루
어졌는지를 이 책을 통해 다시금 새겨보라. ─경향신문

"도널드 서순의 방대하고 독특하고 백과사전적인
『유럽 문화사』는 현실을 꿰뚫어보는
세계주의적인 학자의 기념비적 저작이다." _에릭 홉스봄

유럽 문화사
1800~2000

도널드 서순 지음 | 오숙은 · 이은진 · 정영목 · 한경희 옮김
전 5권 | 총 2,790쪽 | 각권 28,000원

1800년대 이후
유럽 문화시장의 역사를
포괄적으로 설명해주는
최초의 책!!

"영국 런던대 교수인 저자가 10년을 공들여 썼고, 이를 4명의 번역자가 3년 반에 걸쳐 한국어
로 옮겨냈다. 그만큼 방대하기도 하지만 내용면에서도 수작이란 평가가 아깝지 않다."
– 중앙일보

"독자를 빨아들이고 혜안을 주는 즐거운 책. 문화의 발전에 관심이 있는 이라면 누구나 이 책
이 흥미롭고 유익하고 놀랍도록 재미있다는 것을 발견할 것이다." – 데일리 텔레그래프

"이 책은 특정 학문적 관점에서 바라본 딱딱한 역사서가 아니다. 5권의 책이 주는 무게감과 정
반대로 문화에 대한 저자의 시각은 상큼하고 현대적이다." – 매경이코노미

제53회 한국출판문화상 번역상

중앙일보 '2012년 올해의 책' 대상
책을만드는사람들 '2012년 올해의 책' 대상
조선일보 · 동아일보 '2012년 올해의 책 10'
교보문고 · 중앙일보 '2012년 올해의 책 10'

시사IN '출판편집자가 뽑은 올해의 번역서'
매일경제 · 교보문고 선정 '2013년을 여는 책 50'
한국출판문화산업진흥원 좋은책선정위원회 선정
'2013년 대학 신입생을 위한 추천도서 20'